不断发展进步的中国人权事业
——中国人权白皮书汇编
（2016—2019）

中华人民共和国国务院新闻办公室

五洲传播出版社

图书在版编目（CIP）数据

不断发展进步的中国人权事业：中国人权白皮书汇编：2016—2019 / 国务院新闻办公室编. — 北京：五洲传播出版社，2020.8
ISBN 978-7-5085-4489-2

Ⅰ.①不… Ⅱ.①国… Ⅲ.①人权—白皮书—汇编—中国—2016-2019 Ⅳ.①D621.5

中国版本图书馆CIP数据核字（2020）第159704号

不断发展进步的中国人权事业
——中国人权白皮书汇编（2016—2019）

著　　者　中华人民共和国国务院新闻办公室
责任编辑　高　磊
助理编辑　高倩倩
封面设计　杨婧飞
制　　作　北京翰墨坊广告有限公司
出版发行　五洲传播出版社
地　　址　北京市海淀区北三环中路生产力大楼B座7层
邮政编码　100088
电　　话　010-82005927 82007837（发行部）
网　　址　www.cicc.org.cn　www.thatsbooks.com
印　　刷　北京圣彩虹科技有限公司
开　　本　787mm×1092mm　1/16
印　　张　14.5
字　　数　220千
版　　次　2020年8月第1版
印　　次　2020年8月第1次印刷
定　　价　48.00元

目　录

中国司法领域人权保障的新进展（2016年9月）..................5

中国的减贫行动与人权进步（2016年10月）..................22

发展权：中国的理念、实践与贡献（2016年12月）..................41

中国健康事业的发展与人权进步（2017年9月）..................67

中国人权法治化保障的新进展（2017年12月）..................89

中国保障宗教信仰自由的政策和实践（2018年4月）..................109

改革开放40年中国人权事业的发展进步（2018年12月）..................119

平等、参与、共享：新中国残疾人权益保障70年（2019年7月）..................153

平等、发展、共享：新中国70年妇女事业的发展与进步（2019年9月）..........175

为人民谋幸福：新中国人权事业发展70年（2019年9月）..................201

中国司法领域人权保障的新进展

中华人民共和国国务院新闻办公室

2016 年 9 月

前言

尊重和保障人权,是中国的宪法原则,也是中国共产党、中国政府和中国人民的坚定意志与不懈追求。司法是维护社会公平正义的最后一道防线,司法领域的人权保障是人权事业发展的重要方面。多年来,特别是中共十八大以来,中国坚持人民主体地位,恪守以民为本理念,保证和发展人民当家作主,充分实现人民权利、充分保障人民权益,推动科学立法、严格执法、公正司法、全民守法,促进国家治理体系和治理能力现代化,有效保障了人民依法享有广泛的权利和自由、履行应尽的义务。

随着法治中国建设的全面推进,中国司法领域人权保障不断取得新进展:司法体制改革全面深化,司法职权配置进一步优化,司法责任制不断完善,司法公开大力推进,律师执业权利保障得到加强,公民参与司法的渠道继续拓宽,人权司法保障机制更加健全;实行立案登记制,修改完善诉讼制度,严格落实罪刑法定、疑罪从无、非法证据排除等法律原则,坚决防止和纠正冤假错案,人权司法保障程序更加规范;司法机关依法独立公正行使职权,司法公信力不断提高,国家赔偿、法律援助工作力度加大,司法的公平正义得到捍卫,公民权利得到有力保障;对待犯罪嫌疑人、被告人和罪犯更加文明,刑罚执行更加规范,被羁押人的人格尊严、人身安全、合法财产和申诉、控告、检举等合法权利得到有效保障。

人类追求文明进步永无止境,中国的法治文明建设依然在路上。不断改进和完善中国司法领域的人权保障,仍将是中国全面推进依法治国的重要内容。中国将坚持立足本国国情,积极借鉴人类法治文明优秀成果,不断提升人权司法保障水平,努力维护社会公平正义,全面建设社会主义法治国家。

一、不断健全人权司法保障机制

全面深化司法体制改革,合理配置司法职权,完善司法责任制,大力推进司法公开,建立健全国家司法救助制度,保障律师执业权利和公民陪审监督权利。

进一步优化司法职权配置,确保审判权和检察权依法独立公正行使。中共十八大和十八届三中、四中全会对深化司法体制改革作出重大部署。2014年至2015年,中央全面深化改革领导小组召开了19次全体会议,其中13次涉及司法体制改革议题,审议通过了27个司法体制改革文件。公安机关完善执法权力运行机制,推进受案立案制度改革,加大对受案立案的审核监督。最高人民检察院制定《关于深化检察改革的意见(2013—2017年工作规划)》。最高人民法院发布《关于全面深化人民法院改革的意见——人民法院第四个五年改革纲要(2014—2018)》。2014年以来,完善司法责任制、完善司法人员分类管理制度、健全司法职业保障制度、推进省以下地方法院检察院人财物省级统一管理四项改革逐步在全国推开试点。以审判为中心的诉讼制度改革正在稳步推进。

2014年,北京、上海组建跨行政区划人民法院和人民检察院,办理跨地区重大刑事、民事、行政案件,解决一些当事人"争管辖"和诉讼"主客场"问题,促进法律统一正确实施。2015年,最高人民法院在深圳、沈阳分别设立最高人民法院第一、第二巡回法庭,审理跨行政区域重大行政和民商事案件,全年共收案1774件,审结1653件,审限内结案率为100%。

逐步建立健全司法责任制,法官检察官办案主体地位更加凸显。逐步完善主审法官责任制、合议庭办案责任制和检察官办案责任制,明确法官、检察官办案的权力和责任,对所办案件质量终身负责,严格错案责任追究,形成权责明晰、权责统一、管理有序的司法权力运行机制。改革裁判文书签署机制,明确除审判委员会讨论决定的案件以外,法院院长、副院长、庭长对其未直接参加审理案件的裁判文书不再进行审核签发。明确法院院长、庭长除参加审判委员会、专业法官会议外,不得对其没有参加审理的案件发表倾向性意见,不得直接否定独任法官、合议庭意见。改革审判委员会制度,审判委员会评议实行录音、录像,全程留痕,所有参加讨论和表决的委员应当在审判委员会会议记录上签名,并建立审判委员会履职考评和内部公示机制。上海市试点法院直接由独任法官、合议庭裁判的案件比例达99.9%,提交审判委员会讨论的案件只有0.1%。

公安部修订《公安机关执法质量考核评议规定》和《公安机关人民警察执法过错责任追究规定》,建立完善科学合理的执法质量考评机制,健全执法过错纠正和责任追究制度,对实施刑讯逼供、违法使用警械武器等行为的人员严格追究执法责任。国家有关部门发布《领导干部干预司法活动、插手具体案件处理的记录、通报和责任追究规定》和《司法机关内部人员过问案件的记录和责任追究规定》。各级法院的案件信息管理系统设立内外部人员过问案件信息录入专库,对领导干部干预司法活动和司法机关内部人员过问案件的情况,全面、如实、及时进行记录。2015年11月6日和2016年2月1日,12起领导干部干预司法活动、插手具体案件和司法机关内部人员违反规定过问案件的典型案例被先后公开通报,相关责任人被依法依规处理。

大力推进司法公开,当事人和公众的知情权、监督权得到有效保障。最高人民法院建立审判流程公开、裁判文书公开、执行信息公开三大平台。截至2015年年底,中国审判流程信息公开网总访问量达87.85万人次;中国裁判文书网共公布裁判文书1448万份,总访问量达4.1亿人次;执行信息公开网共发布被执行人信息3434.7万条,提供执行案件信息查询3685万人次。中国法院庭审直播网2015年共视频直播庭审3795次。2016年1月,"快播案"庭审在互联网视频直播,累计100余万人在线观看。人民检察院案件信息公开系统自2014年10月正式运行,截至2015年,共发布案件程序性信息254万余件、重要案件信息102万余条、生效法律文书76万余份。

司法机关通过新闻发布会、政务网站、微博、微信、新闻客户端等，创新司法公开的形式和内容。2015年，最高人民法院召开新闻发布会26场，最高人民检察院召开新闻发布会14场，公安部召开新闻发布会12场。截至2015年，全国各级法院共开通微博账号3980个、微信公众号1447个、新闻客户端1468个，全国检察机关共开通微博账号4085个、微信公众号3186个、新闻客户端2550个，全国公安机关共开通微博账户、微信公众号2.6万余个，各级司法行政机关共开通微博账户、微信公众号、法治宣传客户端和普法网站8000多个。最高人民法院推出中国法院手机电视应用程序软件，截至2015年共发布视频2862条，内容更新量22245分钟，用户达65.18万人。

不断完善律师执业权利保障制度，律师维护当事人合法权益的作用得到更好发挥。2015年，最高人民法院、最高人民检察院、公安部、国家安全部、司法部联合发布《关于依法保障律师执业权利的规定》，进一步落实相关法律规定，明确律师执业权利保障的各项措施，便利律师参与诉讼，完善律师执业权利保障的救济机制和责任追究机制。司法机关在各自职责范围内依法保障律师知情权、申请权、申诉权，以及会见、阅卷、收集证据和发问、质证、辩论等方面的执业权利，确保律师依法履行辩护、代理职责不受阻碍，当事人合法权利不受侵害。

各级公安机关加快推进律师会见室建设，建立网上预约平台或者公布预约电话，为律师会见提供便利，并确保律师会见不被监听。检察机关切实履行对妨碍律师依法执业的法律监督职责。2015年，各级检察机关共监督纠正阻碍律师依法行使诉讼权利案件1093件。2015年12月，最高人民法院律师服务平台正式上线，共收集律师事务所信息21707家，录入律师信息81476条，为律师参加诉讼活动提供网上立案、网上阅卷、案件查询、电子送达、联系法官等更加便捷的法律服务。截至2015年，全国共有1734家法院开通12368诉讼服务热线，为当事人及律师提供自助或人工查询咨询，共接听来电76270件。2016年1月，最高人民法院发布《关于依法切实保障律师诉讼权利的规定》，进一步明确了人民法院对律师诉讼权利和人身安全的保障，并规定有条件的法院要为参加庭审的律师提供休息场所，配备桌椅、饮水及其他必要设施。北京、四川等地法院开辟了律师更衣室、休息室等，律师参加诉讼活动更有尊荣感。

试点改革人民陪审员和人民监督员制度，公民陪审和监督权利得到进一步保障。2015年4月，全国人大常委会通过《关于授权在部分地区开展人民陪审员制度改革试点工作的决定》。2015年5月，最高人民法院、司法部联合发布《人民陪审员制度改革试点工作实施办法》，在10个省（自治区、直辖市）50个法院实行人民陪审员制度改革试点。截至2015年，试点法院新增选人民陪审员7800多人，人民陪审员总数增至法官总数的约4倍。2015年，全国人民陪审员共参审案件284.6万件。山东省东营市中级人民法院吸收人民陪审员参与审理倪发科受贿、巨额财产来源不明案，是人民陪审员首次参审重大职务犯罪案件。2014年9月，最高人民检察院、司法部在北京等10个省（自治区、直辖市）联合开展人民监督员制度改革试点，按照新的改革要求组织监督案件1505件。全国各级检察机关目前共有人民监督员1.5万多人。2012年至2015年，人民监督员共监督检察机关查办职务犯罪案件中"拟撤销案件"和"拟不起诉"两类案件8161件。其中，对216件案件提出不同意检察机关拟处理决定的意见，检察机关采纳109件，采纳率达50.5%。对属于人民监督员监督范围的其他9种情形提出监督纠正意见1040件。

进一步推进涉诉信访法治化，权利救济途径更加完善。建立健全涉法涉诉信访工作机制，按照"诉访分离、有序分流、依法解决"的原则，规范涉法涉诉信访工作的受理范围、标准、程序和工作职责，整合来信、来访、电话、网络、视频等诉求表达渠道，推进综合性受理平台建设，保障人民群众依法表达诉求权利。组织律师参与信访接待、代理信访案件，增强化解信访问题的公信力。2014年2月，最高人民法院开通网上申诉信访平台。2014年5月，最高人民法院开通远程视频接访系统，截至2015年完成接谈8200余件。2015年，最高人民法院接待群众来访人数同比下降12%。最高人民检察院建成全国四级检察机关全联通的远程视频接访系统。2015年，各级检察机关共接收、办理群众信访114.8万件次。2012年至2015年，司法部共接待来访群众19788人次，登记来访6537件（次），收到群众来信73843件，涉及司法行政系统的群众来信10337件。

废止劳动教养制度,强化以法治思维和法治方式管理社会。实行了50多年的劳动教养制度在特定条件下为维护社会治安秩序、确保社会稳定、教育挽救违法人员发挥了积极作用。随着治安管理处罚法、禁毒法等法律的施行和刑法的不断完善,以及相关法律的有机衔接,劳动教养制度的作用逐渐被取代,劳动教养措施的使用逐渐减少。2013年12月,全国人大常委会通过《关于废止有关劳动教养法律规定的决定》,废止了劳动教养制度;并规定对正在被依法执行劳动教养的人员,解除劳动教养,剩余期限不再执行。

建立完善国家司法救助制度,加大受害人保护力度。2014年,最高人民法院、最高人民检察院、公安部等6部门联合发布文件,建立完善国家司法救助制度。国家对受到侵害但无法获得有效赔偿的刑事被害人等给予经济资助,帮助其摆脱生活困境。司法机关严格遵守司法救助申请告知义务,对符合条件的救助对象,及时发放救助资金。2015年,全国共发放司法救助资金16.69亿元,71700个司法救助案件的当事人及其家庭得到救助。截至2015年年底,公安机关累计对6338人发放司法救助资金约1.4亿元。2014年1月至2015年10月,各级检察机关共受理1.3万多人国家司法救助申请,发放救助金1.2亿元。各级法院2013年至2015年共为有困难的诉讼当事人减免诉讼费6.25亿元。

二、进一步完善人权司法保障程序

改革法院案件受理制度,变立案审查制为立案登记制;修改刑事诉讼法,落实罪刑法定、疑罪从无、非法证据排除等法律原则;修改民事诉讼法,促进纠纷有效解决;修改行政诉讼法,强化行政相对人合法权益保护;制定实施首部反家庭暴力法,加强对家庭暴力受害人人身权利的法律保障。

人民法院改立案审查制为立案登记制,当事人诉权得到更好保障。2015年5月1日,人民法院立案登记制开始实施。对当事人提交的诉状,人民法院一律予以接收、登记,符合法律规定的起诉和受理条件的,一律予以立案受理,切实做到有案必立、有诉必理,当事人依法"无障碍"行使诉权。2015年5月至12月,各级法院共登记立案初审案件994.4万件,同比增长29.54%,当场登记立案率达95%,其中民事案件同比增长26.45%,行政案件同比增长66.51%,

刑事自诉案件同比增长58.66%。房屋拆迁、土地征用、政府信息公开等行政诉讼"立案难"问题得到切实解决。

确立非法证据排除制度，保障犯罪嫌疑人合法权利。2012年修改的刑事诉讼法明确规定尊重和保障人权，并通过完善证据制度、强制措施、辩护制度、侦查措施、审判程序、执行程序及增加规定特别程序予以落实。刑事诉讼法明确规定办案机关实施拘留、逮捕后，应当将被拘留人、被逮捕人立即送看守所羁押，并确立讯问犯罪嫌疑人、被告人全程录音录像制度。2014年，公安部发布文件，对需要进行讯问录音录像的案件范围、录制要求等进一步作出明确规定。公安机关办案区讯问室和看守所讯问室普遍安装录音录像设施，开展讯问犯罪嫌疑人录音录像工作，有效预防刑讯逼供、违法取证等执法不规范问题。最高人民检察院发布《人民检察院讯问职务犯罪嫌疑人实行全程同步录音录像的规定》，进一步规范侦查讯问活动，强化对犯罪嫌疑人合法权利的保障。刑事诉讼法明确规定了非法证据的范围及排除非法证据的具体程序。司法机关在侦查、审查起诉和审判阶段发现有应当排除的非法证据的，都应当予以排除。2015年，各级检察机关对侦查机关不应当立案而立案的，督促撤案10384件；监督纠正滥用强制措施、违法取证等侦查活动违法情形31874件次。2014年，河北省顺平县检察院在审查办理王某某涉嫌故意杀人案时，针对多处疑点，坚决排除非法证据，作出不批捕决定，提出补充侦查意见，公安机关最终抓获真凶。

贯彻疑罪从无原则，积极防范和纠正冤假错案。2013年，公安部发布《关于进一步加强和改进刑事执法办案工作，切实防止发生冤假错案的通知》等文件，深化错案预防机制制度建设，加强对执法办案全方位、全过程、即时性监督，从源头上防止冤假错案的发生。司法部制定《关于进一步发挥司法鉴定制度作用防止冤假错案的意见》，全面加强司法鉴定管理，进一步规范司法鉴定活动。最高人民检察院发布《关于切实履行检察职能，防止和纠正冤假错案的若干意见》，严把事实关、程序关和法律适用关，健全检察环节错案发现、纠正、防范和责任追究机制。2015年，各级检察机关对不构成犯罪或证据不足的，决定不批捕131675人、不起诉25778人；对认为确有错误的刑事裁判提出抗诉6591件。最高人民法院发布《关于建立健全防范刑事冤假错案工作机制的意见》，规定对定罪证据不足的案件应当依法宣告被告人无罪，确保无罪的人不受刑事追究。2012年至2015年，各级法院依法宣告3369名被告人无罪。张辉、张高平案，念斌案，呼格吉勒图案，徐辉案，黄家光案，王本余案，于英生案，陈满案，钱仁风案，徐金龙案，杨明案等一批冤假错案得到依法纠正。

开展刑事案件速裁程序试点，保障被告人获得快速审判。2014年6月，全国人大常委会通过《关于授权最高人民法院、最高人民检察院在部分地区开展刑事案件速裁程序试点工作的决定》。2014年8月，最高人民法院、最高人民检察院在北京、天津、上海、重庆等18个城市开展刑事案件速裁程序试点工作，对事实清楚、证据充分，被告人自愿认罪，当事人对适用法律没有争议的危险驾驶、交通肇事、盗窃、诈骗、抢夺、伤害、寻衅滋事等情节较轻，依法可能判处一年以下有期徒刑、拘役、管制的案件，或者依法单处罚金的案件，在遵循刑事诉讼法的基本原则、充分保障当事人的诉讼权利的前提下，进一步简化相关诉讼程序。截至2015年，全国212个试点基层人民法院适用速裁程序共审结刑事案件31086件，占试点法院同期判处一年以下有期徒刑以下刑罚案件的33.13%，占同期全部刑事案件的15.48%。其中，10日内审结的占92.77%，当庭宣判率达95.94%；附带民事诉讼原告人上诉率为零，被告人上诉率仅为2.13%。

规范强制措施，减少羁押性强制措施的适用。刑事诉讼法对羁押性强制措施作出进一步完善，细化了逮捕的条件，明确了作为逮捕条件的社会危险性的具体标准，减少羁押性强制措施的适用，刑事强制措施的适用更加规范，公民人身自由权利保护更加有力。2014年，最高人民法院、最高人民检察院、公安部联合下发文件，明确了换押和羁押期限变更通知的范围、换押程序、通知程序、送达方式等，进一步预防和纠正超期羁押。检察机关严格执行法定逮捕条件和审查逮捕程序，坚持少捕、慎捕。2015年，各级检察机关对涉嫌犯罪但无社会危险性的决定不批捕90086人，对犯罪情节轻微、依法不需要判处刑罚的决定不起诉50787人。建立在押人员羁押必要性审查制度。犯罪嫌疑人、被告人被逮捕后，人民检察院仍对被羁押人的羁押必要性进行审查。发现不需要继续羁押的，建议有关司法机关予以释放或者变更强制措施。2015年，全国检察机关对不需要继续羁押的29211名犯罪嫌疑人建议释放或变更强制措施。

完善未成年人刑事案件诉讼程序，促进犯罪未成年人回归社会。2012年修改的刑事诉讼法，在特别程序中增加了未成年人刑事案件诉讼程序一章，规定对犯罪的未成年人实行教育、感化、挽救的方针，坚持教育为主、惩罚为辅的原则，由熟悉未成年人身心特点的审判人员、检察人员和侦查人员承办未成年人刑事案件。公安部修订《公安机关办理刑事案件程序规定》，最高人民检察院修订《人民检察院办理未成年人刑事案件的规定》，最高人民法院发布关于适用刑事诉讼法的司法解释，对刑事诉讼法关于涉罪未成年人的特殊保护制度进一步细化。各级公安机关设立专门机构或指定专职人员，按照有关专门要求办理未成年人违法犯罪案件。最高人民检察院2015年成立了独立的未成年人检察工作办公室。截至2016年3月，全国有12个省级检察院、123个市级检察院、893个基层检察院成立了有独立编制的未成年人检察专门机构。人民法院稳步推进少年法庭建设。截至2015年，全国共有少年法庭2253个，有少年法庭法官7200多名。

公安机关、人民检察院和人民法院在办理未成年人刑事案件过程中，严格落实年龄审查、指定辩护、慎用羁押措施等工作要求，依法通知法定代理人、合适成年人到场；对未成年犯罪嫌疑人、被告人的成长经历、犯罪原因、监护教育等情况进行调查并作为办案的参考；审判时被告人不满十八周岁的案件，不公开审理；对犯罪时不满十八周岁，被判处五年有期徒刑以下刑罚的，实行犯罪记录封存；积极开展对违法犯罪及有不良行为未成年人的帮教转化工作。自2002年以来，未成年人重新犯罪率基本控制在2%左右，未成年人犯罪案件数整体呈现下降趋势，未成年罪犯占全部罪犯的比例逐渐下降，2015年下降到3.56%。

健全民事诉讼制度，加强对社会公共利益的保护。2012年修改的民事诉讼法，建立了公益诉讼制度。对污染环境、侵害众多消费者合法权益等损害社会公共利益的行为，法律规定的机关和有关组织可以依法向人民法院提起诉讼。2015年，最高人民法院发布司法解释，对环境民事公益诉讼案件的起诉主体、管辖法院、审理程序等作出了规定。2015年，最高人民检察院根据全国人大常委会的授权，在生态环境和资源保护、国有资产保护、国有土地使用权出让、食品药品安全等领域开展提起公益诉讼试点。试点检察机关共对325起案件启动诉前程序，提出检察建议，督促相关行政机关已履行职责或纠正违法224件、相关社会组织提起公益诉讼6件。对仍不履行职责或没有社会组织提起公益诉讼、公共利益继续受到侵害的，检察机关提起公益诉讼12件。

制定实施反家庭暴力法，加强对家庭暴力受害人人身权利的法律保障。修改后的民事诉讼法对行为保全作出规定，为人身保护裁定提供了明确的法律依据。2015年12月，全国人大常委会通过反家庭暴力法，规定对家庭暴力行为根据情节轻重对加害人出具告诫书、给予治安管理处罚或追究刑事责任等，并首次设立人身安全保护令制度，切实保障家庭暴力受害人特别是未成年人、老年人、残疾人、孕期和哺乳期妇女的合法权益。最高人民法院、最高人民检察院、公安部、司法部联合发布《关于依法办理家庭暴力犯罪案件的意见》，加强司法对家庭暴力的及时干预。2014年至2015年，最高人民法院先后公布15起涉家庭暴力典型案例，为进一步保障妇女、未成年人、老年人合法权益提供司法指导。广州市越秀区人民法院审理林某某申请人身安全保护案，依法出具人身安全保护令，禁止被申请人余某对妻子林某某及其家人施暴，禁止余某利用骚扰、跟踪等手段妨碍林某某及其家人的正常生活，禁止余某在林某某居住区200米范围内活动，有效保障了申请人的人身安全。

改革行政诉讼制度，保障行政相对人的合法权益。2014年修改的行政诉讼法着力解决实践中"立案难、审理难、执行难"问题。明确规定人民法院依法受理行政案件，行政机关不得干预、阻碍。人民法院在审理行政案件中，可以对国务院部门和地方人民政府及其部门制定的规范性文件进行审查，经审查认为规范性文件不合法的，不作为认定行政行为合法性的依据，并向制定机关提出处理建议。明确规定复议机关决定维持原行政行为的，复议机关和作出原行政行为的机关是共同被告。明确规定行政机关负责人应当出庭应诉。完善促进行政机关履行生效判决的措施，对于行政机关拒绝履行判决、裁定、调解书的，人民法院可以对行政机关负责人、直接负责的主管人员和其他直接责任人员依法采取罚款、拘留等措施。

三、努力提高人权司法保障执行力

依法惩治违法犯罪，公正审理民事、行政案件，强化生效裁判执行，完善社区矫正、国家赔偿和法律援助制度，切实保障公民生命财产权利、民生权利等合法权益。

依法办理各类刑事案件，保障人民群众生命财产权利。重点惩治暴力恐怖、严重暴力、黑恶势力、涉枪涉爆、食药安全、制贩毒品等犯罪。公安机关先后开展打击暴力恐怖活动、打黑除恶、打击整治非法调查和非法买卖公民信息、打击电信诈骗犯罪和利用"伪基站"违法犯罪等专项行动。最高人民检察院与公安部、国家食品药品监督管理总局共同制定食品药品行政执法与刑事司法衔接工作办法，2015年各级检察机关共建议食品药品监管部门移送涉嫌犯罪案件1646件，监督公安机关立案877件。完善检察机关同步介入生产安全事故调查处理机制，2015年共起诉重大责任事故犯罪2199人，查处事故所涉职务犯罪823人。天津港"8·12"特别重大火灾爆炸事故发生后，检察机关迅速介入调查，分别以涉嫌玩忽职守罪、滥用职权罪、受贿罪，对25人立案侦查。2012年至2015年，各级法院审结各类一审刑事案件406.26万件。依法审理云南昆明"3·01"暴恐案、北京"10·28"暴恐案等暴力恐怖犯罪案件，审结黑社会性质组织犯罪案件2070件，审结杀人、抢劫、绑架、强奸等犯罪案件105.05万件，审结毒品犯罪案件41.73万件。

依法惩处腐败犯罪和职务犯罪，为人权保障创造良好的政治和法治环境。2015年，各级检察机关共立案侦查职务犯罪案件40834件54249人。其中，查办贪污贿赂、挪用公款100万元以上的案件4490件，同比上升22.5%；查办受贿犯罪13210人、行贿犯罪8217人；查办国家机关工作人员渎职侵权犯罪13040人；查办事关群众切身利益的征地拆迁、社会保障、教育、医疗、"三农"等民生领域的职务犯罪20538人。2012年至2015年，各级法院共审结贪污贿赂犯罪案件9.49万件，判处罪犯10.02万人；审结行贿案件1.03万件，判处罪犯9219人；审结渎职犯罪案件2.13万件，判处罪犯2.35万人。其中被告人原为厅局级以上的381人，原为县处级以上的2269人。依法判处周永康无期徒刑，剥夺政治权利终身，并处没收个人财产；判处薄熙来无期徒刑，剥夺政治权利终身，并处没收个人财产。

打拐专项行动深入推进，反对拐卖妇女儿童工作取得重要进展。坚持不懈预防、打击拐卖妇女和儿童犯罪，落实《中国反对拐卖人口行动计划（2013—2020年）》，解救拐卖犯罪被害人。刑法修正案（九）对收买被拐卖妇女和儿童的行为，加大了处罚力度。公安机关深入推进打拐专项行动，完善工作机制，县（市、区）公安机关主要领导或主管领导担任拐卖儿童案件专案组长，全程负责；在全国实行儿童失踪快速查找机制，充分调动警务资源快速查找失踪儿童；开展全国来历不明儿童集中摸排行动，对疑似被拐卖儿童采集DNA信息后，录入全国打拐DNA信息库比对。截至2015年，全国打拐DNA信息库已为4100多名被拐卖儿童找到亲生父母。公安部打拐办开通微博，普及防拐知识，推动全社会提高防拐反拐意识，支持参与打拐工作。拐卖妇女儿童犯罪得到有效遏制，案件数量自2013年起逐年下降。各级法院2015年审结的拐卖妇女儿童犯罪案件数量比2010年下降了55.55%。

依法惩处侵犯未成年人违法犯罪，强化未成年人权利保障。2013年，最高人民法院、最高人民检察院、公安部、司法部联合发布《关于依法惩治性侵害未成年人犯罪的意见》，突出了对未成年被害人的权益保护和对性侵害犯罪分子的依法严惩。2014年10月，最高人民法院、最高人民检察院、公安部、民政部联合发布《关于依法处理监护人侵害未成年人权益行为若干问题的意见》，对实施性侵害、暴力、虐待、遗弃未成年人的父母或其他监护人，依法撤销其监护人资格。刑法修正案（九）取消了嫖宿幼女罪名，对此类行为适用刑法关于奸淫幼女的，以强奸论、从重处罚的规定；规定对未成年人、老年人等负有监护、看护职责的人虐待被监护、看护的人，情节恶劣的，处三年以下有期徒刑或者拘役。2013年至2015年，各级人民法院共审结猥亵儿童犯罪案件7610件，判处6620人；审结虐待罪刑事案件224件。2015年，江苏省徐州市铜山区人民法院审结首例撤销未成年人父母监护人资格案件。公安机关加强校园及周边治安环境整治，有效维护校园安全。全国共设立校园周边警务室和治安岗亭17万个，设立"护学岗"26万个，每日巡逻力量达30万人次。各地校园配备保安员70万名、防护装备120万件，安装技防设备68万套。

严格控制和慎用死刑，确保死刑只适用于极少数罪行极其严重的犯罪分子。继2011年刑法修正案（八）取消13个经济性非暴力犯罪的死刑后，2015年通过的刑法修正案（九）再次减少适用死刑的罪名，取消走私武器、弹药罪，走私核材料罪，走私假币罪，伪造货币罪，集资诈骗罪，组织卖淫罪，强迫卖淫罪，阻碍执行军事职务罪，战时造谣惑众罪9个罪的死刑，并进一步提高对判处死刑缓期执行的罪犯执行死刑的门槛。在死刑案件中充分保障被告人的辩护权和其他合法权益，实行死刑第二审案件全部开庭审理。最高人民法院复核死刑案件注重依法讯问被告人，听取辩护律师的意见。

依法审理民商事案件，切实保障民生权利。2012年至2015年，各级法院审结民商事案件3230.24万件。其中，审结农村承包合同纠纷案件9.01万件、宅基地纠纷案件1万件，审结婚姻家庭、抚养继承等案件661.16万件。妥善处理人身伤害、劳动就业、教育、医疗、住房等与人民生产生活密切相关的案件，依法保障民生。2012年至2015年，各级人民法院共审结涉民生案件233.43万件。

依法审理环境资源案件，保护公民环境权益。2014年6月，最高人民法院设立环境资源审判庭。截至2015年，全国共有24个省（自治区、直辖市）的法院设立环境资源审判庭、合议庭、巡回法庭，共计456个。2012年至2015年，各级法院共审结各类涉及资源、环境案件49.55万件。2013年至2015年，最高人民法院先后4次共计发布33起环境资源典型案例，保障环境资源法律的全面、正确、统一施行，推动生态环境司法治理。

依法审理行政诉讼案件，维护行政相对人合法权益。2012年至2015年，各级法院共审结各类行政案件57.9万件。妥善审理社会关注的房屋拆迁行政诉讼案件，依法保护被拆迁人合法权益，审结房屋拆迁行政诉讼案件3.28万件。健全行政机关负责人依法出庭应诉制度。江苏省行政机关负责人行政诉讼出庭应诉率2014年至2015年均在90%以上，其中海安县人民政府连续3任县长亲自出庭应诉，连续6年行政机关负责人出庭应诉率达100%。加强行政案件协调和非诉行政案件执行等工作，促进化解行政纠纷。及时向行政机关反馈审判工作中发现的行政执法突出问题，促进依法行政。2014年至2015年，最高人民法院先后发布"征收拆迁十大案例""信息公开十大案例""环境保护十大案例""行政不作为十大案例"和"经济行政十大案例",规范行政执法,统一裁判尺度。

依法审理国家赔偿案件,保障赔偿请求人合法权益。2015年,最高人民法院、最高人民检察院联合制定《关于办理刑事赔偿案件适用法律若干问题的解释》,明确细化了终止追究刑事责任的情形,解决了实践中因刑事案件久拖不决公民无法申请国家赔偿的问题,对促进办案机关依法行使职权、保障公民取得国家赔偿的权利,发挥了重要作用。2012年至2015年,各级法院共审结国家赔偿案件1.23万件。2016年1月7日,最高人民法院、最高人民检察院联合公布8起刑事赔偿典型案例。

强化生效裁判执行工作,保护执行案件当事人合法权益。最高人民法院修改《关于限制被执行人高消费的若干规定》,全面限制失信被执行人非生活或经营必须的消费,建立全社会失信惩戒联动机制。截至2015年,全国共有308万名被执行人被纳入失信名单,累计拦截357.7万人次购买飞机票,59.88万人次购买列车软卧、高铁和动车一等座以上车票。2012年至2015年,各级法院共新收申请执行案件1259.14万件,执结1190.6万件。加强涉民生案件执行。2015年12月1日至2016年2月15日,最高人民法院开展涉民生案件集中执行,着重执行涉及人民群众生存生活的追索劳动报酬、农民工工资、赡养费、抚养费等9类案件,截至2016年1月15日,全国共执结约6万件,执行到位约20亿元。

完善社区矫正工作,有效保障社区矫正对象的合法权益。各级司法行政机关认真落实《关于组织社会力量参与社区矫正工作的意见》,将社区矫正经费纳入各级财政预算,鼓励引导社会力量参与社区矫正工作,解决好社区矫正对象就业就学和社会救助、社会保险等问题,通过各种渠道加强对社区矫正对象的教育帮扶,重视社区矫正对象心理矫治,促进其更好地融入社会。截至2015年,各地累计接收社区矫正对象270.2万人,累计解除矫正200.4万人,现有社区矫正对象69.8万人。社区矫正对象在矫正期间的重新违法犯罪率为0.2%。全国累计建立县(区)社区矫正中心1339个。现有社区服务基地24787个,教育基地9218个,就业基地8165个,社区矫正小组67.2万个。全国从事社区矫正工作的社会工作者8.3万人，社会志愿者69万人。北京市海淀区社区矫正中心联合5所高校创办中途学院，由高校教师为社区矫正对象提供针对性分类教育。安徽省巢湖市社区矫正中心为社区矫正对象建立心理健康档案，开展咨询服务活动。

加大法律援助力度，公民获得法律援助的权利进一步落实。加强法律援助基层服务网络建设。全国共建成法律援助便民服务窗口3500余个、法律援助工作站7万余个，基层基础建设得到改善。推广使用全国法律援助信息管理系统，简化受理审查程序，公民获得法律援助更加便捷。进一步扩大法律援助补充事项范围，放宽适用法律援助的经济困难标准，加大法律援助经费保障。2012年至2015年，中央财政拨付法律援助经费总额15.2亿元。积极推动地方政府将法律援助经费纳入财政预算。截至2015年，全国已有24个省（自治区、直辖市）建立省级法律援助专项资金，91.4%的地方将法律援助业务经费纳入财政预算。2012年至2015年，全国共办理法律援助案件470万件，年均增长7.4%，受援群众超过526万，提供法律咨询2587万人次。

四、切实保障被羁押人合法权利

进一步改善监狱、看守所监管条件，强化对监管活动和刑罚执行的监督，严格规范减刑、假释和暂予监外执行，规定刑事被告人或上诉人出庭受审不再穿着监管机构的识别服，切实保障被羁押人的人格尊严、人身安全、合法财产和辩护、申诉、控告、检举等合法权利。

加强看守所建设和管理，保障被羁押人的人身安全。实施新的《看守所建设标准》，全面推行床位制，对看守所的建筑标准和人均最低使用面积作出规定。严格落实入所身体检查制度，建立预防和打击牢头狱霸的长效机制，对新收押人员实行过渡管理，严禁使用在押人员管理监室。严格提讯、提解制度。办案机关因侦查需要提解犯罪嫌疑人出所辨认或者追缴犯罪有关财物的，必须持有县级以上办案机关主要领导批示并标明法定原因，由两名以上办案人员提解。截至2015年，全国有2169个看守所建立被羁押人心理咨询室，有2207个看守所实现留所服刑罪犯互联网双向视频会见。大力推进法律援助中心驻看守所工作站建设，全国已有 2500 多个看守所建立了工作站，为在押人员及其家属提供法律援助、法律咨询等服务。

规范监狱、看守所生活医疗管理，保障被羁押人的健康权利。看守所严格执行本地区财政部门核定的在押人员伙食实物量标准，在监室内张贴伙食标准、每周食谱和伙食账目，接受监督。监狱按照《关于加强监狱生活卫生管理工作的若干规定》，严格落实 2013 年调整后的在押服刑人员伙食实物量标准、食品留样及抽样检测、生活物资招标采购制度。加强监狱生活卫生管理，保证服刑人员的饮食实现科学配膳、合理调剂、精细管理、杜绝浪费。照顾少数民族服刑人员的特殊生活习惯，对有特殊饮食禁忌的，单独设置少数民族灶。监狱、看守所加强在押人员医疗卫生保障，为在押人员建立医疗档案，配备驻监狱、看守所医生并每日在监室巡诊，对需要出监狱、看守所就医的在押人员及时送当地医院治疗。监狱严格药品采购、保管和使用等制度，加强卫生设施设备建设和疾病防控，对患病服刑人员及时诊治，依法保障服刑人员的生命权、健康权。最高人民法院、最高人民检察院、公安部、司法部和国家卫生计生委联合制定《暂予监外执行规定》，于 2014 年 12 月 1 日起实施。服刑人员在监狱、看守所服刑期间因参加劳动致伤、致残被暂予监外执行的，出监、出所后的医疗补助、生活困难补助等费用按国家有关规定办理。对患有严重疾病需要保外就医的、怀孕或者正在哺乳自己婴儿的妇女以及生活不能自理的服刑人员，可以暂予监外执行。

加强对监狱、看守所的监督，保障被羁押人合法权利不受侵犯。看守所提高执法工作透明度，定期向社会开放。截至 2015 年，全国有 2610 个看守所建立在押人员投诉处理机制，有 2558 个看守所聘请了特邀监督员。检察机关监督看守所对犯罪嫌疑人、被告人入所健康体检活动和临时出所管理活动，防止和纠正侦查人员将犯罪嫌疑人提出看守所外进行非法讯问或刑讯逼供。强化刑事羁押期限监管，监督各有关部门清理久押不决案件。2013 年核查出的羁押 3 年以上未结案的 4459 人，2015 年下降到 6 人。

规范减刑、假释、暂予监外执行工作，保障服刑罪犯刑罚变更执行的权利。深化狱务公开，依法向社会公开减刑、假释、暂予监外执行的法定条件、程序和结果。人民法院强化网上公示、开庭审理等措施,开通全国法院减刑、假释、暂予监外执行信息网。2012年至2015年,各级法院共裁定减刑案件240.61万件、假释案件16.01万件。监狱、看守所严格按照法律规定,对符合减刑、假释、暂予监外执行的留所服刑罪犯及时办理相关手续。检察机关严格履行监督职责,确保刑罚变更的公平公正。

实施国家特赦,彰显人道精神。2015年8月29日,第十二届全国人大常委会第十六次会议通过关于特赦部分服刑罪犯的决定,国家主席习近平签署主席特赦令,对依据2015年1月1日前人民法院作出的生效判决正在服刑,释放后不具有现实社会危险性的四类罪犯实行特赦。这是新中国成立以来第八次,也是改革开放以来第一次实行特赦,是实施宪法规定的特赦制度、贯彻全面依法治国和体现人道主义精神的新实践,具有重大政治意义和法治意义。经人民法院依法裁定,全国共特赦服刑罪犯31527人。对无工作单位、无劳动能力、无生活来源、无法定赡养人的被特赦人员,依法按政策落实最低生活保障等措施,帮助被特赦人员顺利融入社会。

中国的减贫行动与人权进步

中华人民共和国国务院新闻办公室

2016年10月

消除贫困是人类梦寐以求的理想，是各国人民追求幸福生活的基本权利。多年来，中国共产党和中国政府从基本国情出发，把人民的生存权、发展权放在首位，致力于减贫脱贫，努力保障和改善民生，发展各项社会事业，使发展成果更多更公平惠及全体人民，保障人民平等参与、平等发展权利。2012年中国共产党十八大以来，在全面建成小康社会、实现中华民族伟大复兴中国梦的伟大进程中，以习近平同志为总书记的党中央，坚持以人民为中心的发展思想，实施精准扶贫、精准脱贫基本方略，中国的减贫行动更加扎实有效，为世界减贫事业作出了重大贡献，创造了世界人权发展新奇迹。

一、减贫促进了中国人权事业发展

贫困的广泛存在严重妨碍人权的充分实现和享有。减缓和消除贫困，是人权保障的重要内容。多年来，中国政府坚持消除贫困、改善民生、逐步实现共同富裕，持续开展以农村扶贫开发为中心的减贫行动，努力实现脱贫致富。中国减贫行动涉及的范围十分广泛，既包括农村农业基础设施建设，提高贫困人口收入水平，也包括提供社会保障和卫生、教育、文化等公共服务。这些扶贫措施在全面保障贫困人口的经济、社会、文化权利的同时，也为进一步保障其他人权创造了条件。

自20世纪70年代末实行改革开放以来，中国政府不断加大扶贫力度，成立专门扶贫工作机构，确定重点扶持地区和群体，安排专项资金，制定适合现实国情的贫困标准和专门的优惠政策,确定了开发式扶贫方针。中国政府在全国范围内开展了有计划有组织的大规模开发式扶贫,先后实施了《国家八七扶贫攻坚计划(1994—2000年)》《中国农村扶贫开发纲要(2001—2010年)》《中国农村扶贫开发纲要(2011—2020年)》等中长期扶贫规划,减贫成为国家战略的重要组成部分。

党的十八大以来,党中央把扶贫开发摆到治国理政的重要位置,提升到事关全面建成小康社会、实现第一个百年奋斗目标的新高度,纳入"五位一体"总体布局和"四个全面"战略布局进行决策部署。党的十八届五中全会提出了贫困人口全部脱贫、贫困县全部摘帽的目标任务。中央召开扶贫开发工作会议,中共中央、国务院印发关于打赢脱贫攻坚战的决定,对"十三五"脱贫攻坚作出全面部署。"十三五"规划将中央脱贫攻坚决策部署变为国家意志,变为可操作的规划,第一次把脱贫攻坚作为五年规划纲要的重要内容,第一次把贫困人口脱贫作为五年规划的约束性指标,第一次由省区市党政一把手向中央签署《脱贫攻坚责任书》,并层层立下军令状。

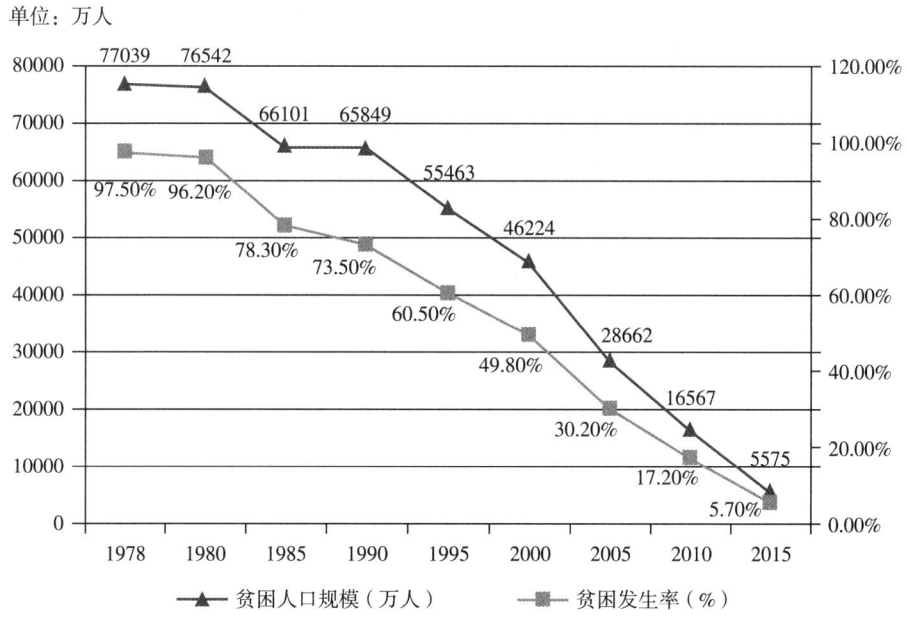

按现行农村贫困标准衡量的农村贫困状况

中国的减贫行动是中国人权事业进步的最显著标志。改革开放30多年来，7亿多贫困人口摆脱贫困，农村贫困人口减少到2015年的5575万人，贫困发生率下降到5.7%，基础设施明显改善，基本公共服务保障水平持续提高，扶贫机制创新迈出重大步伐，有力促进了贫困人口基本权利的实现，为全面建成小康社会打下了坚实基础。联合国《2015年千年发展目标报告》显示，中国极端贫困人口比例从1990年的61%，下降到2002年的30%以下，率先实现比例减半，2014年又下降到4.2%，中国对全球减贫的贡献率超过70%。中国成为世界上减贫人口最多的国家，也是世界上率先完成联合国千年发展目标的国家，为全球减贫事业作出了重大贡献，得到了国际社会的广泛赞誉。这个成就，足以载入人类社会发展史册，也足以向世界证明中国共产党领导和中国特色社会主义制度的优越性。

中国致力于消除本国贫困的同时，积极支持和帮助广大发展中国家消除贫困。新中国成立60多年来，中国共向166个国家和国际组织提供了近4000亿元人民币援助，派遣60多万援助人员，先后7次宣布无条件免除重债国和最不发达国家对华到期政府无息贷款债务，向69个国家提供医疗援助，为120多个发展中国家落实千年发展目标提供帮助。

经过多年探索实践，中国积累了通过减贫促进人权事业发展的成功经验，走出一条中国特色扶贫开发道路。

——坚持立足基本国情，充分发挥制度优势。中国有13亿多人口，是世界上最大的发展中国家。发展是中国共产党执政兴国的第一要务，是解决中国所有问题的关键。中国发挥政治优势和制度优势，通过"党的领导、政府主导、社会参与"的工作机制，形成跨地区、跨部门、跨行业、全社会共同参与多元主体的社会扶贫体系。

——坚持加快发展经济，扎实推进减贫事业。将减贫作为发展经济的一项重要内容，以发展经济促进减贫，发挥扶贫开发与经济社会发展相互促进作用，把扶贫开发作为经济社会发展规划的主要内容，推动减贫和人权保障领域各项工作统筹兼顾、协调发展，实现扶贫减贫规划、国家经济社会发展规划与国家人权行动计划有机联动。

——坚持多种形式减贫，注重提高实际效果。把发展作为解决贫困的根本途径，坚持开发式扶贫方针，注重扶贫先扶智，增强贫困人口自我发展能力，阻断贫困代际传递。坚持普惠政策和特惠政策相结合，在加大对农村、农业、农民普惠政策支持的基础上，对贫困人口实施特惠政策。把精准扶贫、精准脱贫作为基本方略，分类施策，重在精准，做到应扶尽扶、应保尽保。

——坚持社会公平公正，努力实现成果共享和共同富裕。以保障和改善民生为重点，创新制度安排，促进社会公平正义。建立以权利公平、机会公平、规则公平为主要内容的社会公平保障体系，用法治保证人民平等参与、平等发展权利，使全体人民共享改革发展成果，实现共同富裕。

二、保障贫困人口生存权

中国政府创新扶贫模式，实施精准扶贫、精准脱贫基本方略。近年来，通过建档立卡摸清底数，分析致贫原因和发展需求，分类指导，精准施策，落实扶贫对象精准、项目安排精准、资金使用精准、措施到户精准、因村派人精准、脱贫成效精准的要求，切实提高扶贫实效，加快贫困人口精准脱贫，保障贫困人口生存权。

特色产业脱贫得到扶持。国家相继出台一系列特色产业发展规划、政策，为贫困地区提供发展机会。制定实施关于加强农业行业扶贫工作的指导意见和《全国林业扶贫攻坚规划（2013—2020年）》，明确将大力发展特色农牧业作为农业行业扶贫重点工作。编制《农业行业扶贫开发规划（2011—2020年）》，制定《特色产业增收工作实施方案》《全国优势特色经济林发展布局规划（2013—2020年）》，对各集中连片特困地区特色农林牧业进行科学布局，明确发展重点。发布《特色农产品区域布局规划（2013—2020年）》，将贫困地区96个特色品种纳入规划范围，引导多方力量加大投入。"十二五"（2011—2015年）期间，向连片特困地区投入农业基本建设资金和财政专项资金1220亿元，安排林业基本建设资金和财政专项资金1160多亿元。在特色产业带动下，贫困地区发展条件不断改善，农民收入水平不断增加。

易地搬迁脱贫稳步实施。2012年以来，国家累计安排中央预算内投资404

亿元，撬动各类投资近1412亿元，搬迁贫困人口591万人，地方各级统筹中央和省级财政专项扶贫资金380亿元，搬迁580多万贫困人口，有效拓展贫困地区发展空间。通过科学规划、合理选址，加强安置区基础设施和社会公共服务设施建设，大幅改善生产生活条件，搬迁群众生产生活水平显著提升。通过帮助发展种植业和养殖业，引导外出务工，直接增加劳务收入，搬迁群众脱贫致富步伐明显加快。2016年，中国政府启动实施了新一轮易地扶贫搬迁方案，增加中央预算内投资规模，提高政府补助标准，引入开发性、政策性金融资金，大幅拓宽融资渠道，并加大易地扶贫搬迁群众后续脱贫扶持力度，确保搬迁一户、脱贫一户。

生态保护脱贫持续推进。在贫困地区积极推进天然林资源保护、退耕还林、退牧还草、京津风沙源治理、石漠化综合治理和生物多样性保护等重大生态工程，加快贫困地区生态保护和修复步伐，改善当地生态环境，不断拓展贫困人口生存空间，为当地优势特色产业发展、贫困人口就业增收以及保障发展环境创造了良好的条件。建立完善生态补偿机制，积极推进贫困地区的生态补偿工作，进一步提高森林生态效益补偿标准，完善草原生态保护奖励机制，推动贫困地区传统牧业向现代牧业转变。拓宽贫困人口增收渠道，鼓励重点工程区范围内的贫困户投工投劳，提高了贫困人口的受益水平。改善贫困人口生存条件，加大贫困县生态环境综合治理力度，强化木本粮油、特色林果、木竹原料林、林下经济、草食畜牧业、生态旅游业等发展，切实改善贫困人口生活条件。

教育脱贫力度不断加大。"十二五"期间，中国把教育扶贫作为脱贫攻坚的重要内容，深入推进义务教育均衡发展，着力缩小城乡教育差距，全面改善贫困地区的办学条件，实施学前教育三年行动计划、乡村教师生活补助计划，实施中等职业学校免学费、补助生活费政策及面向贫困地区定向招生专项计划，切实保障贫困人口受教育权利。2012—2015年，中央财政累计投入资金831亿元改造义务教育薄弱学校，投入约140亿元建设边远艰苦地区农村学校教师周转宿舍24.4万套，可入住教师30万人。连续实施学前教育三年行动计划，全国学前三年毛入园率由2011年的62.3%提高到2015年的75%，中西部地区在园幼儿数由2011年的2153万增加到2015年的2789万，增长了30%。2014年

11月,有关部门联合印发《关于统一城乡中小学教职工编制标准的通知》,将县镇、农村中小学教职工编制标准统一到城市标准,并向农村边远贫困地区倾斜。2013—2015年,中央财政累计投入资金约44亿元,支持连片特困地区对乡村教师发放生活补助,惠及约600个县的100多万名乡村教师。2012—2015年,中央财政共下达中等职业学校免学费补助资金417亿元,对公办中等职业学校全日制在校生中所有农村(含县镇)学生、城市涉农专业和家庭经济困难学生免除学费(艺术类相关专业除外)。对在职业教育行政管理部门依法批准、符合国家标准的民办中等职业学校就读的符合免学费政策条件的学生,按照当

中央财政教育扶贫投入情况

年度	资金数量 (单位:亿元)	用途	说明
2012—2015	831	改造义务教育薄弱学校	
2012—2015	140	建设边远艰苦地区农村学校教师周转宿舍	共建设农村学校教师周转宿舍24.4万套;建筑面积862万平方米,可入住教师30万人
2013—2015	43.85	支持连片特困地区对乡村教师发放生活补助	受益教师100多万人
2012—2015	417	中等职业教育免学费补助资金	对公办中等职业学校全日制在校生中所有农村(含县镇)学生、城市涉农专业和家庭经济困难学生免除学费(艺术类相关专业除外)。对在职业教育行政管理部门依法批准、符合国家标准的民办中等职业学校就读的符合免学费政策条件的学生,按照当地同类型同专业公办中等职业学校免除学费标准给予补助
2011—2015	200	中西部贫困地区和民族地区普通高中建设	支持中西部集中连片特困地区1860所学校(不含新疆生产建设兵团)改善办学条件
2012—2015	643	中央财政支持学前教育发展专项奖补资金	支持中西部农村地区新建幼儿园、利用闲置校舍改建幼儿园、依托农村小学增设附属幼儿园,在偏远地区开展学前教育巡回支教,扶持企事业单位、集体办园和普惠性民办园,资助家庭困难幼儿、孤儿和残疾儿童入园等

地同类型同专业公办中等职业学校免除学费标准给予补助。对全日制一、二年级在校涉农专业学生和非涉农专业家庭经济困难学生发放国家助学金，2012—2014年标准为每生每年1500元，从2015年春季学期起标准提高到每生每年2000元，覆盖近40%的学生。实施面向贫困地区定向招生专项计划，面向832个贫困县4年累计录取学生18.3万人，贫困地区农村学生上重点高校人数连续三年（2013—2015年）增长10%以上。

医疗保障脱贫全面落实。中国政府不断加大健康扶贫工作力度，减轻农村贫困人口医疗费用负担，增强贫困地区医疗卫生服务能力，提高贫困地区群众健康水平，努力防止因病致贫、因病返贫，贫困人口健康权利得到切实保障。新型农村合作医疗制度逐步完善，覆盖97%以上的农村居民。2016年，新农合人均补助标准提高到420元，政策范围内门诊和住院费用报销比例分别达到50%和75%左右。全面实施城乡居民大病保险，覆盖超过10亿参保居民，报销比例不低于50%。全面建立疾病应急救助制度，开展重特大疾病医疗救助，全民医保制度防大病、兜底线的能力进一步增强，农村居民看病负担大大减轻。2012年以来，中央专项投资共安排794亿元支持贫困地区11万个卫生机构基础设施建设，改善贫困地区卫生服务条件。实施农村订单定向免费医学生培养、全科医生特设岗位计划等项目。深入实施城乡医院对口支援，组织全国三级医院对口帮扶贫困地区县级医院。2015年，基本公共卫生服务12大类45项得到全面落实，人均经费从2011年的15元提高到40元。实施农村妇女增补叶酸预防神经管缺陷、贫困地区儿童营养改善等项目，加强疾病预防控制和健康促进，贫困地区群众健康状况逐步改善。2016年，国家卫计委、国务院扶贫办等15个部门联合实施健康扶贫工程，为农村贫困人口与全国人民一道迈入全面小康社会提供健康保障。

农村兜底脱贫逐步实行。国家制定农村低保制度与扶贫开发政策相衔接实施方案，各地紧紧围绕贫困人口脱贫目标，完善政策措施，健全工作机制，努力实现农村低保制度政策性兜底保障，不断提高贫困人口社会保障水平。对于符合农村低保条件的建档立卡家庭，按规定程序纳入低保范围，根据家庭人均收入与当地低保标准的差额发给低保金。对于符合扶贫条件的农村低保家庭，

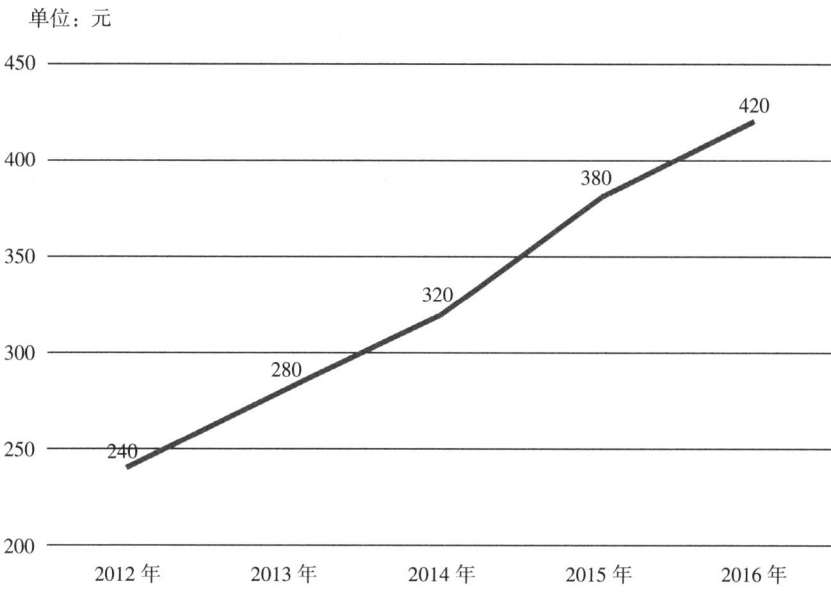

2012—2016年新农合人均补助标准

按规定程序纳入建档立卡范围，根据不同致贫原因予以精确帮扶。对于脱贫后再返贫的家庭，分别纳入临时救助、医疗救助、农村低保等社会救助制度和建档立卡帮扶政策范围。2015年，全国保障农村低保对象共4903.6万人，农村低保标准从2011年的平均每人每月143元提高到265元；农村特困人口集中和分散供养年人均标准分别达到6026元和4490元，比2012年同期分别增长48.4%和49.3%。

资产收益扶贫探索实行。对于难以通过增强自我发展能力实现脱贫的贫困人口，近年来一些地方积极探索资产收益扶贫，在不改变资金用途的情况下，将财政专项扶贫资金和其他涉农资金投入贫困地区基础设施建设和产业发展形成的资产，拿出部分量化折股配置给丧失或部分丧失劳动能力的贫困户，帮助其增加财产性收入。各地资产收益扶贫主要依托当地优势特色产业，并积极发挥农民专业合作社等新型生产经营主体作用，确保贫困人口既可以享受保底收益和红利，还能通过流转土地和参加务工获得收益。2014年年底，国家启动光伏扶贫试点工作，在安徽、河北、山西、宁夏、甘肃、青海6省区开展试点，通过资产收益扶贫增加贫困地区"造血"能力。2016年,国家大力推进光伏扶贫,计划在2020年之前,在16个省区471个县约3.5万个建档立卡贫困村,以整村推进的方式,保障200万建档立卡无劳动能力贫困户(包括残疾人)户均年增收3000元以上。

就业创业服务不断加强。近年来,中国政府大力实施就业优先战略和更加积极的就业政策,提供职业技能培训,加强就业创业服务,有效保障贫困人口工作权利。组织实施农民工职业技能提升计划——"春潮行动",面向农村贫困劳动力开展就业技能培训、岗位技能提升培训和创业培训,并落实培训补贴政策。落实《关于加强雨露计划支持农村贫困家庭新成长劳动力接受职业教育的意见》,对农村贫困家庭子女接受职业教育的给予补助。进一步健全完善公共就业服务体系,加强基层劳动就业和社会保障服务平台建设,组织开展"春风行动"等专项就业服务,加强输出输入地劳务对接,为农村贫困人口免费提供职业指导、职业介绍、就业信息、政策法规咨询等公共就业服务,推进农村富余劳动力进城务工和稳定转移,2011—2014年年均新增农民工793万人。积极落实创业扶持政策,对有创业意愿和创业培训、创业服务需求的劳动者,组织参加创业培训,提供信息咨询、开业指导、创业孵化、跟踪辅导等"一条龙"创业服务,提高创业成功率。

三、维护特定群体权利

妇女、儿童、老年人、残疾人、少数民族等特定群体中的贫困人口是扶贫工作的重点对象。2012年以来,中国政府加大优先扶持政策力度,切实保障这些群体的社会保障权、健康权、受教育权等各项权利。

贫困妇女权利保障水平不断提升。国家落实《中国妇女发展纲要(2011—2020年)》,制定实施保障贫困妇女权益的政策措施。加强贫困地区妇女教育培训,培训中西部农村妇女200多万人。实施妇女小额贷款担保项目及财政贴息政策,促进城乡妇女创业就业。开展农村妇女"两癌"检查项目,每年为全国1000万适龄农村妇女进行免费宫颈癌检查,为120万适龄农村妇女进行免费乳腺癌检查,已覆盖532个贫困县。2011—2015年,中央彩票公益金投入4亿元,积极开展"贫困母亲两癌救助"。实施"母亲安居工程""母亲健康快车"等公益项目,帮助贫困单亲母亲、患病贫困妇女改善生存和发展状况。建立完善新型社会救助体系,加大对贫困妇女的保障力度。2015年,全国获得低保及特困人员救助供养的居民达7121.5万人,其中女性约2609.4万人,所占比重为36.6%,基本实现了应保尽保。

贫困儿童权利保障力度不断加大。国家制定并落实《中国儿童发展纲要（2011—2020年）》《国家贫困地区儿童发展规划（2014—2020年）》,健全完善留守儿童关爱服务体系、困境儿童分类保障和救助保护机制。落实《国务院关于加强农村留守儿童关爱保护工作的意见》,推进城乡社区"儿童之家"和"儿童快乐家园"建设,各地以儿童之家和儿童快乐家园为依托开展关爱服务活动15.8万项,受益农村留守儿童人数达1312.9万人次。落实《国务院关于加强困境儿童保障工作的意见》,各地出台困境儿童分类管理办法,根据不同儿童群体需求特点,分类型设置标准,分标准实施保障,加强困境儿童保障水平。落实《国务院关于孤儿保障工作的意见》,全面建立全国孤儿基本生活保障制度和艾滋病病毒感染儿童生活保障制度,中央财政每年安排20亿元,保障50多万名孤独和艾滋病病毒感染儿童的基本生活,并对他们的医疗、教育、康复及成年后就业、住房等做了制度性安排。实施"全国孤儿手术康复明天计划",累计投入资金8.6亿元,为9万多名孤儿、弃婴和贫困儿童免费实施手术矫治和康复。贯彻《国务院办公厅关于加强流浪未成年人救助保护工作的意见》,开展"接送流浪孩子回家"和"流浪孩子回校园"专项行动,基本杜绝胁迫、诱骗、利用未成年人乞讨现象。广泛开展适度普惠型儿童福利保障制度和未成年人社会保护试点工作,推动构建未成年人救助保护制度,推动建立县、乡、村三级儿童福利和保护工作网络。自2011年起,全国超过1/2的县实施了农村义务教育学生营养改善计划,按照每生每天4元标准为贫困地区提供营养膳食补助,中央财政累计投入670亿元,惠及3360万农村学生。自2012年起,实施贫困地区儿童营养改善项目,为6—24月龄婴幼儿免费提供营养包,提高监护人科学喂养知识普及程度和家庭教育水平,促进贫困地区婴幼儿健康发育成长。2015年,该项目由中央财政专项补助经费5亿元,覆盖21个省（区、市）

14个国家集中连片特困地区的341个县，共211万名儿童受益。

老年人权利保障体系不断完善。国家积极推动养老保险制度改革，加强农村养老服务建设，建立健全养老服务补贴制度。2009年开展新型农村社会养老保险试点，2011年开展城镇居民社会养老保险试点，2014年在全国范围内建立了统一的城乡居民养老保险制度。2015年，中央和地方政府支付补贴资金2044亿元，保障和改善亿万城乡老年居民的基本生活。截至2015年年底，全国参保人数达5.05亿，待遇领取人数达1.48亿，其中95%是农村居民；全国共有农村敬老院27248所，床位249.3万张，日间照料服务设施已覆盖50%以上的农村社区；全国20个省（区、市）建立经济困难老人养老服务补贴制度，17个省（区、市）建立失能老人护理补贴制度。

残疾人权利保障事业扎实推进。2012年，国务院办公厅印发《农村残疾人扶贫开发纲要（2011—2020年）》，明确将贫困残疾人列为重点扶贫群体。2015年，国务院印发《关于加快推进残疾人小康进程的意见》，围绕残疾人基本民生保障、就业创业增收、基本公共服务三大重点领域，提出了一系列重要举措。2015年，《国务院关于全面建立困难残疾人生活补贴和重度残疾人护理补贴制度的意见》正式实施，第一次在国家层面建立残疾人福利补贴制度。通过专项调查，实名获取2660多万持证残疾人和70多万个社区为残疾人提供公共服务状况的基本信息，为向残疾人精准服务提供了可靠的数据支撑。2012年以来，中央安排37.4亿元康复扶贫贴息贷款，扶持21.9万贫困残疾人；累计为145.2万残疾人提供职业培训，城镇新增123.9万残疾人就业，2015年开通全国残疾人网络就业服务平台；国家补助完成117.5万户农村贫困残疾人危房改造，317万农村贫困残疾人得到实用技术培训，496.2万农村贫困残疾人脱贫，因残致贫现象得到有效缓解。截至2015年年底，共有1088.5万城乡残疾人纳入最低生活保障范围，近2230万残疾人参加城乡民社会养老保险，302.3万残疾人参加城镇居民基本医疗保险。

少数民族脱贫步伐加快。国家制定一系列特殊扶持政策，加快推进少数民族和民族地区脱贫攻坚。《中国农村扶贫开发纲要（2011—2020年）》确定的14个集中连片特困地区中，分布在民族自治地方的有11个；592个国家扶贫开

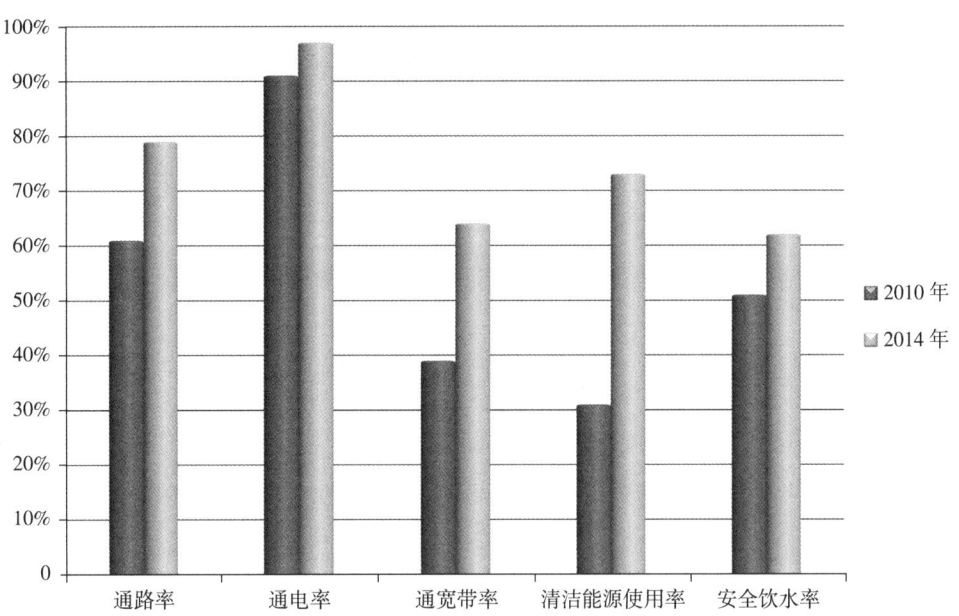

人口较少民族聚居区基础设施得到改善

发工作重点县中，分布在民族自治地方的有263个；扶贫开发整村推进"十二五"规划确定的3万个贫困村中，分布在民族自治地方的有13158个。2012—2015年，中央财政安排少数民族发展资金145.9亿元，专项支持推进兴边富民行动、扶持人口较少民族发展以及开展少数民族特色村寨和少数民族传统手工艺品的保护与发展。国家安排中央预算内投资55亿元，用于帮助边境地区和人口较少民族聚居区的基础设施建设、群众生产生活条件改善和社会事业发展。"十二五"期间，内蒙古、广西、西藏、宁夏、新疆5个自治区和少数民族分布集中的贵州、云南、青海3省的贫困人口从2011年的3917万下降到1813万，减少2104万人，减少幅度为53.7%；贫困发生率从27.2%下降到12.4%，下降了14.8个百分点。

四、改善贫困地区发展环境

加强贫困地区基础设施建设，破除发展瓶颈制约，是实现贫困地区群众生存权、发展权的基础和前提。2012年以来，中国政府继续支持贫困地区基础设施建设，切实加大投入力度，贫困地区的基本生产生活条件得到进一步改善。

贫困地区通信基础设施升级改造加快。中国政府发布《"宽带中国"战略及实施方案》，加大中央财政对贫困地区通信设施建设的支持，鼓励企业承担社会责任，努力消除"数字鸿沟"对贫困地区的瓶颈制约。扎实推进贫困村信息化工作，持续深入开展乡镇互联网接入、行政村通宽带、信息下乡等方面建设，有效提升农村及贫困地区的通信基础设施水平。截至2015年年底，实现100%的行政村通电话、100%的乡镇通宽带，农村地区互联网宽带接入端口超过1.3亿个，有效提高了贫困地区的宽带网络普及率，有效改善了当地的生产生活条件，为贫困地区产业发展提供了有力支撑。中央投资92.23亿元，基本完成对20户以下已通电自然村广播电视覆盖。

贫困地区水利建设力度加大。国家制定实施《全国水利扶贫专项规划》等10多个水利扶贫规划或方案，贫困地区水利建设明显加快。2011—2015年，中央水利投资用于中西部的比重达84%，用于民生水利建设的比重近70%。"十二五"期间，安排贫困地区中央水利投资2375亿元，累计解决1.15亿贫困地区农村居民和学校师生饮水安全问题，农村集中式供水覆盖率提高到75%以上。已开工的85项重大节水工程中，有60项惠及贫困地区，总投资达5600亿元。贫困地区共完成7700多座病险水库和大中型病险水闸除险，新建或加固江河堤防3900余公里，新增中小河流治理河长1.45万公里。新增农村水电装机750万千瓦，解决44万户农民的生活燃料问题。

贫困地区电力建设成效显著。2013—2015年，国家共安排投资248亿元，实施无电地区电网延伸和可再生能源供电工程，全国无电人口用电问题得到全面解决。实施农网改造升级工程，中央和地方政府加大了对贫困地区，特别是西藏、新疆及四川、云南、青海、甘肃四省藏区等西部偏远少数民族地区农村电力建设的投资支持力度，共安排农网改造升级工程投资1802亿元，大幅提升了贫困地区的供电能力和电力普遍服务水平。2016年，启动实施新一轮农村电网改造升级工程。

贫困地区交通建设速度加快。国家制定实施《集中连片特困地区交通建设扶贫规划纲要（2011—2020年）》，"十二五"期间投入车购税资金5500亿元以上，带动全社会公路建设投入近2万亿元，全面加快了集中连片特困地区国家高速公路、普通国省道、农村公路、农村客运站点和"溜索改桥"的建设步伐,建设了33万公里农村公路,帮助654个乡镇和4.8万个建制村通硬化路。截至2015年年底,集中连片特困地区96.1%的乡镇和86.2%的建制村通硬化路,95.5%的乡镇和83.1%的建制村通班车。交通运输条件的改善,使贫困地区矿产、能源、旅游等资源得到有效开发利用,脱贫致富的步伐进一步加快。2016年,中国实施交通扶贫脱贫"双百"工程,进一步加大对交通扶贫的支持力度。

贫困地区人居环境有效改善。中国政府启动农村危房改造工程,改造资金以农民自筹为主,政府补助为辅,中央补助标准从户均5000元提高到7500元,对贫困地区再增加1000元,帮助住房最危险、经济最贫困农户解决最基本住房安全。截至2015年底,全国累计安排1556.7亿元支持1997.4万户贫困农户改造危房。中国政府将保障基本人居卫生条件作为贫困村改善农村人居环境的首要任务,在传统村落保护、农村垃圾和污水治理等方面对贫困地区倾斜。自2012年起,贫困地区共有1194个村落列入中国传统村落名录,每村安排中央财政补助300万元用于村落保护和人居环境改善。农村垃圾治理全面推进,建立农村生活垃圾逐省验收制度,实现贫困地区和其他地区同步推进。

五、合力推进减贫事业

减贫是一项系统性工程,需要一系列政策机制的支撑保障和全社会的积极参与。2012年以来,中国政府继续加大扶贫减贫投入力度,不断改革创新扶贫减贫工作机制,引导鼓励社会各方面参与支持脱贫攻坚,进一步健全完善民主监督机制,切实提高减贫实效。

财政扶贫投入力度不断加大。2012年以来,中国政府积极调整财政支出结构,持续加大投入力度,完善财政扶贫政策体系。2011—2015年,中央财政累计安排专项扶贫资金1898.4亿元,年均增长14.5%,并安排专项彩票公益金50.25亿元,支持贫困革命老区推进扶贫开发。积极创新财政扶贫体制机制,加强财政扶贫资金管理。发挥财政投入的杠杆作用,通过市场化机制撬动金融资本支持易地扶贫搬迁工程。

金融扶贫方式创新发展。精准对接脱贫攻坚融资需求与贫困地区发展规划,

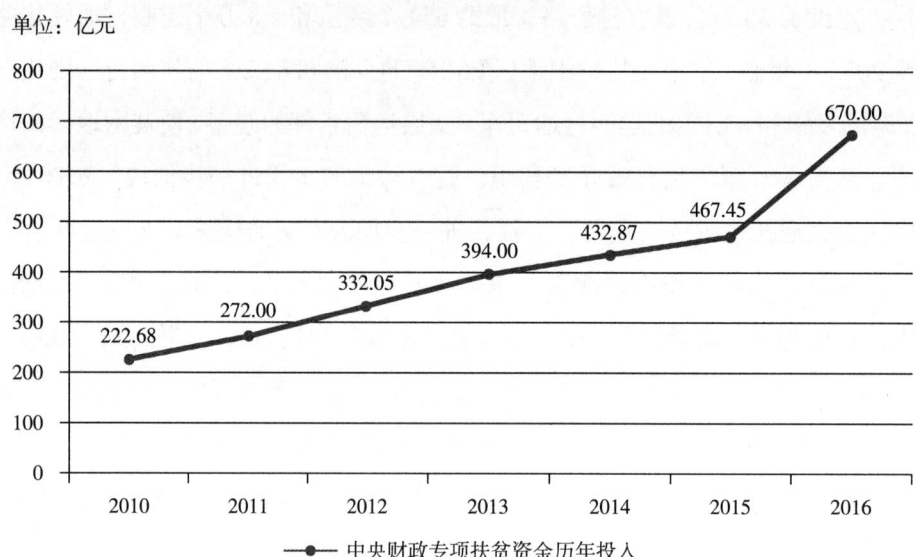

中央财政专项扶贫资金历年投入情况（2010—2016年）

满足特色产业扶贫、易地扶贫搬迁、贫困人口就业就学的金融需求。创新发展扶贫小额信贷，为建档立卡贫困户提供"5万以下、3年以内、免担保免抵押、基准利率放贷、财政扶贫资金贴息、县建风险补偿金"的扶贫小额信贷产品，支持贫困户发展产业，增加收入，截至2015年年底，已向贫困户发放1200亿元。大力推进贫困地区普惠金融发展，完善农村支付服务环境，推进支付服务进村入户。完善精准扶贫金融支持保障措施，设立扶贫再贷款，实行比支农再贷款更优惠的利率，发挥多种货币政策工具作用，引导金融资源向贫困地区、贫困人口倾斜配置。探索保险扶贫的路径。

扶贫开发用地政策进一步完善。调整完善土地利用总体规划，充分考虑扶贫开发及易地扶贫搬迁需要，统筹安排建设用地规模、结构和布局，优先安排脱贫攻坚用地。出台更加灵活的国土资源管理政策。按照应保尽保要求，加大对扶贫开发及易地扶贫搬迁地区城乡建设用地增减挂钩指标支持，符合条件的节余指标可在省域范围内流转使用。增减挂钩收益按照工业反哺农业、城市支持农村的要求，及时全部返还贫困地区。对中西部少数民族地区和集中连片特困地区利用荒山、荒沟、荒丘、荒滩发展休闲农业，建设用地指标给予倾斜。

定点扶贫政策有效落实。320个中央单位均承担定点扶贫任务，共帮扶592个国家扶贫开发工作重点县。健全牵头联系机制，明确中央9个单位为定点扶贫牵头部门。68家中央企业在定点扶贫的108个革命老区贫困县开展"百县万村"活动，帮助解决1万多个贫困村的水电路问题。"十二五"期间，中央单位共向592个重点县选派挂职干部1670人次，投入帮扶资金（含物资折款）118.6亿元，帮助引进各类资金695.8亿元，组织劳务输出31万人次。中国人民解放军和武警部队先后建立扶贫联系点2.6万多个，对全国35个贫困县、401个贫困乡镇、3618个贫困村进行定点帮扶。

东西部扶贫协助深入开展。东部9个省（直辖市）和9个城市对口支持西部10个省（自治区、直辖市）207个重点县。北京、上海、天津、辽宁、山东5省市建立了对口支援西部地区资金稳定增长机制，每年以8%—10%的幅度增加帮扶资金投入。"十二五"期间，东部省市共向西部贫困地区提供财政援助资金56.9亿元，动员社会力量捐款3.8亿元，引导企业实际投资1.2万亿元；东部派往西部挂职扶贫的党政干部684人次，西部到东部挂职1150人次；为西部地区开展劳动力输出培训77.8万人次，输出劳务240.3万人次。

民营企业、社会组织、公民个人广泛参与扶贫。2014年，国家将每年的10月17日设立为"扶贫日"，在扶贫日前后组织开展系列活动，2014年和2015年共募集资金约150亿元。相继开展全国社会扶贫先进集体和先进个人评选及"中国消除贫困奖"评选表彰活动。启动民营企业"万企帮万村"精准扶贫行动，万达集团、恒大集团等民营企业率先开展包县扶贫行动，苏宁、京东等企业积极参与电商扶贫工作。中国扶贫基金会等社会组织募集大量资金用于精准扶贫项目。成立中国扶贫志愿服务促进会，建设社会扶贫网，着力打造社会扶贫参与平台。

扶贫工作机制健全完善。实行中央统筹、省（区、市）负总责、市（地）县抓落实的领导责任制，分工明确、责任清晰、任务到人、考核到位。各级党委和政府层层签订脱贫攻坚责任书，将脱贫攻坚任务完成情况作为考核贫困县党政领导的重要指标。建立年度脱贫攻坚报告和督查制度，实施省市县乡村逐级督查问责机制，对落实不力的部门和地区严格追责。完善干部驻村帮扶机制，全国选派机关优秀干部到村任第一书记18.8万人,驻村工作队12.8万个,驻村干部53万人,覆盖所有的贫困村。建立贫困退出机制,制定严格、规范、透明的贫困退出标准、程序和核查办法,贫困村、贫困县以贫困发生率为主要衡量标准,中部地区下降到2%以下、西部地区下降到3%以下才能够退出。

扶贫民主监督机制不断完善。建立全国扶贫信息网络系统,通过农户申请、民主评议、公示公告、逐级审核的方式,对每个贫困村、贫困户建档立卡,确保群众的知情权和参与权。坚持民主决策、科学决策,充分尊重贫困群众发展意愿,贫困群众参与项目决策、实施、管理和监督全过程。项目资金安排和建设情况向社会公开,实现阳光化运行、常态化公开。委托有关科研机构和社会组织等独立的第三方,对贫困人口识别准确率、贫困人口退出准确率、因村因户帮扶工作群众满意度等指标进行评估。支持各民主党派中央开展脱贫攻坚民主监督工作,8个民主党派中央分别对口脱贫任务重的8个中西部省区,重点就贫困人口精准识别、精准脱贫等情况开展民主监督。加大扶贫领域执纪监督、审计监督力度,开展扶贫领域职务犯罪预防和集中整治专项工作。完善信息披露机制,设立"12317"扶贫监督举报电话,充分发挥社会监督作用。

六、减贫进入攻坚阶段

中国的减贫事业取得了举世瞩目的伟大成就,谱写了人类反贫困历史上的辉煌篇章,但同时中国政府也清楚地看到,中国减贫面临的形势依然严峻。贫困人口规模较大,贫困程度较深,减贫成本更高,脱贫难度更大,是当前中国减贫面临的主要问题。中国减贫已进入啃硬骨头、攻坚拔寨的冲刺期。

目前,中国减贫所面对的多数是贫中之贫、困中之困,减贫任务十分艰巨。一是数量多。截至2015年年底,全国还有14个集中连片特殊困难地区、832个贫困县、12.8万个建档立卡贫困村,贫困人口达5575万人,相当于中等人口规模国家的总人数。二是难度大。未脱贫人口大多贫困程度更深、自身发展能力较弱,脱贫攻坚成本更高、难度更大。三是时间紧。中国已提出从2016年起,平均每年要减贫1000万人以上。四是易返贫。不少贫困户稳定脱贫能力差,因灾、因病、因学、因婚、因房返贫情况时有发生,新的贫困人口还会出现。

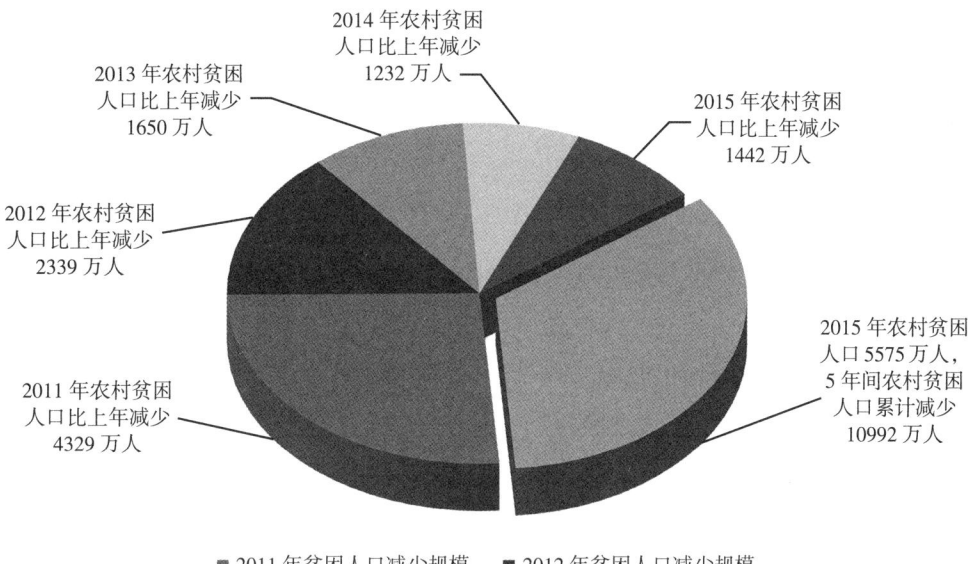

2011—2015年农村贫困状况（按现行扶贫标准）

消除贫困、改善民生、实现共同富裕，是社会主义的本质要求，也是中国共产党的重要使命。党的十八大以来，以习近平同志为总书记的党中央为彻底解决贫困问题，让贫困地区人民群众生存权、发展权有更坚实的保障，坚持创新、协调、绿色、开放、共享的新发展理念，充分发挥政治优势和制度优势，把精准扶贫、精准脱贫作为基本方略，坚持扶贫开发与经济社会发展相互促进，坚持精准帮扶与集中连片特殊困难地区开发紧密结合，坚持扶贫开发与生态保护并重，坚持扶贫开发与社会保障有效衔接，举全党全社会之力，坚决打赢脱贫攻坚战。2015年年底，中共中央、国务院发布关于打赢脱贫攻坚战的决定，提出了"十三五"（2016—2020年）脱贫攻坚的总体目标：到2020年，稳定实现农村贫困人口不愁吃、不愁穿，义务教育、基本医疗和住房安全有保障；实现贫困地区农民人均可支配收入增长幅度高于全国平均水平，基本公共服务主要领域指标接近全国平均水平；确保现行标准下农村贫困人口实现脱贫，贫困县全部摘帽，解决区域性整体贫困。2016年3月，《中华人民共和国国民经济和社会发展第十三个五年规划纲要》发布，对全力实施脱贫攻坚总体目标作出战略部署。

为实现上述目标，中国政府根据2014年年底贫困人口统计数据，分别制定了不同的脱贫方案。第一，通过产业扶持，帮助有劳动能力和生产技能的3000万贫困人口脱贫。第二，通过转移就业，帮助1000万贫困人口脱贫。第三，通过易地搬迁，帮助"一方水土养不起一方人"地区的约1000万贫困人口脱贫。第四，通过全部纳入低保覆盖范围，实现社保政策兜底脱贫。中国政府承诺，在2015年已经完成1442万人脱贫的基础上，从2016年起每年都要完成1000万以上贫困人口的脱贫任务。

中国政府把脱贫攻坚列为工作重点，编制了全国"十三五"脱贫攻坚规划和年度减贫计划。中央政府各部门制定支持脱贫攻坚的具体方案和指导意见。各省区市全面落实中央减贫决定，编制省级"十三五"脱贫攻坚规划，出台包括一个全面推进脱贫攻坚的文件以及若干个配套文件在内的"1+N"精准脱贫系列文件。各行业部门将扶贫内容纳入"十三五"行业专项规划优先安排。

中国政府为打赢脱贫攻坚战提供充足的财政支持。今后5年，确保政府扶贫投入力度与脱贫攻坚任务相适应，保证脱贫攻坚的需要。中央财政继续加大对贫困地区的转移支付力度，中央财政专项扶贫资金规模实现较大幅度增长，一般性转移支付资金、各类涉及民生的专项转移支付资金和中央预算内投资进一步向贫困地区和贫困人口倾斜。

中国一直是世界减贫事业的积极倡导者，国际人权事业的忠实实践者和有力推动者。中国承诺到2020年实现农村贫困人口全部脱贫，既是全面建成小康社会的必要条件，也是落实联合国《2030年可持续发展议程》的重要一步，体现了中国作为负责任大国的历史担当。中国将继续履行与自身发展阶段和发展水平相适应的国际义务，通过对外援助、项目合作、技术扩散、智库交流等多种形式，加强与发展中国家和国际机构在减贫与人权领域的交流合作，共享先进理念和经验，推动世界减贫和国际人权事业健康发展。

发展权：中国的理念、实践与贡献

中华人民共和国国务院新闻办公室

2016年12月

前言

发展是人类社会永恒的主题，寄托着生存和希望。发展权是一项不可剥夺的人权，象征着人类尊严和荣耀。唯有发展，才能消除全球性挑战的根源；唯有发展，才能保障人民的基本权利；唯有发展，才能推动人类社会进步。

中国有13亿多人口，是世界上最大的发展中国家。发展是中国共产党执政兴国的第一要务，是解决中国所有问题的关键。中国立足基本国情，坚持走中国特色社会主义道路，坚持发展是硬道理，坚持将人权的普遍性原则与本国实际相结合，既努力通过发展增进人民福祉，实现人民的发展权，又努力通过保障人民的发展权，实现更高水平的发展。新中国取得了举世瞩目的巨大成就，开创了人类文明发展史上人权保障的新道路。

中共十八大以来，以习近平同志为核心的党中央，坚持以人民为中心的发展思想，在实现"两个一百年"奋斗目标、实现中华民族伟大复兴的中国梦进程中，以保障和改善民生为重点，大力发展各项社会事业，切实保证人民平等参与、平等发展权利，努力朝着实现全体人民共享发展和共同富裕的目标稳步前进。

值此纪念联合国《发展权利宣言》通过30周年之际，作为发展权的倡导者、践行者和推动者，中国愿与国际社会一道，共同分享实现发展权的理念和经验，推进世界人权事业健康发展。

一、与时俱进的发展权理念

拥有平等的发展机会，共享发展成果，使每个人都得到全面发展，实现充分的发展权，是人类社会的理想追求。

中华民族是勤劳智慧、善于创新、追求进步的民族。中国传统文化中的"小康""大同"社会理想以及"丰衣足食""安居乐业"等富民思想，充分反映了千百年来中国人民追求更高、更好、更加幸福生活的美好愿望。在漫长的历史进程中，中国人民为获得发展机会，改善发展条件，共享发展成果，进行了不懈奋斗。古代中国，农耕文明长期居于世界领先水平，创造了非凡的发展成就，为人类社会进步作出了重大贡献。有研究表明，直到19世纪中叶，在相当长的时间里，中国都是世界上国内生产总值和人均国内生产总值最多的国家。在16世纪以前世界上最重要的300项发明和发现中，中国占173项。

近代工业革命发生后，中国开始丧失发展机会。西方殖民主义者推行的对外侵略扩张政策，更是彻底破坏了中国的发展条件。从1840年到1949年，由于西方列强的一次次入侵，加之统治阶级的腐朽和社会制度的落后，中国沦为半殖民地半封建社会，战争频仍，社会动荡，经济凋敝，民不聊生，坠入贫穷深渊。《剑桥中华民国史》对20世纪上半叶的中国有这样的描述："绝大多数中国人至多不过勉强维持生存而已……许多人的生活水平甚至还不到向来的那种水平""作为一种制度，中国经济甚至到了20世纪中叶仍停留在'现代前'时期，只是到1949年以后才告结束……"在长达110年的时间里，中国人民为争取发展权，争取与各国享有平等的发展机会，进行了艰苦卓绝的斗争，中国人民深知发展的价值和发展权的宝贵。

1949年中华人民共和国的成立，开辟了中国发展的新纪元。新中国为人民提供了充分的发展机会和发展条件，为实现发展权开创了广阔的空间。经过60多年的发展，中国的综合国力大幅增强，人民生活实现了从贫困到总体小康的历史性跨越，中国人民在经济、政治、文化、社会、环境等各方面的发展权不断得到有效保障。中国以不足世界10%的耕地，养活了世界20%以上的人口；中国在改革开放30多年的时间里，使7亿多人口摆脱贫困，占全球减贫人口的

70%以上；中国建立了世界上最大的社会保障体系，人均预期寿命从1949年前的35岁提高到2015年的76.34岁，居于发展中国家前列；中国人民受教育水平大幅提高，1949年全国人口中80%以上是文盲，学龄儿童入学率仅20%左右，而到2015年，小学学龄儿童净入学率为99.88%，九年制义务教育巩固率为93%，高中阶段毛入学率为87%，高等教育已接近中等发达国家水平。联合国《2016中国人类发展报告》显示，2014年中国的人类发展指数在188个国家中列第90位，已进入高人类发展水平国家组。

多年来，中国从实际出发，把握时代大势，坚持人民主体地位，把以经济建设为中心同坚持四项基本原则、坚持改革开放这两个基本点统一于中国特色社会主义伟大实践，遵循创新、协调、绿色、开放、共享的发展理念，走出了一条中国特色发展道路，为丰富和完善发展权理念作出了自己的贡献。

——生存权和发展权是首要的基本人权。贫穷是实现人权的最大障碍。没有物质资料的生产和供给，人类其他一切权利的实现都是非常困难或不可能的。发展既是消除贫困的手段，也为实现其他人权提供了条件，还是人实现自身潜能的过程。发展权贯穿于其他各项人权之中，其他人权为人的发展和发展权的实现创造条件。发展权的保障，既表现在经济、文化、社会、环境权利的实现之中，又表现在公民权利与政治权利的获得之中。中国赞赏联合国《发展权利宣言》所强调的表述——发展权是一项不可剥夺的人权，由于这种权利，每个人和所有各国人民均有权参与、促进并享受经济、社会、文化和政治发展，在这种发展中，所有人权和基本自由都能获得充分实现。

——发展权的主体是人民。中国奉行人民至上的价值取向，视人民为推动发展的根本力量，努力做到发展为了人民、发展依靠人民、发展成果由人民共享。中国把增进人民福祉、促进人的全面发展作为发展的出发点和落脚点，充分调动人民的积极性、主动性、创造性，使人民成为发展的主要参与者、促进者和受益者。全面建成小康社会和实现中华民族伟大复兴的中国梦，就是让人民有更好的教育、更稳定的工作、更满意的收入、更可靠的社会保障、更高水平的医疗服务、更舒适的居住条件、更优美的环境，让每个人都能更有尊严地发展自我和奉献社会，共同享有人生出彩的机会，共同享有梦想成真的机会。

——发展权是个人人权与集体人权的统一。中国既重视个人发展权,又重视集体发展权,努力使二者相互协调、相互促进。"每个人的自由发展是一切人的自由发展的条件",没有个人的发展,就没有集体的发展;同时,也只有在集体中,个人才能获得全面发展。发展权既是每个人的人权,又是国家、民族和全体人民共同享有的人权,个人发展权只有与集体发展权统一起来,才能实现发展权的最大化。中国赞赏联合国《发展权利宣言》的表达——发展机会均等是国家和组成国家的个人的一项特有权利,任何国家和组成国家的任何个人,都有参与发展、平等享有发展成果的权利。

——发展权的实现是一个历史过程。发展永无止境,发展权的实现没有终点。在实现发展权问题上,没有完成时,只有进行时;没有最好,只有更好。中国仍处于并将长期处于社会主义初级阶段,人民日益增长的物质文化需要同落后的社会生产之间的矛盾将长期是社会主要矛盾。作为发展中大国,中国面临的发展问题十分突出,发展任务十分繁重,追求更加平等的参与和更加平等的发展,充分实现全体人民的发展权,需要长期不懈的努力。

——发展权的保障必须是可持续的。可持续发展是发展权的应有之义,体现着代际公平。发展不平衡、不协调、不平等,发展方式粗放,都是发展不可持续的表现。中国坚持以可持续的方式进行消费、生产,科学管理地球的自然资源,走可持续的、有复原力的经济社会发展道路,满足今世后代的需求。中国遵循平衡性、可持续性的发展思路,将人与自然和谐发展、经济与社会和谐发展视为实现和保障发展权的新样态。

——发展权应为各国人民共有共享。实现发展权既是各国的责任,也是国际社会的共同义务。发展权的实现既需要各国政府根据各自国情制定符合本国实际的发展战略和发展政策,也需要国际社会的共同努力。中国倡导各国坚持公平、开放、全面、创新的共同发展理念,着力促进包容性发展,为各国人民共享发展权创造条件。全球经济治理应该以平等为基础,更好反映世界经济格局新现实,增强新兴市场和发展中国家代表性和发言权,确保各国在国际经济合作中权利平等、机会平等、规则平等,实现发展权共享、共赢。

二、日臻完备的发展权保障制度

中国建立并完善保障发展权的立法、战略、规划、计划、司法救济一体化制度体系架构，以富有建设性、务实性、高效性和强制性的体制制度、战略构建与政策措施，保障人民发展权的实现。

——宪法和法律制度

中国建立了以宪法为核心，以宪法相关法、民法商法等多个法律部门的法律为主干，由法律、行政法规和地方性法规等多个层次的法律规范构成的中国特色社会主义法律体系，为实现人民的发展权提供了法律保障。

宪法以国家根本法的形式全方位确立和保障发展权。宪法序言确立了保障平等发展的根本指导原则，明确国家的根本任务是"推动物质文明、政治文明和精神文明协调发展，把我国建设成为富强、民主、文明的社会主义国家"。宪法确立了人民民主、平等发展原则，宣告"中华人民共和国的一切权力属于人民"，"人民依照法律规定，通过各种途径和形式，管理国家事务，管理经济和文化事业，管理社会事务"，规定"维护和发展各民族的平等、团结、互助关系"。宪法确立了"国家尊重和保障人权"基本原则，并在关于公民基本权利和义务的条款中明确了公民在经济、政治、文化、社会诸方面全面发展的权利。

中国制定并实施了一系列专门性的权利保障法律法规，平等保障全体公民，特别是少数民族、妇女、儿童、老年人、残疾人等的发展权利。民族区域自治法规定"加速民族自治地方经济、文化的发展，建设团结、繁荣的民族自治地方，为各民族的共同繁荣，把祖国建设成为富强、民主、文明的社会主义国家而努力奋斗"。妇女权益保障法规定"妇女在政治的、经济的、文化的、社会的和家庭的生活等各方面享有同男子平等的权利。实行男女平等是国家的基本国策。国家采取必要措施，逐步完善保障妇女权益的各项制度，消除对妇女一切形式的歧视"。未成年人保护法规定"未成年人享有生存权、发展权、受保护权、参与权等权利"。老年人权益保障法规定"国家保障老年人依法享有的权益。

老年人有从国家和社会获得物质帮助的权利,有享受社会服务和社会优待的权利,有参与社会发展和共享发展成果的权利"。残疾人保障法规定"残疾人在政治、经济、文化、社会和家庭生活等方面享有同其他公民平等的权利"。

——国家发展战略

世界是丰富多彩的,发展模式也是多种多样的。中国总结长期历史经验,坚持从基本国情出发,走中国特色社会主义道路,建设中国特色社会主义,引领中国发展进步,为中国人民创造美好生活,实现人民发展权。

按照建设中国特色社会主义的要求,中国的国家发展战略以不断保障和实现人民的发展权为基本价值取向。中国共产党在20世纪80年代初提出了现代化建设"三步走"发展战略目标:第一步,1981年到1990年,国民生产总值翻一番,解决人民的温饱问题;第二步,1991年到20世纪末,国民生产总值再翻一番,人民生活达到小康水平;第三步,到21世纪中叶,国民生产总值再翻两番,人民生活比较富裕,达到中等发达国家水平。

1997年召开的中国共产党第十五次全国代表大会,将上述"三步走"的第三步战略目标具体化,提出了21世纪上半叶中国新"三步走"发展战略:21世纪第一个十年实现国民生产总值比2000年翻一番,使人民的小康生活更加富裕,形成比较完善的社会主义市场经济体制;再经过十年的努力,到中国共产党成立100年时,使国民经济更加发展,各项制度更加完善;到21世纪中叶中华人民共和国成立100年时,基本实现现代化,建成富强民主文明的社会主义国家。

进入21世纪后,中国共产党提出了"全面建设小康社会"的战略构想。2012年中共十八大以来,以习近平同志为核心的党中央,明确将"人民对美好生活的向往"作为执政目标,进一步提出了实现"两个一百年"的奋斗目标:到2020年在中国共产党成立100年时实现第一个百年奋斗目标,中国人民将在全面解决温饱的基础上,普遍过上比较殷实富足的生活,全面建成小康社会;到21世纪中叶中华人民共和国成立100年时实现第二个百年奋斗目标,中国人均国内生产总值将达到中等发达国家水平,建成富强民主文明和谐的社会主义现代化国家。

为实现"两个一百年"奋斗目标,中国共产党统筹推进经济、政治、文化、社会和生态文明建设"五位一体"总体布局,协调推进全面建成小康社会、全面深化改革、全面依法治国、全面从严治党的"四个全面"战略布局,在推动经济发展的基础上,建设社会主义市场经济、民主政治、先进文化、生态文明、和谐社会,协同推进人民富裕、国家强盛、中国美丽,更加扎实有效地保障和促进发展权的实现。

——总体发展规划

按照建设社会主义现代化国家的要求和发展战略,中国政府制定国家发展规划,保障发展权的实现。从1953年到2001年,每5年制定一个国家发展计划,对国家经济、文化、社会等各方面发展作出安排。自2006年起,改计划为规划,实现了从具体、微观、指标性的发展计划向宏观的国民经济和社会发展规划的转变。到目前为止,中国已经连续制定了十三个国民经济和社会发展计划或规划。"五年规划"是连接国家发展总目标和具体实施计划的纽带,为有计划、分阶段、稳扎稳打地推进发展权的实现,确立了中长期指导思想、目标方向、基本要求和实施举措。

2015年10月29日,中共十八届五中全会通过《中共中央关于制定国民经济和社会发展第十三个五年规划的建议》。2016年3月16日,十二届全国人大四次会议表决通过《中华人民共和国国民经济和社会发展第十三个五年规划纲要》。《建议》和《纲要》坚持新发展理念,按照人人参与、人人尽力、人人享有的要求,注重机会公平,保障基本民生,着力增进人民福祉,实现全体人民共同迈入全面小康社会。《建议》和《纲要》在公平分享发展成果上进行重点突破,主要包括增加公共服务供给、实施脱贫攻坚工程、提高教育质量、促进教育公平、促进就业创业、缩小收入差距、建立更加公平更可持续的社会保障制度、推进健康中国建设、促进人口均衡发展。

中国还通过国家人权行动计划落实发展权。中国先后制定实施《国家人权行动计划(2009—2010年)》《国家人权行动计划(2012—2015年)》和《国家人权行动计划(2016—2020年)》。国家人权行动计划把保障发展权放在保障人权的首要位置，着力解决好人民最关心、最直接、最现实的利益问题，在推动经济社会又好又快发展的基础上，保证全体社会成员平等参与、平等发展的权利。

——专项行动计划

中国政府制定经济、文化、社会和环境等方面的专项行动计划，落实人民发展权。广泛实施了涉及扶贫、互联网、创新创业、科技、贸易、区域发展等行动计划，如推进农民创业创新行动计划、科技特派员农村科技创业行动、开发农业农村资源支持农民工等人员返乡创业行动计划、科技富民强县专项行动计划、科技助推西部地区转型发展行动计划和科技服务东北老工业基地振兴行动计划等。有效实施了教育发展、人口素质提升、人才奖励、文化产业等行动计划，如面向21世纪教育振兴行动计划、农村义务教育阶段学校教师特设岗位计划、特殊教育提升计划、救助贫困地区失学女童重返校园的"春蕾计划"和东部城市对口支持西部地区人才培训计划等。实施了有关就业、社会保障、食品与医疗、残疾预防、全民健身等方面的一系列行动计划，如关于就业的春风行动，关于社会保障的全民参保计划，消除疟疾行动计划，预防与控制医院感染行动计划，伤残儿童康复合作项目行动计划，提高出生人口素质、减少出生缺陷和残疾行动计划，残疾预防行动计划，营养改善行动计划和全民健身计划等。推出了污染防治、节能、生物多样性等方面的行动计划，如水污染防治行动计划、高风险污染物削减行动计划、煤炭清洁高效利用行动计划、煤电节能减排升级与改造行动计划、生物多样性保护战略与行动计划。

中国还通过制定专项规划落实少数民族、妇女、儿童、老年人、残疾人等群体的发展权。中国发布了少数民族事业发展规划、中国妇女发展纲要、中国儿童发展纲要、老龄事业发展规划和残疾人事业发展纲要等，明确发展目标，采取积极策略措施，针对不同群体发展的重点难点问题，精准发力，使他们能够同步发展，共享改革发展成果。

——司法救济机制

中国不断加强发展权的司法保护与司法救济，构建起发展权司法救济机制，防止和惩治对发展权的侵害。

深化国家司法救助制度改革，切实保障困难群体的发展权利。对遭受犯罪侵害或民事侵权，无法通过诉讼获得有效赔偿的当事人，国家提供司法救助，重点解决符合条件的特定案件当事人生活面临的急迫困难。国家司法救助以支付救助金为主要方式，同时与思想疏导、宣传教育相结合，与法律援助、诉讼救济相配套，与其他社会救助相衔接。探索建立刑事案件伤员急救"绿色通道"、对遭受严重心理创伤的被害人实施心理治疗、对行动不便的受害人提供社工帮助等多种救助方式，进一步增强救助效果。2014年，国家颁布《关于建立完善国家司法救助制度的意见（试行）》后，司法救助的范围与数量大幅上升。2014年、2015年，中央和地方安排司法救助资金总额分别为24.7亿元、29.49亿元，2014年共有8万余名当事人得到司法救助。各级法院2013年至2015年共为诉讼当事人减免诉讼费6.25亿元，保障生活困难群众依法参与诉讼的权利。

强化法律援助实效，确保贫困人口享有获得司法救济的权利。1994年，中国开始探索法律援助制度，为困难群众无偿提供咨询、代理、刑事辩护等法律服务。2003年，国务院公布施行法律援助条例，明确了法律援助事项范围，省、自治区、直辖市人民政府可以补充规定法律援助事项，并根据本行政区域经济发展状况和法律援助事业的需要规定公民经济困难的标准。目前，全国已有23个省份扩大补充事项范围，19个省份调整了经济困难标准。2012年修订后的刑事诉讼法将法律援助的范围从被告人扩大到犯罪嫌疑人、被告人。近五年法律援助案件平均年增长11.4%，妇女、儿童、老年人、残疾人、进城务工人员等群体获得了优质便捷的法律援助服务。2015年5月，中央全面深化改革领导小组第十二次会议审议通过《关于完善法律援助制度的意见》，进一步扩大民事、行政法律援助覆盖面，降低法律援助门槛，使法律援助覆盖人群逐步拓展至低收入群体，惠及更多困难群众。

加大司法救济力度，保护弱势群体发展权。中国一直注重发展权等基本人权的刑事司法保护，以法律构筑保护发展权的牢固防线。国家依法制裁对妇女、儿童、老年人、残疾人、进城务工人员等的犯罪，强化保障特定群体身心健康发展的权利以及经济社会权利。国家坚持不懈预防、打击拐卖妇女儿童犯罪，拐卖妇女儿童犯罪得到有效遏制。国家颁布《关于依法惩治性侵害未成年人犯罪的意见》和《关于依法处理监护人侵害未成年人权益行为若干问题的意见》，不断加大对未成年人权益司法保护力度。国家出台《关于在检察工作中切实维护残疾人合法权益的意见》，依法从重打击侵害残疾人权益的犯罪活动，保障残疾人合法权益。

重视发挥仲裁功能，保护特定群体平等发展权。通过依法定纷止争、制裁侵权强化权利的程序性保护。截至2015年年底，全国各地乡镇街道劳动就业社会保障服务所（中心）劳动争议调解组织组建率达80%，比2014年增加14%；共建劳动人事争议仲裁院2919家，总体建院率为91.1%，比"十一五"末期的946家增加了208%。2010年至2015年，全国各地调解仲裁机构共处理争议案件756.6万件，仲裁结案率保持在90%以上。

三、有效实现经济发展

中国坚持以经济建设为中心，奠定保障发展权的坚实基础，同时又通过保障人民的发展权更好地促进经济发展。改革开放以来，中国经济快速增长，目前已成为世界第二大经济体，人民的生活总体上实现了从贫困到温饱、再从温饱到小康的两次历史性飞跃。

——贫困人口生存权得到有效保障。中国的减贫行动是中国人权事业进步的最显著标志。改革开放以来，中国实现了"迄今人类历史上最快速度的大规模减贫"，按照农村现行贫困标准累计减少7亿多贫困人口，超过美、俄、日、德四国人口总和，贫困发生率下降到5.7%，成为世界上率先完成联合国千年发展目标的国家。截至2015年年底，中国农村贫困人口减少到5575万人，其中，内蒙古、广西、西藏、宁夏、新疆5个自治区和少数民族分布集中的贵州、云南、青海3省农村贫困人口减少到1813万人。中国的减贫行动有力促进了贫困人口发展权的实现，为全面建成小康社会打下了坚实基础。2015年11月，中共中央、国务院发布关于打赢脱贫攻坚战的决定，对未来五年脱贫攻坚工作作出全面部署。2016年3月，《中华人民共和国国民经济和社会发展第十三个五年规划纲要》发布，对全力实施脱贫攻坚总体目标作出战略部署。为实现到2020年让农村贫困人口全部摆脱贫困的宏伟目标，中国正在全面实施精准扶贫、精准脱贫基本方略。

——劳动者工作权利充分实现。经济发展为扩大就业创造了条件，全国城乡就业人数持续增加，从2010年的7.61亿人增加到2015年的7.75亿人。其中，城镇就业人数从3.47亿人增加到4.04亿人，年均增加1100余万人。2015年城镇新增就业1312万人，年末城镇登记失业率为4.05%，延续平稳运行态势。2008年至2015年，中央财政累计投入就业补助资金3055.11亿元。自2009年起，国家专门实施妇女小额担保贷款财政贴息政策，截至2016年6月，已累计发放贷款2794亿元，538万名妇女获贷，带动和扶持包括贫困妇女在内的1000多万名妇女实现创业就业。妇女就业数量和层次不断提高，2014年全国女性就业人员占全社会就业人员比重为45%，女性专业技术人员占专业技术人员总数的46.5%。国家加强技能培训，通过能力建设促进更公平地分享就业机会，截至2015年年底，全国技能劳动者总量达1.67亿人，其中高技能人才4501万人。国家积极促进农村劳动力就地就近转移就业，在县域经济范围内吸纳农村劳动力总量的65%。大力发展服务业，开发适合进城务工人员的就业岗位，建设减免收费的农贸市场和餐饮摊位，实现80%以上的进城务工人员在小微企业就业。鼓励进城务工人员返乡创业，截至2015年年底，进城务工人员返乡创业累计达450万人，不计入个体工商户的农村小微企业达699万户。截至2014年年底，全国私营企业达1546万户，个体工商户近5000万户，分别比2010年增长83%和44%，带动2.5亿人就业。目前，全国互联网创业就业总量近1000万人，"互联网+"成为吸纳就业的重要渠道。国家采取措施引导毕业生多渠道就业、鼓励创业、强化毕业生就业服务和困难毕业生就业帮扶，近几年高校毕业生每年离校时的就业率都保持在70%以上，年底总体就业率超过90%。国家通过援企稳岗、就业帮扶、就业援助等措施，帮助失业人员、就业困难人员实现就业，全面推动零就业家庭动态清零。2011年至2015年，城镇失业人员再就业人数每年都超过550万，就业困难人员实现就业年均近180万人。残疾人就业稳中向好，"十二五"期间实现152万城镇残疾人新增就业，2014年全国城乡劳动年龄段生活能够自理的残疾人就业人数达到2159.63万人。

——人民基本生活水准极大改善。城镇居民家庭和农村居民家庭恩格尔系数分别由 1978 年的 57.5% 和 67.7%，下降到 2015 年的 29.7% 和 33.0%。1978 年至 2015 年，中国城镇人均住宅建筑面积由 6.7 平方米增长到 33 平方米以上，农村人均住房面积由 8.1 平方米增长到 37 平方米以上。以公共租赁住房、经济适用住房等为主要形式的住房保障制度初步形成。2015 年，国家住宅投资达到 80247.7 亿元，其中全国城镇保障性安居工程基本建成住房 772 万套，新开工 783 万套；中央投入农村危房改造补助资金 365 亿元，支持全国 432 万贫困农户改造危房。2011 年至 2015 年，全国城镇保障性安居工程累计新建住房 4013 万套，累计棚户区改造 2191 万户，一大批住房困难群众搬进楼房，实现"宜居"。2011 年至 2015 年，各级财政给予补贴，共对全国 67.5 万残疾人家庭进行无障碍改造，提高了残疾人生活质量。人民出行条件极大改善。1978 年至 2015 年，公路通车里程由 89 万公里增长到 457.7 万公里，民航旅客吞吐量从 231.9 万人次增长到 9.15 亿人次。2015 年，全国高速公路通车里程 12.35 万公里，高速铁路营运里程 1.9 万公里，行政村公路通畅率达 94.5%，建制村通客车率达 94.28%。

——人民生活水平显著提高。1978 年至 2015 年，全年国内生产总值从 3679 亿元增长到 685506 亿元，人均国内生产总值从 200 多美元增长到 8000 美元以上。1978 年，城镇居民家庭人均可支配收入只有 343.4 元，农村居民家庭人均纯收入只有 133.6 元。2015 年，全国居民人均可支配收入达到 21966 元，其中，城镇居民人均可支配收入 31195 元，农村居民人均可支配收入 11422 元。截至 2015 年年底，全国电话用户总数达到 153673 万户，其中移动电话用户 130574 万户，普及率为 95.5 部/百人；固定互联网宽带接入用户 21337 万户，移动宽带用户 78533 万户。互联网上网人数 6.88 亿人，固定宽带家庭普及率达到 50.3%。2015 年，国内居民出境 12786 万人次，其中因私出境 12172 万人次。民用轿车保有量 9508 万辆，其中私人轿车 8793 万辆。

四、不断完善政治发展

中国不断丰富和完善适合自身发展的政治制度，中国特色社会主义民主政治与法治建设全面推进，公民权利和政治权利得到切实保障，人民参与、促进政治发展进程并分享政治发展成果的水平与日俱增。

——人民代表大会制度是人民实现政治发展的根本制度保证。宪法规定，中华人民共和国的一切权力属于人民，人民行使国家权力的机关是全国人民代表大会和地方各级人民代表大会。人民代表大会制度主要通过以下五个途径保障公民参与并分享发展成果：一是通过产生并监督国家机关工作落实发展权利。宪法第3条第3款规定，"国家行政机关、审判机关、检察机关都由人民代表大会产生，对它负责，受它监督"。二是制定法律法规推动发展。截至2016年9月，全国人大及其常委会共制定宪法和现行有效法律252部。截至2016年7月，有立法权的地方人大及其常委会共制定现行有效的地方性法规9915件。三是审批发展政策规划。宪法第62条规定，全国人民代表大会行使下列职权：审查和批准国民经济和社会发展计划和计划执行情况的报告；审查和批准国家的预算和预算执行情况的报告。四是畅通民意表达机制。人民群众通过行使提出意见、建议、批评、申诉、控告和监督的权利，合理表达和实现发展利益诉求。五是合理界定公共权力与发展利益的关系。近年来，中国建立了权力清单、负面清单和责任清单三大制度。2013年以来，国务院公开了各部门行政审批事项汇总清单，规定各部门不得在公布的清单之外实施行政审批，取消和下放618项行政审批事项，坚决消除权力设租寻租空间，完善权力运行程序。

——民主选举是公民实现政治权利的重要内容。改革开放以来，中国的人民民主和选举平等进程取得了重大成就。2010年，全国人大修改选举法，实行城乡按相同人口比例选举人大代表，全面实现选举权的平等。在2011年到2012年全国县乡两级人大换届选举中，参加县级人大代表换届选举登记的选民达9.81亿多人，参加投票选民占登记选民的90.24%；参加乡级人大代表换届选举登记的选民达7.23亿多人，参加投票选民占登记选民的90.55%。为保障两亿多流动人口的选举权利，各地结合本地实际，采取了原则上在户口所在地参选、书面委托其他选民代为投票、取得原选区选民资格证明后在现居住地参选等有效措施，为流动人口参选创造便利条件。在当选的第十二届全国人民代表大会2987名代表中，来自一线的工人、农民代表有401人，占代表总数的13.42%；妇女代表699人，占代表总数的23.4%；少数民族代表409人，占代表总数的

13.69%，全国 55 个少数民族都有本民族的代表。

——协商民主是公民实现有序政治参与的重要途径。中国形成了政党协商、人大协商、政府协商、人民团体协商、基层协商和社会组织协商构成的广泛多层、制度化的协商民主体系，扩大了公民有序的政治参与，保障了发展权的实现。中国人民政治协商会议是中国实行协商民主制度的重要机构，涵盖了包括中国共产党在内的 9 个党派、8 个人民团体、56 个民族、5 大宗教、34 个界别，共有各级政协组织 3000 多个，各级政协委员 60 多万名。2015 年全国政协共举办 41 项重要协商活动、107 项视察调研活动，形成了以全体会议为龙头、专题议政性常委会议和专题协商会为重点、双周协商座谈会为常态的协商议政格局。2015 年全国政协十二届三次会议上，有 1948 名政协委员提交提案，占委员总数的 87.5%；提案总计 5857 件，立案 4984 件，占总数的 85.1%。全国政协十二届一次会议以来，提案办复率达 99.5% 以上。

——民族区域自治是少数民族实现政治权利的重要形式。中国成功创设了单一制国家结构下的民族区域自治制度，有效保障少数民族的各项民主权利。在 55 个少数民族中，有 44 个建立了自治地方，实行区域自治的少数民族人口占少数民族总人口的 71%，民族自治地方的面积约占全国国土总面积的 64%。截至 2016 年 7 月底，共制定和修改现行有效的自治条例和单行条例 967 件，进一步夯实了少数民族发展权实现的法律基础。全国 5 个自治区、30 个自治州、120 个自治县（旗）的行政首长全部由实行区域自治的少数民族公民担任。民族自治地方的各级党委、人大、政府、政协领导班子及其职能部门都配有一定数量的少数民族干部，少数民族干部比例普遍接近或超过少数民族人口占当地总人口的比例。截至 2015 年年底，少数民族公务员已达 76.5 万人，比 1978 年增长了近 3 倍。在全国公务员队伍中，少数民族占 10.7%，其中县处级以上的少数民族公务员占同级公务员总数的 8.3%。

——基层民主是基层民众维护和实现平等发展的有效途径。中国建立了以农村村民委员会、城市居民委员会为主要形式的基层群众自治制度。在农村地区，58.1 万个村委会 98% 以上实行直接选举并制订村规民约和村民自治章程，村民平均参选率超过 95%，6 亿农民参加选举。在城市地区，全国已有社区居民委员会10万个，社区居委会干部51.2万名，志愿者540万名。通过直接选举、网格化管理平台、志愿服务、听证会、协调会、评议会、社区联络员、社区网络论坛、民情信息站等多种途径，大大拓宽了居民民主参与的空间，提高了居民的自治能力和水平，形成了中国特色的基层群众自治制度。在企事业单位，职工代表大会制度广泛推行。全国已建立工会的企事业单位单独建立厂务公开制度的有464.3万家。全国基层工会组织总数275.3万个，工会会员总数达2.8亿人，其中进城务工人员会员总数1.09亿人。截至2016年6月，全国在民政部门正式登记的社会组织共有67万个，其中社会团体32.9万个，基金会5028个，民办非企业单位33.6万个。这些社会组织的服务与影响范围涉及教育、科技、文化、卫生、体育、社区、环保、公益、慈善、农村经济等社会生活的各个领域。

——公共参与是公民直接参与发展决策的便捷渠道。国家深入推进民主立法，健全公众参与立法的途径和方式，建立委托第三方起草和由第三方居中评估的立法制度，健全法律法规规章草案公开征求意见和公众意见采纳情况反馈机制。一些地方出台了重大行政决策程序规定，把公众参与作为重要法定程序，明确了公众参与行政决策的方式方法，广泛采用公开征求意见、听证会、座谈会、问卷调查等方式。2007年，国务院公布政府信息公开条例，重点推进行政审批、财政预决算、保障性住房、食品药品安全、征地拆迁等信息的公开，使公民及时、准确获取信息，保障知情权，进行有效监督，不断提高政府工作透明度和执法效能。公众参与司法渠道逐步拓宽。目前，全国人民陪审员总数已超过22万人。自2003年开展人民监督员制度试点工作以来，截至2016年4月，共选任人民监督员4.8万余人次，监督各类职务犯罪案件4.9万余件。截至2015年年底，全国共有人民调解委员会近80万个，人民调解员390余万人，近8年来排查化解矛盾纠纷6700多万件。公众信访渠道进一步丰富，政治参与途径进一步拓宽。国家信访信息系统正式开通，实现公民信访网上投诉、办理、评价，并开通手机信访、微信公众号。2015年全国网上信访141万件次，其中建议意见14万件次。

五、努力促进文化发展

中国政府坚定不移地深化文化体制改革，解放和发展文化生产力，积极推进文化发展成果普惠化和文化发展机会均等化，努力保障公民文化发展权的实现。

——公共文化服务体系建设加速推进。2015年，中国发布《关于加快构建现代公共文化服务体系的意见》和《国家基本公共文化服务指导标准（2015—2020年）》，对加快构建现代公共文化服务体系，推进基本公共文化服务标准化均等化，以及保障人民群众基本文化权益作出全面部署。加快公共数字文化建设，实施国家公共文化数字支撑平台、国家数字文化网等一批重点项目。截至2015年年底，文化信息资源共享工程已建成1个国家中心、33个省级分中心、2843个市县支中心、35719个乡镇（街道）基层服务点、70万个村（社区）基层服务点。完善公共文化设施网络，加强基层文化服务能力建设。截至2015年年底，全国文化系统共有艺术表演团体2037个、公共图书馆3139个、文化馆3315个、博物馆2981个，数字图书馆推广工程已在40个省级馆、479个地市级馆实施。继续推进公共文化设施免费开放，各级公共美术馆向公众免费开放，各级图书馆、文化馆（站）向公众免费提供基本公共文化服务项目。通过农村广播电视村村通、户户通工程，乡镇综合文化站工程，农村电影放映工程，农家书屋工程及农村数字文化工程等惠民工程，农村公共文化服务能力大大增强。

——文学艺术、新闻出版、广播影视和体育事业蓬勃发展。2015年，出版各类报纸430.09亿份、期刊28.78亿册、图书86.62亿册（张），人均图书拥有量6.32册（张）。有线电视实际用户达2.36亿户，其中有线数字电视实际用户1.98亿户。年末广播节目综合人口覆盖率为98.2%，电视节目综合人口覆盖率为98.8%。2015年，生产电视剧395部16560集，电视动画片134011分钟，故事影片686部，科教、纪录、动画和特种影片202部。对农村取得电影放映收入，免征增值税。支持小微文化企业发展，实施中西部地区县级城市影院建设资金补贴政策、金融支持政策和影院建设的差别化用地政策。开展全民阅读活动，2016"书香中国"系列活动惠及8亿多人次，全社会"爱读书、读好书、善读书"的阅读氛围更加深厚。加快体育产业发展，构建政府、社会、企业共同兴办体育的格局，实施全民健身计划，社会化全民健身组织网络基本形成，体育健身场地设施实现较大幅度增加。2015年，国家下拨补助资金8.7亿元，鼓励大型公共体育设施免费或低收费开放。2014年，国家体育彩票累计销售1746.04亿元，全年共筹集公益金455.11亿元。

——少数民族地区文化事业发展迅速。国家大力支持少数民族地区文化事业发展，通过实施万里边疆文化长廊建设、文化信息资源共享工程等，完善民族地区公共文化服务体系。截至2015年年底，布达拉宫等9项分布在民族地区的自然、文化遗产被列入《世界文化遗产名录》。新疆维吾尔木卡姆艺术等14项和羌年等4项少数民族项目分别入选联合国教科文组织《人类非物质文化遗产代表作名录》《急需保护的非物质文化遗产名录》，在民族地区建成10个文化生态保护实验区。在已经公布的四批国家级非物质文化遗产代表性项目名录和四批国家级非物质文化遗产代表性项目代表性传承人名单中，全国共有479项少数民族非物质文化遗产代表性项目、524名非物质文化遗产代表性项目传承人入选。全国少数民族古籍解题书目套书《中国少数民族古籍总目提要》于2014年全部出版。推进少数民族语言文字的规范化、标准化和信息处理，立项研制了蒙古、藏、维吾尔、哈萨克、彝等少数民族人名汉字音译转写规范，建设中国少数民族濒危语言数据库，设立并实施"中国语言资源保护工程"。截至2015年年底，全国有54个少数民族使用80余种本民族语言，21个少数民族使用28种本民族文字，近200个广播电台（站）使用25种少数民族语言播音，出版民族文字图书的各类出版社有32家，11个少数民族语言电影译制中心可进行17个少数民族语种、37种少数民族方言的译制，2012—2015年共完成3000余部（次）电影的少数民族语言译制。2015年，出版少数民族文字图书9192种、6912万册（张），报纸19609万份，期刊1245万册。

——老年人、残疾人和进城务工人员等群体的文化发展受到高度重视。积极依托公共图书馆、文化馆等公共文化设施开办老年大学，创办了一批示范性老年大学，满足老年人多层次的文化需求。残疾人参与文化体育活动的环境不断改善。截至2015年年底，助残志愿者联络站已发展到30多万个，登记在册助残志愿者共计850万人，受助残疾人上亿万人次。颁布《国家信息化发展战略纲要》，加快政府网站信息无障碍建设，鼓励社会力量为残疾人提供个性化信息服务。国务院门户网站设立"残疾人服务"专栏，国家级盲文图书馆、盲人数字图书馆上线,截至2014年底全国各级公共图书馆设立盲人阅览室1515个。截至2015年年底,全国已建成公共电子阅览室65918个,重点为老年人和进城务工人员等群体提供服务。

六、全面提升社会发展

中国以追求全体人民共享发展和共同富裕为发展目标。多年来,中国致力于发展各项社会事业,建立和完善各类社会保障和社会服务制度,不断改善社会保障水平,努力供给有效的社会资源,促进教育公平,使全体人民共享发展成果。

——人民健康权保障水平大幅提高。婴儿死亡率从新中国成立之初的200‰下降到2015年的8.1‰,孕产妇死亡率从1500/10万下降到20.1/10万。1978年至2015年,国家卫生总费用从110.21亿元增长到40974.64亿元,其中政府卫生支出从35.44亿元增长到12475.28亿元;人均卫生费用从11.5元增长到2980.8元;医疗卫生机构从169732个增长到983528个;卫生人员总数从788.3万人增长到1069.39万人。2015年,社区医疗卫生服务机构数达到36.1万个,覆盖率为52.9%。提供住宿的社会服务机构床位从1991年的82.8万张增长到2015年的732.9万张,其中养老服务床位从78.3万张增长到672.7万张,儿童床位从0.7万张增长到10万张。1988年至2015年,通过实施国家重点康复工程,累计为2797.8万各类残疾人提供康复服务。截至2015年年底,残疾人康复机构达7111个,专业人员达19.2万人;为智力、精神和重度残疾人提供服务的各级各类托养机构达到6352个,比2010年增加了2323个。2016年10月,中国发布《"健康中国2030"规划纲要》,提出"全民健身生活化"。

——覆盖全社会的保障体系基本建成。中国在全国范围内建立统一的城乡居民基本养老保险制度,制定了劳动者特别是进城务工人员参加城镇职工和城乡居民基本养老保险的制度衔接政策,2015年全国参加基本养老保险人数为8.58亿人,城乡居民实际领取养老待遇人数为1.48亿人。中国建立了覆盖全体国民的医疗保障体系,截至2015年年底,包括城镇职工基本医疗保险、新型农村合作医疗保险和城镇居民基本医疗保险在内的基本医疗保险参保人数达13.36亿人，参保率保持在95%以上，职工基本医疗保险、城镇居民基本医疗保险、新型农村合作医疗政策范围内住院医疗费用报销比例分别达80%以上、70%以上和75%左右，基金最高支付限额分别提高到当地职工年平均工资和当地居民年人均可支配收入的6倍。1994年至2015年，失业保险参保人数从7967.8万人增长到17609.2万人，2015年保险基金收入达1364.63亿元，基金支出736.45亿元，每人每月平均领取失业保险金增加到968.4元；工伤预防、补偿、康复"三位一体"的工伤保险制度初步形成，参保人数从1822万人增长到21432万人；生育保险参保人数从916万人增加到17771万人。

——社会救助力度不断加大。1997年，中国开始在全国范围内建立最低生活保障制度，先后颁布了《城市居民最低生活保障条例》《社会救助暂行办法》，保障全体公民平等获取社会救助的权利。城市居民最低生活保障人数从1996年的84.9万人增长到2015年的1701.1万人，农村居民最低生活保障人数从1999年265.8万人增长到2015年的4903.6万人。中国不断提高最低生活保障标准，2011年正式建立城乡低保标准动态调整机制，2015年城市低保平均标准为每人每月451元，月人均补助水平317元；农村低保平均标准为每人每月265元，月人均补助水平147元。中国先后制定了一系列的防灾减灾救灾规划和法规，灾害救助工作水平不断提高。2009年至2015年，累计下拨中央自然灾害生活救助资金694.6亿元，年均99亿元。2015年全国实施医疗救助9523.8万人次，支出医疗救助资金298.5亿元。为遭遇突发性、紧迫性、临时性生活困难，而其他社会救助制度暂时无法覆盖或救助之后基本生活暂时仍有严重困难的群众提供临时救助，2015年共有667.1万户次家庭获得临时救助。安全生产应急救援体系不断完善，全国共建立32个省级、316个市级应急救援指挥机构，煤矿、非煤矿山、化工等重点行业领域应急救援基地和应急救援队伍964个，2015年参与12438起救援，抢救遇险44344人。

——教育公平得到更好落实。城乡教育差距进一步缩小。深入推进义务教育均衡发展，统筹推进县域内城乡义务教育一体化改革发展，实施贫困地区义务教育薄弱学校改造等工程，全面改善农村义务教育学校和教学点基本办学条件。严格落实义务教育免试就近入学法律规定，推行学区制和九年一贯对口招生。

2015年，国务院印发《关于进一步完善城乡义务教育经费保障机制的通知》，建立城乡统一、重在农村的义务教育经费保障机制，惠及1.4亿学生，其中包括1300多万进城务工人员随迁子女、3000万以上寄宿制学生、1200万左右民办学校就读学生、500万左右小规模学校的学生和特殊教育学生。从2011年秋季学期起，实施农村义务教育学生营养改善计划，每年惠及3000多万学生。增加农村学生上重点大学的人数，自2012年起实施国家农村和贫困地区定向招生等专项计划，2015年共招收7.5万名学生，比2014年增长了10.5%。

区域教育差距进一步缩小。提高中西部省份高考录取率，扩大"支援中西部地区招生协作计划"规模，2015年录取率最低省份与全国平均水平的差距从2010年的15.3个百分点缩小至5个百分点以内。实施中西部高等教育振兴计划，中央财政加大投入力度，加强中西部高校基础能力建设，提升中西部高校综合实力。

群体教育差距进一步缩小。女性教育获得长足发展，2013年女性15岁及以上文盲率为6.7%，比1995年降低17.4个百分点，女性文盲人口比1995年减少7000多万，女性人均受教育的增幅和文盲率的下降幅度均大于男性。确保流动儿童平等接受义务教育，2015年全国义务教育学校共接纳进城务工人员随迁子女1367万人，在公办学校就读比例保持在80%，另有近6%通过政府购买学位在民办学校就读。2016年，国务院公布《关于加强农村留守儿童关爱保护工作的意见》和《关于加强困境儿童保障工作的意见》，维护未成年人合法权益。扩大残疾人受教育机会，基本实现30万人口以上且残疾儿童较多的县都有1所独立设置的特殊教育学校，支持建立特殊教育资源中心，鼓励普通学校接收特殊儿童，为残疾学生参加普通高考提供合理便利，促进整合教育，盲、聋、智障三类残疾儿童义务教育入学率接近90%。健全家庭经济困难学生资助体系，实现从学前教育到研究生教育全覆盖，2015年全国共资助各级各类学生8433.31多万人次，比2009年增长29.36%；资助总额超过1560.25亿元，是2009年的2.25倍。

少数民族教育发展水平不断提升。中国已形成了包括民族小学、民族中学、民族职业院校、民族高等学校在内的民族教育体系。新中国成立前，中国少数民族文盲率在95%以上，全国仅有1所少数民族高等学校。新中国成立初期，全国普通高校中只有少数民族学生1300人，占比1.4%。到2015年，少数民族和民族地区教育水平全面提高，全国少数民族在校学生达到2595.57万人，已有各类少数民族高等学校32所，少数民族本专科学生达214.29万人，占全国普通高校本专科在校生的比例为8.16%。少数民族享受高等教育发展权利的水平逐步提高、范围日益扩大，实现对所有少数民族从本科教育到研究生教育的全覆盖，55个少数民族都有了研究生，2012—2015年，少数民族高层次骨干人才计划共招收培养1.6万名硕士研究生，4000名博士研究生。

七、加快落实绿色发展

中国坚持绿色发展理念，加快推进生态文明建设进程，让中华大地天更蓝、山更绿、水更清、环境更优美，让良好生态环境成为人民生活的增长点，让可持续发展成果惠及全体人民。

——基本国策保障绿色发展。1973年，中国召开第一次全国环保工作会议。1979年，通过第一部环境保护法。1983年，将保护环境确立为基本国策。1994年，审议通过《中国21世纪议程》，成为世界上第一个制定实施本国可持续发展战略的国家。2000年，将保护生态环境全面纳入国民经济与社会发展规划。2013年以来，中国全面加快推进生态文明建设，提出《关于加快推进生态文明建设的意见》。目前，已经形成了资源节约和环境保护法律体系，包括32部法律、48部行政法规、85件部门规章。共有各级环保系统机构14257个。截至2015年年底，全国森林面积达2.08亿公顷，森林覆盖率达21.66%，草原综合植被覆盖率达54%，城市建成区绿化覆盖率为40.1%。自然保护区建设实现统筹发展，全国自然保护区总数达到2740个，总面积约14703万公顷。

——环境治理改善绿色发展。建立国家生态环保综合决策机制和区域协调机制，形成政府、企业和公众共治的生态环境治理体系。生态环保技术研发水平不断提高，生态环境监控强度和环境污染治理能力不断增强。大气污染控制呈现良好发展趋势，煤炭消费量占能源消费量的比重显著下降，水电、风电、核电、天然气等清洁能源消费量不断上升。"十一五"以来，万元国内生产总值能耗累计下降34%，累计节能15.7亿吨标准煤，累计形成的节能量占全球同期节能量一半以上。2015年，城市污水处理率达到91.9%，城市生活垃圾无害化处理率达到94.1%，人均公园绿地面积达到13.35平方米。

——生态经济推动绿色发展。全国建成由2个国家站、33个省级站、300多个地市级站和1700多个县级站组成的农业环境保护工作体系。先后在太湖、巢湖、洱海和三峡库区等污染防治重点流域，建设了农业面源污染综合防治示范区，设立106个国家级绿色防控示范区，带动绿色防控面积达5亿亩以上。建设了两批国家级生态农业示范县共计100余个，带动省级生态农业示范县500多个，建成生态农业示范点2000多处。农业高新技术产业长效发展，农业灌溉水利用系数提高到0.536。持续加大技术改造投资力度，积极推动新型工业发展进程。2016年1—9月，全国工业完成技术改造投资达6.6万亿元，同比增长13.4%，占工业投资的比重达到40%。大力发展第三产业以增加绿色国内生产总值，拓展网络经济空间，2015年全国网上零售额达38773亿元，比2014年增长33.3%。

——政策扶持促进绿色发展。国家通过整体规划、分类治理、强化补偿，积极保护生态脆弱区可持续发展，区域生态环境已步入良性循环轨道。中国中度以上生态脆弱区占全国陆地国土空间的55%，其中约三分之二集中分布在西部地区。2005年国务院明确提出生态脆弱区实行限制开发，2008年制定实施《全国生态脆弱区保护纲要（2009—2020年）》。到2015年，生态脆弱区战略环境影响评价执行率达到100%，新增治理面积达30%以上，生态产业示范已在生态脆弱区全面开展。

——履行国际公约推进全球绿色发展。中国率先制定实施应对气候变化国家方案，先后向国际社会承诺2020年应对气候变化目标任务和2030年国家自主贡献，多年来积极采取强有力的政策行动，探索低碳发展道路。颁布实施《中国淘汰消耗臭氧层物质国家方案》。超额完成《蒙特利尔议定书》规定的含氢氟烃（HCFCs）第一阶段淘汰任务，累计淘汰的消耗臭氧层物质约占发展中国家的50%。在《斯德哥尔摩公约》26种受控持久性有机污染物中已全面淘汰了17种的生产、使用和进出口，三个行业二噁英排放强度降低超过15%。成立"中国生物多样性保护国家委员会",发布实施《中国生物多样性保护战略与行动计划（2011—2030年）》。签署并批准《关于汞的水俣公约》。积极建设性参加气候变化国际谈判，认真履行《联合国气候变化框架公约》，积极推动《巴黎协定》的达成和生效，使《巴黎协定》成为历史上批约生效最快的国际条约之一，为全世界可持续发展作出了新贡献。

八、推动实现共同发展

中国坚持相互尊重、平等相待、合作共赢、共同发展的原则，把中国人民的利益同各国人民的共同利益结合起来，支持和帮助发展中国家特别是最不发达国家减少贫困、改善民生、改善发展环境，推动建设人类命运共同体。

——捍卫发展权利。作为联合国的创始会员国，中国参与起草并签署《联合国宪章》，推动通过《世界人权宣言》，秉持《经济、社会及文化权利国际公约》《公民及政治权利国际公约》精神，支持联合国通过《关于人权新概念的决议案》和《关于发展权的决议》。中国参加了联合国人权委员会起草《发展权利宣言》的政府专家组的历届会议，为在1986年正式通过《发展权利宣言》作出重要贡献。中国一直是人权委员会关于发展权问题决议的共同提案国，积极支持人权委员会关于实现发展权问题的全球磋商，支持将发展权问题作为一个单独的议题在人权委员会加以审议。自2006年联合国人权理事会成立以来，中国四度当选人权理事会成员，为发展权主流化贡献了中国智慧和力量。

——参与发展议程。中国率先响应可持续发展战略，坚定支持并全力落实《联合国千年宣言》，已经实现或基本实现了13项千年发展目标指标，在有效提升中国人民发展权保障水平的同时，推动了全球共同发展。中国积极促进国际社会达成并实施2030年可持续发展议程，发布了《落实2030年可持续发展议程中方立场文件》和《中国落实2030年可持续发展议程国别方案》，在二十国集团领导人杭州峰会上共同制定《二十国集团落实2030年可持续发展议程行动计划》《二十国集团支持非洲和最不发达国家工业化倡议》等，为加快各国尤其是发展中国家的整体发展进程注入了强劲动力。2015年9月，中国与联合国妇女署共同举办全球妇女峰会，落实2030年可持续发展议程相关目标。

——拓宽发展之路。多年来,中国在尊重各国自主选择的社会制度和发展道路的基础上,不断拓宽发展思路、发展理念,坚持与各国一道走公平、开放、全面、创新的发展之路。中国积极为各国特别是发展中国家争取公平的发展,使各国都成为全球发展的参与者、贡献者,公平分享发展权益,推动在同一目标下不同发展程度的国家承担共同但有区别的责任,提升发展中国家在全球治理体系中规则制定权和话语权。中国坚持开放的发展,与各国共同维护多边贸易体制,使生产要素在全球自由流动,让发展成果惠及各方,为各国人民共享。中国追求全面的发展,实现经济、社会、环境协调发展,实现人与社会、人与自然和谐相处。中国推动创新的发展,以发展的方式解决发展中的难题,培育新的核心竞争力,高度重视发挥联合国领导作用,积极加快区域组织一体化进程,通过整合力量、优势互补提升发展竞争力,让发展潜力充分释放。

——深化发展合作。中国一直秉持义利相兼、以义为先的原则,致力于增强各国发展能力、改善国际发展环境、优化发展伙伴关系、健全发展协调机制,积极推动国际发展合作,推动各国人民发展权的普遍实现。中国积极推动普惠包容发展,参与全球经济治理,坚持南北合作主渠道地位,深化南南合作和三方合作,加强区域经济合作及与新兴经济体的合作,探索更多更有效的合作共赢方式。中国政府发挥上海合作组织、中国—东盟(10+1)、东盟与中日韩(10+3)、东亚峰会、中日韩合作、亚太经合组织、亚欧会议、亚洲合作对话、亚信、中阿合作论坛、中国—海合会战略对话、大湄公河次区域经济合作、中亚区域经济合作等现有双多边机制与区域合作平台,让更多国家和地区参与"一带一路"建设,推动各国共同发展。中国出资成立丝路基金,发起建立亚洲基础设施投资银行,推动成立澜沧江—湄公河合作机制,为"一带一路"沿线国家基础设施、资源开发、产业合作和金融合作等与互联互通有关的项目提供投融资支持。

——加大发展援助。60多年来,中国共向166个国家和国际组织提供了近4000亿元人民币援助,为发展中国家培训各类人员1200多万人次,派遣60多万援助人员,其中700多人为他国发展献出了宝贵生命。2008年以来,中国连续多年成为最不发达国家第一大出口市场,吸收最不发达国家约23%的产品出口。为进一步推进发展中国家经济增长和民生改善，促进共同发展，中国将设立"南南合作援助基金"，继续增加对最不发达国家投资，免除符合条件国家的特定债务，设立国际发展知识中心，继续推进"一带一路"建设。未来5年，中国将向发展中国家提供"6个100"项目支持，包括100个减贫项目，100个农业合作项目，100个促贸援助项目，100个生态保护和应对气候变化项目，100所医院和诊所，100所学校和职业培训中心；向发展中国家提供12万个来华培训和15万个奖学金名额，为发展中国家培养50万名职业技术人员；设立南南合作与发展学院，向世界卫生组织提供200万美元的现汇援助。

——提供特别待遇。中国作为发展中国家，主要是"特殊和差别待遇"衍生出的一系列贸易权利主张者而非义务承担者。但近年来中国逐渐承担起面向其他发展中国家的"特殊和差别待遇"义务，重点保护最不发达国家人民的发展权。2002年，中国与东南亚国家联盟签订了《全面经济合作框架协议》，对柬埔寨、老挝、缅甸和越南等东盟新成员国给予特殊和差别待遇及灵活性。2006年，中国加入《亚洲及太平洋经济和社会委员会发展中成员国关于贸易谈判的第一协定修正案》。中国海关总署先后颁布3个文件，将享受"特别优惠关税"政策的国家从非洲扩大到40个联合国认定的最不发达国家。

——改善发展环境。中国一直致力于与各国共同维护国际和平，坚决反对一切形式的恐怖主义，支持国际和地区反恐合作，为发展权营造和平和谐的环境，以和平促进发展，以发展巩固和平。近年来，中国努力为解决地区热点问题提供方案，深度参与伊朗核问题谈判，积极斡旋南苏丹国内和解，提出政治解决叙利亚问题"四步走"框架思路，促成阿富汗政府与塔利班开启和谈，为恢复朝鲜半岛核问题六方会谈逐步积累共识。迄今为止，中国共派出军事人员、警察和民事官员3.3万余人次参与联合国维和行动，目前共有2600余名维和人员在10个联合国任务区执行维和任务，是联合国安理会常任理事国中派出维和人员最多的国家。为支持改进和加强维和行动，中国将加入新的联合国维和能力待命机制，率先组建常备成建制维和警队，建设维和待命部队，今后5年为各国培训2000名维和人员，开展10个扫雷援助项目，向非盟提供总额为1亿美元的无偿军事援助，中国—联合国和平与发展基金的部分资金也将用于支持联合国维和行动。

结束语

中国人民为争取发展，实现发展权，付出了艰辛努力并取得了巨大成就，创造了人类发展史上新的奇迹。中国为促进各国共同发展，建设人类命运共同体，作出了不懈努力并发挥了重大作用。中国永远是人类发展权利的捍卫者，永远是世界发展进步的推动力量。

人权没有最好，只有更好。人类实现更加充分的发展权，永远在路上。作为当今世界上最大的发展中国家，中国面临的发展任务异常艰巨，发展不平衡、不协调、不可持续等问题还比较突出，实现更高水平的发展，更加充分地保障发展权，还需作出更大努力。不断满足人民日益增长的物质文化需要，使每个人都能得到全面的发展，依然是中国共产党执政兴国的第一要务。

中国人民正在为实现"两个一百年"奋斗目标、实现中华民族伟大复兴的中国梦而努力。随着"两个一百年"奋斗目标日益变为现实，中国将实现历史上亘古未有的伟大跨越，中国人民的发展权将得到更加充分的保障。

2015年9月，中国国家主席习近平在联合国发展峰会上发出倡议，呼吁各国以2030年可持续发展议程通过为新起点，共同走出一条公平、开放、全面、创新的发展之路，努力实现各国共同发展。中国将继续与国际社会一道，加强发展合作，促进发展经验互鉴，为进一步提高各国人民发展水平，建设人类命运共同体，作出自己应有的贡献。

中国健康事业的发展与人权进步

中华人民共和国国务院新闻办公室

2017年9月

前言

健康是人类生存和社会发展的基本条件。健康权是一项包容广泛的基本人权，是人类有尊严地生活的基本保证，人人有权享有公平可及的最高健康标准。

中国共产党和中国政府始终坚持以人民为中心的发展思想，奉行人民至上的价值取向，牢牢把握人民群众对美好生活的向往，把增进人民福祉、促进人的全面发展作为发展的出发点和落脚点。多年来，中国坚持为人民健康服务，把提高人民的健康水平、实现人人得享健康作为发展的重要目标。经过长期不懈奋斗，中国显著提高了人民健康水平，不仅摘掉了"东亚病夫"的耻辱帽子，而且公共卫生整体实力、医疗服务和保障能力不断提升，全民身体素质、健康素养持续增强，被世界卫生组织誉为"发展中国家的典范"。

没有全民健康，就没有全面小康，实现全民健康是中国共产党和中国政府对人民的郑重承诺。党的十八大以来，在以习近平同志为核心的党中央坚强领导下，中国把人民健康放在优先发展的战略地位，把创新、协调、绿色、开放、共享的发展理念贯穿于健康权的促进与保护中，以普及健康生活、优化健康服务、完善健康保障、建设健康环境、发展健康产业为重点，加快推进健康中国建设，努力为人民群众提供全生命周期的卫生与健康服务，提升了中国的健康权保障水平，使中国人权事业得到长足发展。

一、符合国情的健康权保障模式

中国是一个有着 13 亿多人口的发展中大国。中国共产党和中国政府始终高度重视发展卫生与健康事业,加快转变健康领域的发展方式,切实尊重和保障公民的健康权,形成了符合国情的健康权保障模式。

1949 年新中国成立时,经济社会发展水平相对落后,医疗卫生体系十分薄弱,全国仅有医疗卫生机构 3670 个,卫生人员 54.1 万人,卫生机构床位数 8.5 万张,人均预期寿命仅有 35 岁。为尽快改变这种状况,国家大力发展医药卫生事业,制定实施"面向工农兵、预防为主、团结中西医、卫生工作与群众运动相结合"的工作方针,广泛开展群众性爱国卫生运动,普及初级卫生保健,人民健康状况得到了很大改善,医疗技术取得重大突破,首次分离了沙眼衣原体,进行了世界第一例断肢再植手术,成功研制出抗疟新药青蒿素等,取得了举世瞩目的伟大成绩。

1978 年改革开放以后,国家针对当时存在的医疗卫生资源严重短缺、服务能力不足、服务效率较低等问题,实行多渠道筹资,鼓励多种形式办医,增加资源供给,逐步放开药品生产流通市场,发展医药产业,注重发挥中医药的作用,采取一定的经济激励措施,调动医务人员积极性,增强内部活力。1996 年,第一次全国卫生工作会议明确了"以农村为重点,预防为主,中西医并重,依靠科技与教育,动员全社会参与,为人民健康服务,为社会主义现代化建设服务"的新时期卫生工作方针。1998 年,国家开始建立保障职工基本医疗需求的社会医疗保险制度。2000 年,国家提出建立适应社会主义市场经济要求的城镇医药卫生体制,让群众享有价格合理、质量优良的医疗服务,提高人民健康水平的改革目标。2002 年,国家发布《关于进一步加强农村卫生工作的决定》,从农村经济社会发展实际出发,深化农村卫生体制机制改革,将卫生投入重点向农村倾斜,满足农民群众不同层次的医疗卫生需求。

2003 年,在党和政府的坚强领导下,全国人民万众一心,取得了抗击"非典"的重大胜利。在总结经验的基础上,国家全面加强了公共卫生服务和重大疾病防控工作,重大疾病防治体系不断完善,突发公共卫生事件应急机制逐步健全,农村和城市社区医疗卫生发展步伐加快，新型农村合作医疗和城镇居民基本医疗保险取得突破性进展。

2009年，国家启动实施新一轮医药卫生体制改革，颁布了《关于深化医药卫生体制改革的意见》，确立把基本医疗卫生制度作为公共产品向全民提供的核心理念，进一步明确公共医疗卫生的公益性质，提出建立公共卫生、医疗服务、医疗保障、药品供应"四大体系"和医药卫生管理、运行、投入、价格、监管、科技和人才、信息、法制"八项支撑"，加快基本医疗卫生制度建设，推动卫生事业全面协调可持续发展。随后，国家又颁布了《医药卫生体制改革近期重点实施方案（2009—2011年）》和《"十二五"期间深化医药卫生体制改革规划暨实施方案》，提出加快推进基本医疗保障制度建设，健全基层医疗卫生服务体系，促进基本公共卫生服务逐步均等化等改革任务。

2012年以来，中国不断加大医药卫生体制改革力度，加快推进公立医院综合改革，推进药品和医疗服务价格改革，全面实施城乡居民大病保险，积极建设分级诊疗制度，优化完善药品生产流通使用政策。2015年10月29日，健康中国建设正式写入党的十八届五中全会公报。2016年8月，全国卫生与健康大会提出："要坚持正确的卫生与健康工作方针，以基层为重点，以改革创新为动力，预防为主，中西医并重，将健康融入所有政策，人民共建共享。"2016年10月，国家颁布《"健康中国2030"规划纲要》，为推进健康中国建设，提高人民健康水平做出了战略部署。

健康事业的发展给人民群众带来实实在在的健康福祉，中国人均预期寿命从1981年的67.9岁提高到2016年的76.5岁，孕产妇死亡率从1990年的88.9/10万下降到2016年的19.9/10万，婴儿死亡率从1981年的34.7‰下降到2016年的7.5‰，居民的主要健康指标总体上优于中高收入国家平均水平，提前实现联合国千年发展目标。同时，中国已形成了以宪法为总领，以民事法律法规、卫生行政法律法规、地方性法规等为实施基础，以健康领域各种纲要、纲领、计划为行动指南的健康制度体系，有效平衡医患关系，公正化解医疗纠纷，切实实现公民健康权。

深化医改效果持续彰显，在较短时间内织起了全世界最大的全民基本医疗保障网，建立大病保险制度、疾病应急救助制度，健全医疗救助制度，为实现病有所医提供了制度保障。重大传染病得到有力控制，艾滋病整体疫情控制在低流行水平，联合国千年发展目标确定的结核病控制指标提前实现，血吸虫病疫情降至历史最低水平，2000年实现无脊髓灰质炎目标。2015年，建成了全球最大的法定传染病疫情和突发公共卫生事件网络直报系统，平均报告时间由直报前的5天缩短为4个小时。

医疗卫生服务体系建设取得重大进展，基本建成了覆盖城乡的基层医疗卫生服务网络，各级各类医疗卫生机构超过98万个，卫生人员超过1100万人，卫生机构床位数超过700万张。人才队伍建设加快推进，住院医师规范化培训制度逐步建立，涌现出了诺贝尔生理学或医学奖得主屠呦呦等一批杰出医务工作者。社会办医加速发展，民营医院占医院总数的比重超过57%，多元办医格局初步形成。医疗卫生应急救援能力走在国际前列，经受住了防控埃博拉出血热特大传染病疫情的严峻考验，实现了国内"严防控、零输入"和援非抗疫"打胜仗、零感染"双重胜利。

经过长期努力，中国卫生与健康事业发展跨上了崭新台阶，不仅显著提高了人民的健康水平，而且形成了符合本国国情的健康权保障模式，其主要特点是：

——健康优先，把健康置于优先发展的战略地位，立足国情，将维护和提升健康的理念融入政策、法律、法规制定实施的全过程，实现健康的生活方式、生产条件和生态环境与经济社会良性协调发展。

——预防为主，把以治病为中心转变为以人民健康为中心，坚持防治结合、身心并重、中西医互补，注重慢性病、地方病、职业病防控，减少疾病发生，把握健康领域的发展规律，强化早诊断、早治疗、早康复。

——公益主导，坚持基本医疗卫生事业的公益性，把基本医疗卫生制度作为公共产品向全民提供，将公立医院作为医疗服务体系的主体，逐步实现全民享有公共健康服务。

——公平普惠，坚持卫生服务和医疗保障覆盖全民，以农村和基层为重点，逐步缩小城乡、地区、不同人群间健康水平的差异，保证健康领域基本公共服务均等化。

部分年份主要健康指标

指标 \ 年份	1981	1990	2000	2005	2010	2015	2016
人均预期寿命（岁）	67.9	68.6	71.4	73.0	74.8	76.3	76.5
其中：男性（岁）	66.4	66.8	69.6	71.0	72.4	73.6	—
女性（岁）	69.3	70.5	73.3	74.0	77.4	79.4	—
婴儿死亡率（‰）	34.7	32.9	32.2	19.0	13.1	8.1	7.5
5岁以下儿童死亡率（‰）	—	—	39.7	22.5	16.4	10.7	10.2
孕产妇死亡率（1/10万）	—	88.9	53.0	47.7	30.0	20.1	19.9

——共建共享，坚持政府主导与调动社会、个人的积极性相结合，推动人人参与、人人尽力、人人享有，正确处理政府与市场的关系，政府在基本医疗卫生服务领域有所作为，市场在非基本医疗卫生服务领域发挥活力。

二、健康环境与条件持续改善

中国积极推广健康生活方式，开展全民健身运动，推进全民健康教育，保障食品和饮用水安全，改善生产、生活、生态和社会环境，为促进公民健康权提供了良好条件。

健康生活方式全面推行。2007年，国家启动全民健康生活方式行动，倡导居民合理饮食和适量运动，传播健康生活方式理念，创造健康的支持环境，提高全民健康意识和健康行为能力。截至2016年底，全国已有81.87%的县（区）开展了此项行动。发布《中国居民膳食指南（2016）》，对一般人群及儿童、老年人等特定群体进行科学合理膳食指导，引导居民做到平衡膳食、均衡营养。推进居民营养与健康状况监测，以及慢性病与营养监测和发布。推行全民减盐倡议，向居民传授减盐防控高血压等健康知识。实施重点人群营养改善措施，开展农村义务教育学生营养改善计划和贫困地区儿童营养改善项目。持续加大控烟力度，履行世界卫生组织《烟草控制框架公约》规定。2014年深圳市实施

《深圳经济特区控制吸烟条例》，2015年北京市实施《北京市控制吸烟条例》，2017年上海市实施《上海市公共场所控制吸烟条例》修正案，落实室内全面禁烟的要求。截至2016年底，全国已有18个城市制定了地方性无烟环境法规、规章，覆盖总人口的十分之一。

全民健身运动蓬勃开展。将全民健身事业提升为国家战略，把全民健身工作纳入各级政府国民经济和社会发展规划、财政预算及年度工作报告。"政府主导、部门协同、全社会共同参与"的全民健身事业发展格局初步形成。自2009年颁行《全民健身条例》以来，全国已有16个省份和10个较大市制定了全民健身地方性法规，31个省（区、市）全部制定完成省级《全民健身实施计划》。从2009年起，国家将每年的8月8日定为"全民健身日"。2011年至2014年，全国已建成全民健身活动中心3405个，社区多功能运动场9447个，体育公园2366个，健身广场24879个，户外营地878个，室外健身器材169万件。各市（地）、县（区）、街道（乡、镇）、社区（行政村）普遍建有体育场地，配有健身设施。截至2015年底，全国经常参加体育锻炼的人数比例达到33.9%，人均体育场地面积达到1.57平方米，县级及以上地区体育总会平均覆盖率达到72%，各级各类青少年体育俱乐部达到7147个，全民健身站点平均达到每万人3个，社会化全民健身组织网络基本形成。

全民健康教育持续推进。充分利用报刊、电视、广播、互联网及新媒体等宣传媒介开展公众健康宣传教育咨询，引导居民形成自主自律的健康生活方式。国家每年举办"中国环境与健康宣传周"活动。发布《中国公民环境与健康素养（试行）》《"同呼吸、共奋斗"公民行为准则》。通过基本公共卫生服务健康教育、健康素养促进行动、健康中国行、中医中药中国行、重大卫生主题宣传日等项目和活动，开展健康宣传教育。城乡居民健康素养水平由2008年的6.48%上升至2015年的10.25%。

环境治理深入开展。加强区域联防联控，实现京津冀、长三角、珠三角县区级空气质量监测站点联网，京津冀及周边区域颗粒物组分和光化学监测网全面建成。2011年至2015年，全国化学需氧量和氨氮、二氧化硫、氮氧化物排放总量分别下降12.9%、13%、18%、18.6%。2016年，全国338个地级及以上城市细颗粒物（PM2.5）平均浓度同比下降6.0%，优良天数同比提高2.1个百分点。2013年，国家颁布实施《大气污染防治行动计划》。2014年至2016年，累计淘汰黄标车和老旧车辆1600余万辆。燃煤火电机组基本实现脱硫脱硝全覆盖。超低排放加快推进，截至2017年3月，完成煤电机组超低排放改造约5亿千瓦。实施《土壤污染防治行动计划》，全面启动土壤污染状况详查。颁布《污染地块土壤环境管理办法（试行）》，设立土壤污染防治专项资金。2016年和2017年，国家共下达专项资金约150亿元。初步建成国家土壤环境网，完成2.2万个基础点位布设，建成约1.5万个风险监控点。全面推动落实《水污染防治行动计划》。加强流域水环境综合治理。落实长江经济带大保护工作，组织排查城市黑臭水体。2016年，全国地表水国控监测断面Ⅰ—Ⅲ类水体比例达67.8%，劣Ⅴ类水体比例降至8.6%。

城乡环境卫生综合整治成效明显。开展卫生城镇创建活动，显著提升城乡人居环境质量。根据2012年调查显示，卫生城镇创建后与创建前相比，规范集贸市场比例由35.2%提高到60.6%，居民对市容环境的满意率由30%提高到98%，对创卫效果的满意率达到98%。截至2015年底，全国城市污水处理率提高到92%，城市建成区生活垃圾无害化处理率达到94.1%。实施7.8万个村庄的环境综合整治，1.4亿多农村人口直接受益。6.1万家规模化养殖场（小区）建成废弃物处理和资源化利用设施。截至2016年底，全国农村生活垃圾处理率在60%左右，处理污水的行政村比例达到22%。农村卫生厕所普及率从2012年的71.7%提高到2016年的80.4%，东部一些省份达90%以上。

农村饮用水安全问题基本解决。2006年至2010年，农村饮水安全工程建设总投资1053亿元，解决了19万个行政村、2.12亿农村人口的饮水安全问题。2011年至2015年，国家共安排农村饮水安全建设工程资金1215亿元，地方配套资金600多亿元。截至2016年底，全国农村饮水安全卫生监测乡镇覆盖率达85%以上，农村集中式供水覆盖人口比例提高到82%。国家针对个别地区的特殊困难安排专项资金，提高补助标准，安排4.95亿元资金解决西藏自治区1400多座寺庙、3.23万僧尼和6万多临时供水人口的饮水安全问题。

职业健康管理不断加强。2011年，国家修订《中华人民共和国职业病防治法》，大力开展重点领域尘毒危害专项治理，对粉尘危害严重的石英砂加工、石棉开采及制品制造、金矿开采、水泥制造、石材加工、陶瓷生产和耐火材料制造等行业领域组织开展集中整治，督促企业加大投入力度，改进生产工艺，完善防护设施，加强个体防护。工作场所作业环境和条件得到初步改善。截至2016年底，国家依法处罚了一批拒不治理或治理不力的企业，共责令停产整顿1524家，提请关闭1576家，取缔非法企业426家。加大对用人单位职业卫生监督检查力度。2013年至2016年，全国各地区监督检查企业数量从22.9万家增加到39.5万家，增长72.5%。

食品安全监管更加严格。2015年，国家修订《中华人民共和国食品安全法》。2016年，各级监管机构在食品生产环节共检查食品生产企业52.1万家次，检查食品添加剂生产企业1.5万家次。检查食品加工小作坊7.2万家次。各级监管机构在食品经营环节共检查销售环节经营主体1209.3万家次。检查餐饮服务环节经营主体886.9万家次。2016年，在全国范围内组织抽检了25.7万批次食品样品，总体抽检合格率为96.8%。妥善处置冒牌婴幼儿配方乳粉等多起食品安全突发事件。

三、公共卫生服务能力稳步提升

中国坚持预防为主、防治结合，提高公共卫生服务的可获取性和均等性，加大传染病、慢性病、地方病等疾病预防控制力度，提升突发公共卫生事件应急能力，推行覆盖全民的基本公共卫生服务，均等化程度不断提高。

基本公共卫生服务覆盖率进一步提高。国家免费提供疫苗及接种服务，受益对象从儿童扩展到成人。截至2015年底，疫苗接种率以乡镇为单位总体保持在90%以上，多数免疫规划疫苗可预防传染病的发病与死亡率降至历史最低水平。2010年至2017年，人均基本公共卫生服务经费财政补助标准从15元提高到50元，服务项目从最初的9类41项扩大到12类47项。建立居民健康档案、健康教育、预防接种、儿童健康管理、孕产妇健康管理、老年人健康管理、慢性病患者健康管理、严重精神障碍患者管理、结核病患者健康管理、中医药健康管理、传染病和突发公共卫生事件报告和处理、卫生计生监督协管共12类服务项目，已基本覆盖居民生命全过程。截至2016年底，全国居民电子健康档案建档率达到76.9%，高血压、糖尿病患者健康管理人数分别达到9023万人和2781万人。孕产妇和3岁以下儿童系统管理率分别达到91.6%和91.1%。

基本公共卫生服务的惠及面不断扩大。2012年，国家实现消除新生儿破伤风的目标。2014年，通过新生儿接种乙肝疫苗，5岁以下儿童乙肝表面抗原携带率从1992年的9.67%降至0.32%，提前实现世界卫生组织提出的于2017年将5岁以下人群乙肝表面抗原流行率降到1%以下的目标。流动人口的基本公共卫生服务利用状况持续改善，传染病防控工作普遍开展，流动儿童免疫接种率达90%以上。针对重大疾病、重要健康危险因素和重点人群健康问题，制定和实施重大公共卫生服务项目，为15岁以下人群补种乙肝疫苗、贫困地区儿童改善营养、农村孕产妇提供住院分娩、农村妇女"两癌"筛查、农村建设无害化卫生厕所等，累计覆盖近2亿人。2009年，国家启动"百万贫困白内障患者复明工程"，由政府提供补助为贫困白内障患者实施复明手术，截至2013年底，接受手术的人数已超175万人。

传染病疫情控制水平持续提升。国家已建成全球最大规模的法定传染病疫情和突发公共卫生事件的网络直报系统。法定传染病报告发病率平均降低19.4%。传染病早期发现和预警能力进一步增强，传染病信息报告系统覆盖近7.1万家医疗机构，系统用户超过16万，年报告个案信息约900万件。2016年，全国甲乙类传染病报告发病率、死亡率分别控制在215.7/10万和1.31/10万以下。建成国家、省、市、县四级疾控机构实验室检测网络，中国疾控中心流感、脊髓灰质炎、麻疹、乙脑等实验室成为世界卫生组织参比实验室。疫情形势总体平稳，未发生较大传染病流行。艾滋病整体疫情控制在低流行水平，重点地区疫情快速上升势头得到基本遏制。结核病防治工作成效显著，成功治疗率保持在90%以上。2016年，全国结核病报告发病数比2011年下降12.6%，结核病死亡率降至2.3/10万左右，达到发达国家水平；全国疟疾病例共报告3189例，其中本地感染病例仅有3例，比2010年的4262例大幅度减少，80%以上的疟疾流行县基本消除疟疾。重点寄生虫病防治效果持续巩固，截至2016年底，全国453个流行县均达到了血吸虫病传播控制或以上标准。

慢性病防控效果显著增强。国家已建立慢性病和慢性病危险因素监测网络。老年人健康管理和高血压、糖尿病患者管理等作为国家基本公共卫生服务免费向公众提供，实施脑卒中、心血管疾病高危筛查、口腔疾病综合干预、癌症早诊早治等项目。截至2016年底，脑卒中高危人群筛查和干预项目累计筛查610余万人，发现高危人群82万人，开展随访干预95.2万人次；心血管病高危人群早期筛查与综合干预项目累计筛查338.9万人，发现高危人群77.6万人，随访管理52.4万人次；儿童口腔疾病综合干预项目为1亿儿童提供免费口腔检查，516.8万儿童免费窝沟封闭，222.9万儿童免费局部用氟；癌症早诊早治项目累计筛查214万高危人群，发现患者5.5万人，整体早诊率高于80%。

地方病流行趋势得到有效控制。截至2015年底，全国水源性高碘地区有90.8%的县非碘盐食用率在90%以上，94.2%的县保持消除碘缺乏病状态，在全球128个采取食盐加碘措施的国家和地区中处于领先水平。95.4%的大骨节病病区村达到消除标准，94.2%的克山病病区县达到控制标准。燃煤污染型地方性氟中毒地区的所有县改炉改灶率达到98.4%，饮水型地方性氟中毒地区有93.6%的农村人口实施了降氟改水工程。燃煤污染型地方性砷中毒地区全部完成改炉改灶，查明的饮水型地方性砷中毒地区全部完成改水。

精神卫生服务不断完善。国家公布实施《中华人民共和国精神卫生法》，将精神卫生工作纳入法治化轨道。截至2015年底，全国共有精神卫生服务机构2936家，开设床位数43.3万张，分别比2010年增长77.9%、89.9%；共有精神科执业（助理）医师2.77万人，比2012年底的2.31万人增加20.2%。把严重精神障碍纳入新农合和城镇居民医保重大疾病保障范围，实施中央补助地方严重精神障碍管理治疗项目，部分地区出台救治救助专项政策，减轻了患者负担。加强严重精神障碍患者报告登记和救治救助管理。2012年至2016年，全国在册的严重精神障碍患者数由308万例增加到540万例，患者管理率由59.1%提高到88.7%。加强对抑郁症、焦虑症等常见精神障碍和心理行为问题的干预，加大对重点人群心理问题早期发现和及时干预力度，提高突发事件心理危机的干预能力和水平，全面推进精神障碍社区康复服务。

突发公共卫生事件应急能力全面加强。应急法制基本建立，应急机制不断优化。在全国分区域设置4类36支国家级和近2万支、20多万人的地方卫生应急处置队伍。2014年，国家公共卫生应急核心能力达标率升至91.5%，远超全球70%的平均水平。近年来，国家加快卫生应急体系建设，有效地应对了人感染H7N9禽流感、埃博拉出血热、中东呼吸综合征、寨卡病毒等突发急性传染病疫情，以及四川汶川地震、天津港火灾爆炸事故等一系列重大灾害事故的紧急医学救援和灾后卫生防疫。

四、医疗卫生服务质量大幅提高

中国致力于提升医疗卫生资源的可及性和便利性，同步推动医疗服务质量和效率的不断提高，加快建立优质高效的整合型医疗卫生服务体系，药品供应体系不断完善，居民就医感受明显改善。

医疗卫生服务体系资源要素持续增加。2011年至2015年，国家投入420亿元，重点支持建设1500多个县级医院、1.8万个乡镇卫生院、10余万个村卫生室和社区卫生服务中心。截至2016年底，全国医疗卫生机构达983394个，其中医院29140个（公立医院12708个，民营医院16432个），乡镇卫生院36795个，社区卫生服务中心（站）34327个，疾病预防控制中心3481个，卫

每千人口医疗卫生机构床位数（张）

年份	合计	城市	农村
2010	3.58	5.49	2.60
2011	3.84	6.24	2.80
2012	4.24	6.88	3.11
2013	4.55	7.36	3.35
2014	4.85	7.84	3.54
2015	5.11	8.27	3.71
2016	5.37	8.46	3.89

生监督所（中心）2986个，村卫生室638763个；全国统计的万元以上医疗设备共529.1万台，其中100万元以上的设备12.5万台。2016年，医疗机构床位数比2015年增加39.5万张，每千人口拥有床位数达到5.37张，医院床位数增加35.8万张；全国少数民族医医院有266所，床位数达26484张，年总诊疗968.7万人次，出院58.8万人次。

医药卫生人才队伍更加优化。国家已构建起全世界规模最大的医学教育体系。截至2016年底，全国共有922所高等医学院校、1564所中等学校开办医学教育，硕士授予单位238个、博士授予单位92个，在校学生总数达395万人，其中临床类专业在校生达到114万人、护理类专业达到180万人。全国共有14所教育机构开设了少数民族医药专业和中医专业少数民族医药方向，在校生约17万人。云南、广西、贵州等地的中医学院先后设立中医学本科傣医、壮医、苗药等专业方向。部分少数民族医药院校与高等中医药院校合作，联合培养少数民族医药人才。截至2016年底，全国卫生人员总量达1117.3万人，卫生技术人员845.4万人，每千人口医师数达到2.31人，执业（助理）医师大学专科及以上学历人员比例为81.2%，高层次专业人才逐年增加。每千人口护士数达到2.54人，医护比达到1∶1.1。

社会力量办医不断增长。优先支持社会力量举办非营利性医疗机构，推进非营利性民营医院与公立医院同等待遇。鼓励医师利用业余时间、退休医师到基层医疗卫生机构执业或开设工作室。全国民营医院占比超过57%，社会办医疗卫生机构床位总数比2011年增长81%，门诊量已占全国门诊总量的22%。截至目前，在全国注册多点执业的医生中，到社会办医疗机构执业的超过70%。

基层和农村医疗条件进一步改善。从医疗卫生体制、医疗服务机构设置、医疗服务人员配备等多个方面向基层和农村倾斜。将县级医院定位为县域内的医疗卫生中心和农村三级医疗卫生服务网络的核心，在每个县（市）重点办好1至2所县级医院（含中医医院）。基本实现每个乡镇建好1所卫生院，平均每个行政村设有1个村卫生室，每千农村居民配有1名乡村医生。

医疗卫生服务供给更具层次性。建立专业公共卫生机构、综合和专科医院、基层医疗卫生机构"三位一体"的重大疾病防控机制，强化信息共享、互联互通机制，推进慢性病防、治、管整体融合发展，实现医防结合。全面建立分级诊疗制度，引导形成基层首诊、双向转诊、上下联动、急慢分治的合理就医秩序，健全治疗—康复—长期护理的服务链。全国三级医院预约诊疗率达到38.6%，近400家医疗机构设置了日间手术中心。开展家庭医生签约服务，居民对家庭医生的专业技术和服务态度的满意度达80%以上，群众就医感受得到明显改善。

医疗质量安全水平持续提高。制定《医疗质量管理办法》，逐步建立并完善医疗质量管理与控制体系，发布质控指标，开展信息化质量监测与反馈。推进医疗机构临床路径管理，制定1212个临床路径，基本覆盖常见病和多发病。发布实施《遏制细菌耐药国家行动计划（2016—2020年）》，综合治理细菌耐药问题。加强处方和用药监管。2016年，全国住院患者抗菌药物使用率为37.5%，较2011年降低21.9个百分点；门诊处方抗菌药物使用率为8.7%，较2011年降低8.5个百分点。医疗责任保险覆盖超过90%的二级以上医院。高度重视血液安全和血液供应，截至2015年底，实现血站核酸检测全覆盖，血液安全水平与发达国家基本一致。推进无偿献血和临床合理用血。2016年，共有1400万人次参加无偿献血，比2015年增长6.1%，基本满足临床用血需求。公民逝世后器官捐献已成为器官移植的主要来源。

药品供应保障体系进一步完善。以国家基本药物制度为基础的药品供应保障体系取得长足发展，相比制度实施前，基本药物销售价格平均下降30%左右，并在基层医疗卫生机构实行零差率销售，患者用药负担大为减轻。启动首轮国家药品价格谈判试点，乙肝、非小细胞肺癌等谈判药品的采购价格下降50%以上，价格处于全球低位，截至2016年底，患者减少支出近亿元。完善罕见病药品供应保障政策。增加艾滋病防治等特殊药物免费供给。深入推进医药创新，实施"重大新药创制"科技重大专项。2011年至2015年，全国共有323个创新药获批开展临床研究，埃克替尼等16个创新药获批生产，139个新化学仿制药上市，累计600多个原料药品种和60多家制剂企业达到国际先进水平GMP要求，PET-CT、128排CT等一批大型医疗设备和脑起搏器、介入人工生物心脏瓣膜、人工耳蜗等高端植入介入产品获批上市。推动建设遍及城乡的现代医药流通网络，基层和边远地区的药品供应保障能力不断提高。

传统医药发展更受国家支持。2013年至2015年，国家投入专项资金46亿元支持中医药服务能力建设。2016年，国家印发《中医药发展战略规划纲要（2016—2030年）》。中药工业规模以上企业主营业务收入8653亿元，约占全国医药工业规模以上企业主营业务收入的三分之一。2011年以来，49项中医药科研成果获得国家科技奖励。青蒿素及治疗急性早幼粒细胞白血病等中西医药研究成果获全球关注。

五、全民医疗保障体系逐步健全

中国大力推进医疗保障体系建设，形成以基本医疗保障为主体，其他多种形式补充保险和商业健康保险为补充的多层次、宽领域、全民覆盖的医疗保障体系，初步实现了人人享有基本医疗保障。

基本医疗保险实现全覆盖。以职工基本医疗保险、城镇居民基本医疗保险和新型农村合作医疗为主体的全民医保初步实现。截至2016年底，全国基本医疗保险参保人数超过13亿人，参保覆盖率稳固在95%以上。2016年，国家正式启动城镇居民基本医疗保险和新型农村合作医疗两项制度整合，统一覆盖范围、统一筹资政策、统一保障待遇、统一医保目录、统一定点管理、统一基金管理，逐步在全国范围内建立统一的城乡居民基本医疗保险制度，实现城乡居民公平享有基本医疗保险权益。

基本医疗保险保障能力和可持续性进一步增强。2016年，全年职工基本医疗保险基金收入和支出分别为10274亿元和8287亿元，比2012年分别增加4212亿元和3419亿元，年均增长率分别为15.7%和15.6%；全年城镇居民基本医疗保险基金收入和支出分别为2811亿元和2480亿元，比2012年分别增加1934亿元和1805亿元。2017年，城乡居民基本医疗保险财政补助标准继续提高，各级财政人均补助标准达到每人每年450元。

基本医疗保险待遇水平逐步提高。2016年，职工基本医疗保险和城镇居民基本医疗保险基金的最高支付限额分别达到当地职工年平均工资和当地居民年人均可支配收入的6倍，政策范围内住院费用基金支付比例分别为80%和70%左右。2017年，新型农村合作医疗门诊和住院费用的报销比例分别稳定在50%

和70%左右。《国家基本医疗保险、工伤保险和生育保险药品目录（2017年版）》西药、中成药部分共收载药品2535个，比旧版目录增加339个，增幅约15%，基本涵盖了《国家基本药物目录（2012年版）》中的治疗性药品。对部分具有重大临床价值且价格高昂的专利独家药品，政府组织医保药品谈判，准入36个药品，治疗领域覆盖多种恶性肿瘤、部分罕见病及慢性病。新增部分医疗康复项目纳入基本医疗保险支付范围。

基本医疗保险支付方式改革有序推进。全国70%以上地区积极探索按病种付费、按人头付费、按疾病诊断相关分组（DRGs）付费等支付方式。加快推进基本医疗保险全国联网和异地就医直接结算工作，继续推广就医"一卡通"。截至2017年8月底，全国已基本实现参保人员统筹区域内医疗费用直接结算和省内异地就医住院费用直接结算。顺利开展跨省异地就医住院医疗费用直接结算联网接入工作，全国所有省份（含新疆生产建设兵团）、所有统筹地区已全部接入国家基本医疗保险异地就医结算系统，截至2017年8月底，开通6616家跨省异地就医住院医疗费用直接结算定点医疗机构。

城乡居民大病保障机制不断完善。全面实施城乡居民大病保险，以解决大额医疗费用为切入点，不断完善和提高针对重特大疾病的医疗保障制度。截至2015年底，城乡居民大病保险已覆盖所有城乡居民基本医疗保险参保人。2016年，大病保险覆盖城乡居民超过10亿人，推动各省大病保险政策规定的支付比例达到50%以上，受益人员的实际报销比例提高10—15个百分点。

医疗救助机制成效显著。医疗救助政策框架基本建立，医疗救助与城乡居民大病保险有效衔接，医疗救助标准和救助水平的城乡统一逐步实现。医疗救助对象范围从过去的城乡低保对象和特困人员，逐步拓展到贫困人口、低收入家庭成员和因病致贫家庭中的重病患者。各级工会积极组织开展职工医疗互助活动，对患重大疾病的职工进行帮扶，减轻患病职工经济负担。2016年，国家共安排155亿元医疗救助补助资金（不含疾病应急救助补助资金），其中92%的资金投向中西部地区和贫困地区，累计实施医疗救助8256.5万人次，资助困难群众参加基本医疗保险5560.4万人。被救助对象在年度救助限额内住院救助的比例普遍达70%以上。医疗救助服务更加便利可及，93%的地区实现了医疗救助与医疗保险费用"一站式"结算。2013年起，国家建立疾病应急救助制度，通过设立疾病应急救助基金，对需要紧急救治但身份不明或身份明确、无力支付医疗费用的患者进行救治。截至2017年6月，累计救助患者约64万人。

农村贫困人口医疗保障水平逐步提高。2016年，国家开始实施健康扶贫工程。对农村贫困人口实现城乡居民医保、大病保险全覆盖，农村贫困人口政策范围内住院费用报销比例提高5个百分点。组织动员全国80多万工作人员，对因病致贫返贫家庭，精准调查核查发病率高、费用高、严重影响生产生活能力的93种重点病种，建立起健康扶贫工作台账和数据库。组织对患有大病和慢性病的农村贫困人口进行分类救治，截至2017年5月，全国已分类救治贫困患者260多万人。实行精准的大病保险倾斜性支付政策，对农村贫困人口在起付线、报销比例、封顶线等方面给予重点倾斜。推进农村贫困人口县域内住院先诊疗后付费和"一站式"即时结算。安排全国889家三级医院承担对口帮扶任务，对所有贫困县1149家县级医院实现帮扶全覆盖。

六、特定群体的健康水平显著进步

中国高度重视保障妇女、儿童、老年人和残疾人等特定群体的健康权，不断完善卫生与健康规划，提供多元化和有针对性的健康服务，非歧视地均等满足各类群体的特殊需求。

妇幼保健服务体系不断健全。建立遍布城乡的三级妇幼卫生服务网络。2016年，国家投资29亿元支持247所市、县级妇幼保健机构建设。截至2016年底，全国共有妇幼保健机构3063个，妇产医院757个，儿童医院117个，妇产科和儿科执业（助理）医师37万人。在3.4万个社区卫生服务中心（站）、3.7万个乡镇卫生院、64万个村卫生室中均配有专兼职妇幼保健工作人员。

妇女孕产期保健服务水平切实提升。2009年起，国家逐年扩大农村妇女宫颈癌和乳腺癌检查项目的覆盖面，受益人群不断增加。2009年至2016年，国家免费为1299个项目县的6000余万35岁至64岁农村妇女进行了宫颈癌检查，并专项投入资金226亿元，补助农村孕产妇7400余万人。农村孕产妇住院分娩率从2008年的92.3%提高到2016年的99.6%，农村孕产妇死亡率和婴儿死亡率大幅下降。国家安排补助资金，支持免费孕前优生健康检查项目，农村孕产妇住院分娩补助项目，增补叶酸预防神经管缺陷项目，预防艾滋病、梅毒和乙肝母婴传播项目等11项服务项目。《中国妇女发展纲要（2011—2020年）》目标不断实现。

儿童健康水平显著提高。2013年，全国0—6个月婴儿纯母乳喂养率上升到58.5%，母乳喂养率不断提高。2016年，婴儿死亡率和5岁以下儿童死亡率分别为7.5‰和10.2‰，均提前实现联合国可持续发展目标和《中国儿童发展纲要（2011—2020年）》目标，与发达国家差距进一步缩小。2016年，5岁以下儿童低体重率、生长迟缓率、贫血患病率分别下降到1.49%、1.15%、4.79%，均提前实现《中国儿童发展纲要（2011—2020年）》目标。截至2016年底，全国创建30家国家级儿童早期发展示范基地。开展贫困地区儿童营养改善项目，为国家连片特殊困难地区的6—24月龄儿童每天提供1包富含蛋白质、维生素和矿物质的辅食营养补给品。2016年第五次中国儿童体格发育调查结果显示，最近40年，全国7岁以下儿童体格发育水平快速增长，已超过世界卫生组织颁布的儿童生长发育标准。

儿童疾病防治成果得到巩固。2016年，艾滋病母婴传播率下降到5.7%，新生儿破伤风发病率保持在1‰以下。儿童免疫规划疫苗接种率均保持在99%以上，继续保持无脊髓灰质炎状态，儿童肺结核报告发病率保持在较低水平。2016年，遗传代谢性疾病（苯丙酮尿症和先天性甲状腺功能减低症）筛查率达到96%，贫困地区新生儿疾病筛查项目实施范围已覆盖全国21个省（区、市）的354个县（市、区）。实施免费孕前优生健康检查、贫困地区新生儿疾病筛查、地中海贫血防控试点等重大公共卫生服务项目。

老年人健康服务体系日趋完善。截至2015年底，全国建有康复医院453所、护理院168所、护理站65所，比2010年分别增加了69.0%、242.9%、16.1%；全国康复医院、护理院、护理站从业卫生人员分别为36441人、11180人、316人，比2010年分别增加了96.5%、286.7%、69.9%。2015年，国家为65岁及以上老年人体检达1.18亿人次，健康管理率达82%。老年人心理健康得到充分关注，国家和社会通过各种形式向老年人宣传心理健康知识、提供心理辅导，丰富老年人精神文化生活。

医养结合服务模式深入推进。2016年在全国遴选确定90个市（区）为国家级医养结合试点单位。全国医养结合机构共有5814家，床位总数达121.38万张。其中，养老机构设立医疗机构3623家，医疗机构设立养老机构1687家，医养同时设立504家，有2224家纳入了医保定点范围。积极开展养老院服务质量建设专项行动，质量控制体系更加健全，医养结合机构的服务质量显著提升。

残疾预防与残疾人康复服务持续加强。2016年和2017年，国家分别颁布《国家残疾预防行动计划（2016—2020年）》和《残疾预防和残疾人康复条例》，残疾预防与残疾人康复工作纳入法治化发展轨道。2012年至2016年，全国共有1526万残疾人得到基本康复服务。截至2016年底，全国共有残疾人康复机构7858个，在岗人员22.3万人，947个市辖区和2015个县（市）开展社区康复工作，配备45.4万名社区康复协调员。自2017年起，国家将每年8月25日定为"残疾预防日"。

残疾人康复体育的覆盖面逐步扩大。推进"十三五"残疾人体育基本公共服务。实施"由西向东""自北向南""先薄弱后发达"的地区引导政策，资助西部6省（区、市）康复体育进家庭项目8000户，撬动全国服务88884户，补贴新建社区健身示范点50个，撬动全国新建1842个。全国经常参加体育健身活动的残疾人比例提升至9.6%。

残疾孤儿得到特别关爱。2015年以来，国家将城乡低保对象、特困供养对象中具有手术适应症的病残儿童，以及社会散居孤残儿童纳入"明天计划"资助范围，参照福利机构内孤残儿童的救治政策和做法，实施医疗康复，数以万计的"明天计划"术后康复儿童融入了社会。福利机构内凡具备手术适应症的新增患儿都能在最佳治疗时机得到手术救治。截至2016年底，国家已投入资金8.6亿元，为9万多名残疾孤儿实施了手术矫治和康复训练。

七、积极参与全球健康治理和国际医疗援助

中国是医疗卫生领域国际合作的倡导者、推动者和践行者，始终致力于实现国际人口与发展大会行动纲领，全面落实联合国2030年可持续发展议程特别

是健康领域可持续发展目标，积极开展对外医疗援助和全球应急处置，认真履行健康领域国际公约，勇于承担国际人道主义责任。

参与医疗卫生国际规则体系建设。中国较早签署批准《世界卫生组织组织法》，加入《麻醉药品单一公约》《精神药物公约》，参与制定《阿拉木图宣言》等一系列国际条约、宣言，响应《儿童生存、保护和发展世界宣言》。2016年，在第69届世界卫生大会上，中国提出并推动通过"促进创新和获取安全有效可负担的优质儿童药品"决议，得到各方积极回应。

与世界卫生组织开展深度合作。2016年，在北京签署发布《中国—世界卫生组织国家合作战略（2016—2020）》，确定卫生政策、规划、技术、人力资源等领域的合作。2017年，签署《关于"一带一路"卫生领域合作的谅解备忘录》《关于"一带一路"卫生领域合作的执行计划》，共同致力于与"一带一路"沿线国家在卫生应急、传染病防治、传统医学等领域的合作。

国际医疗卫生交流合作不断扩大。中国与其他国家开展健康领域的经验共享和战略对话，每年举办多个医疗卫生服务领域的国际研讨会。2015年12月，在中非合作论坛约翰内斯堡峰会上宣布中非公共卫生合作计划，包括参与非洲疾控中心建设等重要举措。2016年10月，与埃塞俄比亚等15个亚非国家建立对口医院合作关系。2017年4月，与马拉维等非洲国家签署医药卫生合作协议。从2005年开始，中国已培训数千名来自发展中国家的官员和技术服务人员，推动中国民间组织在津巴布韦、肯尼亚等国家及湄公河地区开展青少年生殖健康和艾滋病预防的教育培训项目。

对外医疗卫生援助成绩卓著。1963年以来，中国先后向69个发展中国家派遣了援外医疗队，累计派出医疗队员2.5万人次，治疗患者2.8亿人次。2015年9月，中国在联合国系列峰会上宣布将在未来5年为发展中国家提供100所医院和诊所、实施100个"妇幼健康工程"等重大卫生援助举措。截至2017年6月，中国共有1300多名医疗队员和公共卫生专家在全球51个国家工作，在华培养了2万多名受援国际医疗卫生管理和技术人才，建设了综合医院、专科中心、药品仓库等150多个标志性设施，提供了急救车、诊疗仪器、疫苗冷链等多批医用物资，向非洲捐赠抗疟药品，挽救了4000万人的生命。自2008年起，中国为非洲国家设立了30个疟疾防治中心，提供价值1.9亿元的青蒿素类抗疟药品。

全球应急处置有效开展。中国达到《国际卫生条例》履约标准。积极引领国际应急救援行动，先后加入应对安哥拉、圭亚那的黄热病、寨卡病毒等疫情。2014年，西非暴发埃博拉出血热疫情，中国连续4轮向疫区国家和国际组织提供现汇和物资等援助，共计价值1.2亿美元。派遣1200多名医护人员和公共卫生专家赴疫区及周边国家，累计完成样本检测近9000份、留观诊疗病例900多例、培训1.3万名当地医疗护理和社区防控骨干。2015年，尼泊尔发生8.1级特大地震，中国先后协调安排4支共193人的中国政府医疗防疫队伍赴尼泊尔灾区开展救援，累计救治伤员2600多人次，培训卫生防疫技术骨干1000余人。

中医药的国际认同度持续提升。中医药已传播到全球183个国家和地区，成为中国与东盟、欧洲、非洲等地区和卫生组织合作的重要内容。"中医针灸"列入联合国教科文组织人类非物质文化遗产代表作名录，《黄帝内经》《本草纲目》入选世界记忆名录。据世界卫生组织统计，已有103个会员国认可使用针灸，其中29个设立了传统医学的法律法规，18个将针灸纳入医疗保险体系。

结束语

中国共产党和中国政府切实尊重和保障人民健康权利，把维护人民健康作为治国理政的基本要务，实施了一系列利当前、惠长远的重大举措，中国健康事业取得了举世瞩目的伟大成就，为人类可持续发展做出了重要贡献。

"人生天地间，长路有险夷"。中国清醒地认识到，保障人民健康是一个系统工程，需要长时间的持续努力。当前，由于工业化、城镇化、人口老龄化，由于疾病谱、生态环境、生活方式不断变化，中国仍面临多重疾病威胁并存、多种健康影响因素交织的复杂局面；同时，随着生活水平提高和健康观念增强，人民群众对健康产品、健康服务的需求持续增长，并呈现出多层次、多元化、个性化的特征。中国既面对着发达国家面临的健康问题，也面对着发展中国家面临的健康问题。

为了更好地保障人民群众的健康权，中国正在加紧推进健康中国建设，已制定实施《"健康中国2030"规划纲要》《全民健身计划（2016—2020年）》《"十三五"卫生与健康规划》《"十三五"深化医药卫生体制改革规划》等一系列规划纲要，并提出"三步走"的目标，即到2020年，建立覆盖城乡居民的中国特色基本医疗卫生制度，主要健康指标居于中高收入国家前列；到2030年，促进全民健康的制度体系更加完善，主要健康指标进入高收入国家行列；到2050年，建成与社会主义现代化国家相适应的健康国家。中国各级政府将继续以高度的责任感和紧迫感，努力全方位、全周期保障人民健康，奋力推动卫生与健康事业全面发展。

健康中国建设主要指标

领域	指标	2015	2020	2030
健康水平	人均预期寿命（岁）	76.34	77.3	79.0
	婴儿死亡率（‰）	8.1	7.5	5.0
	5岁以下儿童死亡率（‰）	10.7	9.5	6.0
	孕产妇死亡率（1/10万）	20.1	18.0	12.0
	城乡居民达到《国民体质测定标准》合格以上的人数比例（%）	89.6（2014年）	90.6	92.2
健康生活	居民健康素养水平（%）	10	20	30
	经常参加体育锻炼人数（亿人）	3.6（2014年）	4.35	5.3
健康服务与保障	重大慢性病过早死亡率（%）	19.1（2013年）	比2015年降低10%	比2015年降低30%
	每千常住人口执业（助理）医师数（人）	2.2	2.5	3.0
	个人卫生支出占卫生总费用的比重（%）	29.3	28左右	25左右
健康环境	地级及以上城市空气质量优良天数比率（%）	76.7	>80	持续改善
	地表水质量达到或好于Ⅲ类水体比例（%）	66	>70	持续改善
健康产业	健康服务业总规模（万亿元）	—	>8	16

健康是人类的永恒追求，健康促进是国际社会的共同责任。联合国2030年可持续发展议程将健康确定为重要可持续发展目标，全球健康体系正处于发展的重要时期。中国将一如既往地积极参加健康相关领域的国际活动，深入参与全球健康治理，大力落实健康领域可持续发展目标。通过配合"一带一路"建设，增进同沿线国家卫生与健康领域的合作，加强与世界各国的互学互鉴。在"共同构建人类命运共同体"的伟大进程中，中国愿与世界人民携起手来，为建设一个更加美好的健康世界而不懈努力。

中国人权法治化保障的新进展

中华人民共和国国务院新闻办公室

2017年12月

前言

法治是人类文明进步的标志，也是人权得以实现的保障。全面依法治国，全方位提升人权保障法治化水平，保证人民享有更加充分的权利和自由，努力实现社会公平正义，更好推动人的全面发展、社会全面进步，是中国共产党、中国政府的坚定意志和不懈追求。

多年来，中国坚持依法治国基本方略，努力建设社会主义法治国家，人权法治化保障不断迈上新台阶。中共十八大以来，以习近平同志为核心的党中央，坚持以人民为中心的发展思想，从推进国家治理体系和治理能力现代化的高度，作出了全面依法治国的重大战略部署，将尊重和保障人权置于社会主义法治国家建设更加突出的位置，开启了中国人权法治化建设的新时代。

在推进全面依法治国的伟大进程中，中国将人权保障贯穿于科学立法、严格执法、公正司法、全民守法等各个环节：尊重和保障人权成为立法的一条重要原则，以宪法为核心的中国特色社会主义法律体系不断完善；依法行政深入推进，行政权力运行更加规范；深化司法改革，努力让人民群众在每一个司法案件中感受到公平正义；法治社会建设向纵深发展，全社会法治观念和人权法治保障意识显著增强；中国共产党坚持依法执政，为人权法治化保障提供了坚强保证。

经过五年来的开拓进取和改革发展，中国的人权法治化保障取得巨大成就，中国人民的各项基本权利和自由得到更加切实保障，中国特色社会主义人权发展道路越走越宽广。中国正在以前所未有的伟大实践，丰富着人类文明的多样性，为人类社会发展贡献中国智慧、提供中国方案。

一、不断完善人权保障法律体系

完备的法律体系是实现人权法治化保障的前提和基础。中共十八大以来，中国更全面地构建起以宪法为核心，以法律为主干，包括行政法规、地方性法规等规范性文件在内的，由多个法律部门组成的中国特色社会主义法律体系，为保障人权夯实法制基础。

完善立法体制机制。修改立法法，加强对法规、规章和规范性文件的备案审查制度，明确规定主动审查、向审查申请人反馈及向社会公开制度，依法撤销和纠正违宪违法的法规、规章和规范性文件，保证宪法法律有效实施。2016年，立法机关对行政法规、司法解释进行备案审查37件，有重点地对地方性法规开展主动审查，处理各方面提出的审查建议92件。优化立法权配置，适应地方发展需求，赋予240个设区的市、30个自治州、4个不设区的地级市地方立法权。截至2017年10月，新获地方立法权的市（州）已制定地方性法规456件，制定地方政府规章193件。立法法明确规定，没有上位法依据，部门规章和地方政府规章不得设定减损公民、法人和其他组织权利或者增加其义务的规范，不得增加本部门的权力或者减少本部门的法定职责。将应由立法解决的重大改革措施列入立法规划，适时修改或废止不适应改革要求的法律。2013年至2017年6月，全国人大常委会依照法定程序作出17项立法授权和改革决定，确保有关改革在法制框架内依法有序推进。推进民主立法，完善立法论证、听证、法律草案公开征求意见等制度，使每一项立法反映人民意志。截至2017年10月，十二届全国人大常委会已74次就法律草案公开征求意见。其中，就民法总则草案进行3次审议，3次向社会公开征求意见，组织数十场专家咨询会，共收到15422人次提出的70227条意见；收到针对刑法修正案（九）草案二次审议稿的意见达11万多条。

制定民法总则更加充分保障公民权益。十二届全国人大五次会议审议通过民法总则确立了保护权利的立法目的,明确了平等、自愿、公平、诚信等基本原则,彰显了意思自治和权益保护,体现出对个人全面保护、维护人的价值、保障人的发展条件的立法追求。强化了对财产权的保护,明确规定"民事主体的财产权利受法律平等保护",将物权法中的物权平等保护扩展到所有财产权的平等保护。加大对特定主体民事权利的保护,更好地保护未成年人的利益,将老年人纳入监护制度保护范围。构建完整的民事权利体系,明确规定隐私权受法律保护,强化对个人信息、数据和网络虚拟财产等的保护。

完善经济、社会和文化权利领域立法。明确税种的设立,税率的确定和税收征收管理等税收基本制度只能由法律规定。修改就业促进法、劳动合同法、安全生产法、职业病防治法,保障劳动者的合法权益。制定中医药法,修改食品安全法,提升人民群众健康权保障水平。修改人口与计划生育法,落实"全面两孩"政策,提倡一对夫妻生育两个子女。制定公共文化服务保障法和电影产业促进法,丰富公共文化服务内容,推进基本公共文化服务标准化、均等化,保障人民群众文化权益。修改教育法,促进教育公平,推动教育均衡发展,加快普及学前教育,构建覆盖城乡特别是农村的学前教育公共服务体系,更好保障公民受教育权。制定《居住证暂行条例》,推进城镇基本公共服务和便利常住人口全覆盖。全面修订环境保护法、大气污染防治法、野生动物保护法,修改海洋环境保护法、水污染防治法、环境影响评价法、固体废物污染环境防治法,制定环境保护税法,强化环境监管和责任追究,完善环境保护公益诉讼制度,保障公民的环境知情权、参与权和监督权。制定《不动产登记暂行条例》,明确各类不动产实行统一登记,有效保障不动产交易安全,保护不动产权利人合法财产权。修改消费者权益保护法,明确保护消费者个人信息,加大经营者欺诈赔偿责任,重点规制不公平格式条款,保护消费者合法权益。制定境外非政府组织境内活动管理法,促进境外非政府组织在中国境内依法开展交流与合作。制定慈善法,加强慈善组织、慈善活动监管,规范慈善财产使用,促进慈善事业发展,保障慈善组织、捐赠人、志愿者、受益人等慈善活动参与者的合法权益。

健全公民及政治权利领域立法。修改刑法,取消9个死刑罪名,提高对死缓罪犯执行死刑的门槛。修改民事诉讼法，明确检察机关可以提起民事公益诉讼。修改行政诉讼法，完善行政审判体制，扩大行政诉讼受案范围，放宽行政诉讼原告和第三人资格限制，加大对行政审判的监督和法院裁判的执行力度，保护行政诉讼当事人合法权益。全国人大常委会通过《关于废止有关劳动教养法律规定的决定》，废止劳动教养制度。实施宪法规定的特赦制度，对4类部分服刑罪犯实行特赦，彰显全面依法治国和人道主义精神。制定国家安全法、国家情报法、反间谍法、反恐怖主义法、网络安全法、核安全法等一系列法律，国务院及有关部门密集出台有关网络安全方面的行政法规、规章，最高人民法院、最高人民检察院制定《关于办理利用信息网络实施诽谤等刑事案件适用法律若干问题的解释》等司法解释，为维护国家安全、公共安全和公民人身财产安全提供坚实的法制保障。

加强特定群体权利保障立法。制定反家庭暴力法，设立公安告诫、人身安全保护令和强制报告等制度，明确加害人法律责任及追究程序，切实保护家庭暴力受害人特别是未成年人、老年人、残疾人、孕期和哺乳期妇女、重病患者的合法权益。修改刑法，加大对拐卖妇女儿童犯罪收买方的刑事处罚力度，将收买被拐卖妇女儿童的行为一律纳入刑事责任追究范围；明确规定，虐待被监护、看护的未成年人、老年人、患病的人、残疾人，情节恶劣的，追究刑事责任。制定《校车安全管理条例》，保障学生人身安全。制定、修改《无障碍环境建设条例》《残疾预防和残疾人康复条例》《残疾人教育条例》等，完善残疾人权益保障。探索建立法规政策性别平等评估机制，截至2017年6月，全国已有27个省（区、市）建立了此类机制。

二、依法行政保障公民合法权益

依法行政，建设法治政府，是人权法治化保障的重要环节。中共十八大以来，中国推进政府职权法定化，严格规范行政执法，强化对行政权力的制约和监督，全面实施《法治政府建设实施纲要（2015—2020年）》，有效维护广大人民群众合法权益。

依法明确行政权力边界。职权法定是依法行政的前提。国家加快推进行政机构、职能、权限、程序、责任法定化，禁止行政机关法外设定权力，把权力关进制度的笼子。深入推进行政审批制度改革，中共十八大以来，国务院部门累计取消行政审批事项618项，彻底清除非行政许可审批，中央指定地方实施行政许可事项目录清单取消269项，国务院行政审批中介服务清单取消320项，国务院部门设置的职业资格许可和认定事项削减比例达70%以上，3次修订政府核准的投资项目目录，中央层面核准的投资项目数量累计减少90%。实施权力清单、责任清单制度，将政府职能、法律依据、职责权限等内容以权力清单的形式向社会公开，截至2016年，全国31个省级政府部门均已公布权力清单。加强规范性文件监督管理，行政机关规范性文件不得设定行政许可、行政处罚、行政强制，各类行政法规、规章和规范性文件都已纳入备案审查范围，实现"有件必备，有备必审，有错必究"。

依法约束行政权力行使。建立权责统一、权威高效的行政执法体制。推进行政执法体制改革，在食品药品安全、工商质检、公共卫生、安全生产、资源环境、交通运输、城乡建设等领域进一步推行综合执法。完善行政执法程序，探索建立行政裁量基准制度。开展行政执法公示制度、执法全过程记录制度、重大执法决定法制审核制度试点。创新行政执法方式，推广说服教育、劝导示范、行政指导、行政奖励等非强制性执法手段。规范执法言行，推行人性化执法、柔性执法、阳光执法。实行行政执法人员持证上岗和资格管理制度。发布《关于深化公安执法规范化建设的意见》，全面建设法治公安，进一步细化公安执法标准和指引，完善执法监督管理体系，健全依法决策机制。截至2017年上半年，全国公安机关共有227.02万人次民警取得基本级执法资格，135.03万人次民警取得中级执法资格，4.08万人次民警取得高级执法资格。全方位开展审计工作，积极推进对公共资金、国有资产、国有资源和领导干部履行经济责任情况的审计全覆盖，定期向社会公告审计结果，充分发挥审计监督约束行政权力运行的作用。加大行政问责力度，推进责任政府建设，普遍建立行政机关内部重大决策合法性审查机制，探索建立和实施重大决策终身责任追究制度及责任倒查机制，按照"谁决策、谁负责"的原则，对超越权限、违反程序决策造成重大损失的，严肃追究决策者责任。实施《党政领导干部生态环境损害责任追究办法（试行）》，对25种党政领导干部生态环境损害情形实行党政同责、终身追责，提高各级领导干部保护自然生态和环境权利的责任意识。

依法保障公民在行政决策中的参与权。优化决策程序，把公众参与、专家论证、风险评估、合法性审查、集体讨论决定确定为重大行政决策法定程序。推行政府法律顾问制度和公职律师制度，推动县级以上各级党政机关普遍设立法律顾问、公职律师，为重大决策、重大行政行为提供法律意见。探索建立行政决策咨询论证专家库，对专业性、技术性较强的决策事项组织专家、专业机构进行论证，提高依法行政的能力水平。有关部门在规范网约车、快递行业等民生领域事项决策过程中广泛征求各方意见，统筹兼顾不同群体的利益诉求。

依法保障公民对行政权力的监督权。以政府信息公开条例为依据，坚持以公开为常态，不公开为例外原则，重点推进行政审批、财政预决算、保障性住房、食品药品安全、征地拆迁等领域的信息公开。创新政务公开方式，加强互联网政务信息数据服务平台和便民服务平台建设，提高政务公开信息化、集中化水平，增强公民获取信息的便捷性，126个政府单位政务网站完成了无障碍改造。建立对行政机关违法行政行为投诉举报登记制度，畅通举报邮箱、电子信箱、热线电话等监督渠道。发挥报刊、广播、电视等传统媒体监督作用，运用和规范网络监督。

依法治理侵犯公民生命健康财产权利的突出问题。对环境污染采取零容忍，依法清理"散乱污"企业、关停整改违法排污企业。在餐饮业实施"明厨亮灶"，加强稽查执法。在安全生产领域强化监管执法，不间断开展明查暗访、突击检查、随机抽查，全面排查各类风险隐患。集中打击电信网络诈骗犯罪，公安部、工业和信息化部等23个部门和单位建立打击治理电信网络新型违法犯罪工作部际联席会议制度，最高人民法院、最高人民检察院、公安部等部门联合发布《关于防范和打击电信网络诈骗犯罪的通告》，坚持侦查打击、重点整治、防范治理三管齐下，不断完善相关执法制度，有效遏制案发态势，维护了人民群众的生命财产安全。加强和创新社会治理，把社会治安专项治理与系统治理、综合治理、依法治理、源头治理结合起来，解决了一批影响社会治安的突出问题，人民群众安全感进一步增强。

三、有效提升人权司法保障水平

司法是人权保障的重要防线。中共十八大以来，中国坚持司法为民，将惩治犯罪与保障人权相统一，坚定不移推进司法体制改革，不断发展和完善中国特色社会主义司法制度，努力让人民群众在每一个司法案件中都感受到公平正义。

确保审判权检察权依法独立公正行使。全面落实司法责任制改革，健全司法人员分类管理制度，全面推开员额制改革，全国法官人数从19.88万人精简到12万人，检察官人数从15.8万人精简到8.6万人，司法人员正规化、专业化、职业化水平进一步提升。让审理者裁判，由裁判者负责，法官和检察官在职责范围内对案件质量终身负责。在严格落实司法责任制基础上，建立起符合司法人员职业特点的职业保障制度。健全司法人员依法履职保护机制，明确法官、检察官依法办理案件不受行政机关、社会团体和个人的干涉。推动省以下地方法院、检察院人财物省级统管，设立最高人民法院巡回法庭和跨行政区划法院、检察院，推进行政案件跨行政区划集中管辖。权责明晰、监管有效、保障有力的司法权运行机制不断完善。

推进以审判为中心的刑事诉讼制度改革。明确刑事诉讼各阶段的基本证据标准，做到案件事实证据经得起法律检验，确保无罪的人不受刑事追究，有罪的人受到公正惩罚。发布《关于推进以审判为中心的刑事诉讼制度改革的意见》及其实施意见，推进以审判为中心的刑事诉讼制度改革，严格贯彻罪刑法定、证据裁判、非法证据排除等法律原则，确保审判程序合法化、正当化，保证庭审在查明事实、认定证据、保护诉权、公正裁判中发挥决定性作用。坚持繁简分流，区别对待，在北京等18个城市开展刑事速裁程序改革试点，从2014年试点以来，试点法院速裁案件超过90%立案后10日内审结，被告人上诉率仅为2%，审判效果和诉讼效率明显提升，当事人权利得到有效保护。在这一试点基础上，进一步开展认罪认罚从宽制度改革试点，对于犯罪嫌疑人、被告人自愿认罪、自愿接受处罚、积极退赃退赔的，依法从宽处理，在提高诉讼效率的同时，有效减少社会对抗，及时修复社会关系。

保障人民群众诉讼权益。人民法院改立案审查制为立案登记制，切实做到有案必立、有诉必理，充分保障当事人的诉权。各级法院自2015年5月实施立案登记制以来，当场登记立案率保持在95%以上，截至2017年9月，登记立案数量超过3900万件。公安部发布《关于改革完善受案立案制度的意见》，规定对于群众报案、控告、举报、扭送，违法犯罪嫌疑人投案，以及上级机关交办或者其他机关移送的案件，属于公安机关管辖的，公安机关必须接受，不得推诿。截至2017年6月，全国省级公安机关都已出台受案、立案改革实施意见，18个省级公安机关增设了案管机构，使受案立案工作更加规范、高效、便民、公开。

坚持非法证据排除规则。严格落实刑事诉讼法关于非法证据排除规则的规定，进一步明确需要进行录音录像的案件范围、录制要求等，检察机关和公安机关在讯问职务犯罪案件，可能判处无期徒刑、死刑的案件，以及其他重大犯罪案件的嫌疑人时实行全程同步录音录像，规范侦查讯问活动。发布实施《关于办理刑事案件严格排除非法证据若干问题的规定》，进一步明确了刑事诉讼各环节非法证据的认定标准和排除程序，将以威胁、非法限制人身自由方法收集的证据纳入非法证据排除规则的适用对象，确立了重复性排除规则，强化了辩护人的非法证据排除权，明确了庭前会议对证据收集是否合法的初步审查功能，明确了非法获取的证人证言和被害人陈述以及实物证据的排除规则和当庭裁决原则。2013年以来，各级检察机关因排除非法证据决定不批捕2624人，不起诉870人。

防范和纠正冤假错案。公安部发布《关于进一步加强和改进刑事执法办案工作切实防止发生冤假错案的通知》等文件，深化错案预防机制制度建设，完善执法制度和办案标准，强化案件审核把关，规范考评奖惩，从源头上防止冤假错案的发生。司法部发布《关于进一步发挥司法鉴定制度作用防止冤假错案的意见》，全面加强司法鉴定管理，进一步规范司法鉴定活动。最高人民检察院发布《关于切实履行检察职能防止和纠正冤假错案的若干意见》，严把事实关、程序关和法律适用关，健全检察环节错案发现、纠正、防范和责任追究机制。最高人民法院发布《关于建立健全防范刑事冤假错案工作机制的意见》，规定对定罪证据不足的案件应当依法宣告被告人无罪，确保无罪的人不受刑事追究。各级法院依据事实和法律公正审判，并对冤假错案进行依法纠正。2013年至2017年，各级法院纠正重大冤假错案37件61人，共依法宣告4032名被告人无罪。

保障律师执业权利。律师执业权利保障水平，关系到当事人权利能否得到有效维护，关系到法律能否得到准确实施。中国制定或修改了多部法律法规和文件，律师的执业权利正在得到越来越充分的尊重和保障。发布《关于深化律师制度改革的意见》《关于依法保障律师执业权利的规定》《关于建立健全维护律师执业权利快速联动处置机制的通知》《关于进一步做好保障律师执业权利相关工作的通知》《关于开展刑事案件律师辩护全覆盖试点工作的办法》等，对律师执业权利保障规定了多层次的措施，着力解决当前律师权利保障中存在的突出问题，进一步明确了各部门对律师执业权利和人身权利的保障职责。最高人民法院开通律师服务平台，实现网上立案、网上阅卷、联系法官等功能，为律师行使执业权利提供便利条件。2013年以来，各级检察机关监督纠正有关机关及其办案人员阻碍律师依法执业的案件6542件。截至2017年3月，31个省级律师协会维权中心全部建成，大部分设区的市建立了维权中心，基本实现全覆盖。截至2017年8月，律师人数已达33万多人，律师事务所发展到2.6万多家。全国律师每年办理诉讼案件330多万件，办理非诉讼法律事务100多万件，年均承办法律援助案件50多万件，提供公益法律服务230多万件次，担任法律顾问50多万家。

保障犯罪嫌疑人、被告人、服刑人合法权利。完善对在押犯罪嫌疑人、被告人强制措施的解除和变更程序，减少羁押性强制措施适用，各级检察机关对不构成犯罪或证据不足的，依法决定不批捕或不起诉，对认为确有错误的刑事裁判依法提出抗诉。2012年至2016年，全国检察机关对不需要继续羁押的12552名犯罪嫌疑人建议释放或者变更强制措施。2016年，各级检察机关对侦查机关不应当立案而立案的，督促撤案10661件；监督纠正违法取证、违法适用强制措施等侦查活动违法情形34230件；对不构成犯罪或证据不足的，不批准逮捕132081人，不起诉26670人；对认为确有错误的刑事裁判提出抗诉7185件。改善羁押和监管条件，加强看守所和监狱的建设和管理，保障被羁押人、服刑人的人身安全和其他合法权利不受侵犯。截至2017年6月，全国看守所普遍建立被羁押人心理咨询室，有2501个看守所实现留所服刑罪犯互联网双向视频会见；全国2400多个看守所建立了法律援助工作站，为在押人员提供法律帮助。截至2016年，全国看守所均建立了在押人员投诉处理机制，有2489个看守所聘请了特邀监督员。完善刑罚执行制度，健全社区矫正制度。截至2017年6月，各地累计接收社区矫正对象343.6万人，累计解除社区矫正273.6万人，现有社区矫正对象70万人。全国共建立县（区）社区矫正中心2075个。现有社区服务基地25278个，教育基地9373个，就业基地8272个，社区矫正小组68.7万个。社区矫正对象在矫正期间的重新违法犯罪率为0.2%。

完善法律援助制度。加强刑事法律援助工作，落实刑事诉讼法及相关配套法规制度关于法律援助范围的规定，建立法律援助参与刑事和解、死刑复核案件办理工作机制和法律援助值班律师制度，健全依申请法律援助工作机制、办案机关通知辩护工作机制及法律援助参与刑事案件速裁程序试点工作机制，依法为更多的刑事诉讼当事人提供法律援助。扩大民事、行政法律援助覆盖面，与民生紧密相关的事项逐步纳入法律援助补充事项范围。放宽经济困难标准，法律援助门槛进一步降低，惠及更多困难群众。完善法律援助便民服务机制，努力实现法律援助咨询服务全覆盖，推进法律援助标准化建设。2013年至2016年，全国法律援助经费总额达到73亿元，共办理法律援助案件500余万件，受援群众超过557万人，提供法律咨询超过2800万人次。

强化未成年人刑事司法保护。坚持对犯罪的未成年人实行教育、感化、挽救的方针，实施判处五年有期徒刑以下的未成年人犯罪记录封存等制度。最高人民检察院成立未成年人检察工作办公室，截至2016年11月，全国有24个省级检察院、192个市级检察院、1024个基层检察院成立未成年人检察专门机构。推进少年法庭建设，截至2017年6月，全国共有少年法庭2200余个，少年法庭法官7000多名。近年来，未成年人重新犯罪率基本控制在1%—3%，未成年人罪犯数和犯罪案件数整体呈下降趋势。

完善国家赔偿制度和司法救助制度。出台《关于办理刑事赔偿案件适用法律若干问题的解释》，发布国家赔偿指导性案例，完善赔偿案件质证程序，规范精神损害抚慰金裁量标准。2013年至2017年6月，各级法院受理国家赔偿案件20027件。加强和规范国家救助工作，统一案件受理、救助范围、救助程序、救助标准、经费保障、资金方法，实现"救助制度法治化、救助案件司法化"。最高人民法院设立司法救助委员会，各级法院也相继成立司法救助委员会。2014年、2015年、2016年，中央与地方安排的救助资金总额分别为24.7亿元、29.4亿元、26.6亿元，共有26.8万余名当事人得到司法救助。

有效破解"执行难"。建立并运行覆盖全国法院的执行指挥系统和网络执行查控系统，健全联合信用惩戒体系，出台网络司法拍卖等涉执行司法解释和规范文件，案件执行质效显著提升。发布《关于加快推进失信被执行人信用监督、警示和惩戒机制建设的意见》，规定37项惩治"老赖"措施。完善包括先予执行在内的执行工作机制，切实有效缓解当事人困难。开展涉民生案件专项集中执行活动，着重执行涉及人民群众生存生活的追索劳动报酬、农民工工资、赡养费、抚养费等9类案件。2016年，全国法院共受理执行案件614.9万件，执结507.9万件，同比上升均超过三成；执行到位金额1.5万亿元，同比增加五成以上。

大力推进司法公开。人民法院建设审判流程公开、庭审活动公开、裁判文书公开、执行信息公开四大平台。截至2017年10月16日，中国审判流程信息公开网累计公开案件信息项83.3万项，访问量达253万次；截至2017年11月3日，各级法院通过中国庭审公开网直播庭审40.4万件，观看量达到30.1亿人次，全国共有3187家法院接入中国庭审公开网，覆盖率达90.43%；2013年7月，中国裁判文书网上线，截至2017年11月3日，公开裁判文书3634万份，访问量114亿次，访问范围覆盖210多个国家和地区；截至2017年9月30日，中国执行信息公开网累计公布失信被执行人861万人次，被执行人信息4509万条。检察机关建成案件信息公开系统，运行案件程序性信息查询、法律文书公开、重要案件信息发布和辩护与代理预约申请等四大平台，全面落实行贿犯罪档案公开查询，推行刑事诉讼案件公开听证。发布《关于进一步深化狱务公开的意见》，创新公开方式，深化公开内容，依法公开罪犯减刑、假释提请建议和暂予监外执行决定。

完善人民陪审员、人民监督员制度。发布《人民陪审员制度改革试点方案》和《深化人民监督员制度改革方案》，改革选任办法，扩大陪审案件、监督案件的范围，充分发挥人民陪审员、人民监督员作用。2016年，全国人民陪审员共参审案件306.6万件。人民监督员制度改革试点深入推进，截至2017年6月，共选任人民监督员2.1万余人。全国各级检察机关积极组织案件监督，完善监督评议程序，建立职务犯罪案件台账，建设人民监督员评议厅。2014年9月到2017年7月，各级检察机关接受人民监督员监督评议的案件共7491件，监督评议后人民监督员不同意检察机关拟处理意见的247件，检察机关采纳76件，采纳率30.8%。

运用现代科技促进公正审判。适应互联网业态发展，设立互联网法院。"智慧法院"建设全面推进，运用大数据、云计算等信息网络技术对各类审判信息资源进行规范化管理和统计分析，统一裁判尺度特别是刑事证据标准，促进类案同判和量刑规范化，防范冤假错案发生，保障当事人获得公正审判。推进"互联网+诉讼服务"建设，开展网上立案、在线调解、远程庭审、电子送达、网上公开等司法便民服务措施。开通"法信——中国法律应用数字网络服务平台"，为法官、律师提供法律文件检索、专业知识解决方案、类案剖析等服务，提升审判质量和效率，并向社会大众提供法律规范和裁判规则参考，进一步满足不同主体的多元司法需求。

四、夯实人权法治化保障的社会基础

建设法治社会，是实现人权法治化保障的社会基础。中共十八大以来，中国努力提升全民法治意识，全面推进法治社会建设，为人权法治化保障营造良好的社会环境。

强化国家工作人员的法治观念和人权保障意识。实行宪法宣誓制度，要求凡经各级人民代表大会及县级以上各级人民代表大会常务委员会选举或者决定任命的国家工作人员以及各级人民政府、人民法院、人民检察院任命的国家工作人员，在就职时应当公开进行宪法宣誓，激励和教育国家工作人员忠于宪法、遵守宪法、维护宪法，加强宪法实施。发布《党政主要负责人履行推进法治建设第一责任人职责规定》，规定县级以上地方党委和政府主要负责人是推进法治建设第一责任人，履职情况纳入政绩考核指标体系。发布《关于完善国家工作人员学法用法制度的意见》，把遵守法律、依法办事作为考察干部的重要依据。各地普遍建立了党委（党组）理论学习中心组学法制度，把法治纳入干部录用和晋职培训，列入各级党校和干部学院的必修课，人权知识被普遍纳入教学内容。国务院新闻办公室和国家人权教育与培训基地针对国家公职人员举办多期人权知识培训班，传播人权知识，提升人权意识。

在全社会普及人权和法治观念。确定每年12月4日为国家宪法日，在全社会普遍开展宪法教育，弘扬宪法精神。实施"六五普法"规划和"七五普法"规划，推进全民普法和守法。发布《关于实行国家机关"谁执法谁普法"普法责任制的意见》，明确国家机关是法治宣传教育的责任主体。发布《青少年法治教育大纲》，把法治教育纳入国民教育体系，培育青少年法治观念、普及法治知识、养成守法意识，提高运用法律方法维护自身权益、通过法律途径参与国家和社会生活的意识和能力。截至2016年，全国共建立法治教育基地3.2万多个，96.5%以上的中小学配备了法制副校长或者法制辅导员。各中小学结合学生年龄特点，在相关课程教学中融入人身权利、受教育权利、经济权利等学习内容，增强学生的权利意识。以促进诚信守法、依法经营为重点，加强企业法治文化建设，增强企业职工权益保障意识。集中开展进城务工人员法律知识培训、法治宣传周等活动，增进农民和进城务工人员的法治观念和权利意识。在北京、上海、天津、重庆、广州等地设立8个国家人权教育与培训基地，广泛开展人权理论研究和人权教育培训。

加强公共法律服务和人民调解工作。发布《关于推进公共法律服务体系建设的意见》，加快推进公共法律服务体系一体化建设，促进公共法律服务均等化。增加公共法律服务供给，消除无律师县，建立集律师、公证、司法鉴定、人民调解等功能于一体的公共法律服务大厅，推广"一村一社区一法律顾问"制度，完善"12348"免费法律咨询服务热线，使人民群众能便捷获得法律服务，有效维护人民群众自身权益。重点加强行业性、专业性人民调解工作，依法及时化解医疗、劳动等领域矛盾纠纷。2013年至2016年，共调解各类矛盾纠纷

3719.4万件，其中行业、专业领域矛盾纠纷545万件。截至2016年，全国共有人民调解组织78.4万个，人民调解员385.2万人，覆盖全国城乡社区。2013年至2016年，每年调解矛盾纠纷900多万件，调解成功率达97%以上，促使大量矛盾纠纷化解在基层。

保障基层民众自治权利。不断完善基层群众自治，加强城乡社区协商，完善城乡居民诉求表达、利益协调和权益保障机制。截至2016年，全国共有约85%的村建立村民会议或村民代表会议制度，89%的社区建立居民（成员）代表大会，64%的社区建立协商议事委员会，"村民议事""小区协商""业主协商""村（居）民决策听证"等协商形式在全国城乡社区逐步推广。截至2016年，全国98%的村制定了村规民约或村民自治章程，城市社区普遍制定了居民公约或居民自治章程，村规民约、社区公约等在社会治理中的作用得到发挥。

发挥群团组织、社会组织维护公民合法权益的积极作用。工会、共青团、妇联等群团组织通过多种渠道反映民众诉求，在反家庭暴力法、劳动保障监察条例等法律法规的制定过程中积极建言献策。各级工会履行劳动法律监督职责，开展重大劳动违法典型案件公开曝光工作，积极维护劳动者合法权益。截至2016年，全国共有工会劳动法律监督组织近99万个，工会劳动法律监督员199万人。2012年至2016年，县以上妇联系统通过12338热线等渠道受理妇女权益投诉133万余件次，基层妇联协调专业力量共同为权益受侵害的妇女提供矛盾排查、纠纷化解、法律援助、关爱帮扶的综合维权服务。各类社会组织在维护合法权益、表达正当诉求、参与公共事务管理中发挥重要作用。截至2017年6月，全国依法登记的社会组织约72.5万个，其中社会团体34.4万个，社会服务机构37.5万个，基金会5919个。慈善类社会组织在扶贫济困救灾和应对各类突发事件中的优势和作用得到充分发挥。政府向社会组织购买服务力度加大，2017年，中央财政全年共立项474个，立项总资金18206万元，配套资金7668万元，预计直接受益群众超过107.84万人，培训社会组织负责人近7400人。

五、加强党对人权法治化保障的领导

中国是一个有着13亿多人口的大国，中国共产党是一个有着8900多万党员的大党,在中国的政治生活中,中国共产党居于领导地位。党的领导是中国特色社会主义法治最根本的保证,也是中国实现人权法治化保障的最大优势。中共十八大以来,中国共产党坚持"尊重和保障人权"原则,不断加强和改进党对法治工作的领导,坚持依法执政,坚持依法治国和依规治党有机统一,加强党内法规制度建设,在法治建设的各个关键环节上为推进中国人权法治化保障提供强有力的政治保证。

将尊重和保障人权纳入依法治国基本方略。中共十八大提出"加快建设社会主义法治国家",并将"人权得到切实尊重和保障"作为全面建成小康社会的重要目标。中共十八届三中全会提出"推进法治中国建设"并强调"完善人权司法保障制度"。中共十八届四中全会通过《关于全面推进依法治国若干重大问题的决定》,从6个领域、30个方面对科学立法、严格执法、公正司法、全民守法、法治队伍建设、加强和改进党对全面推进依法治国的领导等各方面提出190项重大举措,对加强中国特色社会主义法治体系建设,加快建设社会主义法治国家作出具体部署,明确提出"加强人权司法保障"的各项具体任务。中共十九大提出必须把党的领导贯彻落实到依法治国全过程和各方面,坚持依法治国和依规治党有机统一,成立中央全面依法治国领导小组,加强对法治中国建设的统一领导,维护国家法制统一、尊严、权威,加强人权法治保障,保证人民依法享有广泛权利和自由。

坚持依法执政和依规治党。法治是治国理政的基本方式。中国共产党坚持把依法治国基本方略同依法执政基本方式统一起来,把党总揽全局、协调各方同人大、政府、政协、审判机关、检察机关依法依章程履行职能、开展工作统一起来,把党领导人民制定和实施宪法法律同党坚持在宪法法律范围内活动统一起来。制定《中共中央关于加强党领导立法工作的意见》,要求起草政治方面以及重大经济社会方面的法律法规,应经过党中央或者同级党委(党组)讨论。强调坚持民主决策、集体领导原则,集体研究决定立法中的重大问题,使党对立法工作的领导进一步制度化、规范化、民主化。中共十八大以来,中共中央政治局先后多次组织以法治为主题的集体学习,要求党的领导干部做尊法学法守法用法的模范,各级党委要重视法治培训,完善学法制度,提升干部法治素养；要求各级领导干部提高运用法治思维和法治方式的能力，努力以法治凝聚改革共识、规范发展行为、促进矛盾化解、保障社会和谐。中共十八大以来，先后制定或修订《关于新形势下党内政治生活的若干准则》《中国共产党党内监督条例》等具有标志性、关键性、引领性的党内法规，由党章和准则、条例、规则、规定、办法、细则等构成的党内法规制度体系逐步形成。对新中国成立以来至2012年6月期间中央党内法规和规范性文件进行了全面清理，在规范党组织工作、活动和党员行为的1178件党内法规和规范性文件中，经过清理宣布失效369件，废止322件，继续有效487件。

支持司法机关依法独立公正行使职权。《中共中央关于全面推进依法治国若干重大问题的决定》提出要完善确保依法独立公正行使审判权和检察权的制度，明确要求各级党政机关和领导干部要支持法院、检察院依法独立公正行使职权。制定《领导干部干预司法活动、插手具体案件处理的记录、通报和责任追究规定》，明确所有干预司法活动、插手具体案件处理的情况都要记录，属于违法干预司法活动、插手具体案件处理的要通报，违法干预造成后果的要追责，保障司法机关依法独立公正行使职权。

加强对权力的监督和制约。中共十八大以来，始终坚持加强党内法规制度建设，强化权力运行制约和监督，让人民监督权力，坚持用制度管权管人管事。中共十八届六中全会通过《关于新形势下党内政治生活的若干准则》，明确进一步完善权力运行制约和监督机制，形成有权必有责、用权必担责、滥权必追责的制度安排；规定实行权力清单制度、公开权力运行过程和结果、健全不当用权问责机制、加强对领导干部的监督等；要求党的各级组织和领导干部必须在宪法法律范围内活动，自觉按法定权限、规则、程序办事，决不能以言代法、以权压法、逐利违法、徇私枉法，保证把人民赋予的权力真正用来为人民谋利益。《中国共产党党内监督条例》明确规定，党的领导机关和领导干部特别是主要领导干部是党内监督的重点对象，构建起党中央统一领导、党委（党组）全面监督、纪律检查机关专责监督、党的工作部门职能监督、党的基层组织日常监督、党员民主监督的党内监督体系。中共十九大报告提出，健全党和国家监督体系，深化国家监察体制改革，将试点工作在全国推开，组建国家、省、市、县监察委员会，实现对所有行使公权力的公职人员监察全覆盖；制定国家监察法，依法赋予监察委员会职责权限和调查手段，用留置取代"两规"措施。

坚决惩治腐败保障人民利益。中国共产党以零容忍态度惩治腐败，先后制定修订廉洁自律准则和纪律处分、问责、党内监督、巡视工作等条例，建立了系统性预防和惩治腐败的制度体系。中共十八大以来，中共中央纪委共立案审查省军级以上党员干部及其他中管干部440余人，全国纪检监察机关处分153.7万人，其中厅局级干部8900余人，县处级干部6.3万人，涉嫌犯罪被移送司法机关处理5.8万人。在强有力的执纪震慑下，2016年有5.7万名党员干部主动交代违纪问题。自2014年初至2017年8月，全国共有6100余个单位党委（党组）、党总支、党支部，300余个纪委（纪检组）和6万余名党员领导干部被问责。组织开展12轮中央巡视，对277个地方、部门和单位的党组织进行巡视，对16个省区市开展"回头看"，对4个单位进行"机动式"巡视，实现党的历史上首次一届任期内中央巡视全覆盖。中央纪委设立47家派驻纪检组，实现对139家中央一级党和国家机关派驻监督全覆盖。2016年国家统计局问卷调查结果显示，人民群众对党风廉政建设和反腐败工作的满意度从2013年的81%增长到2016年的92.9%。

六、积极促进全球人权法治建设

中国始终是世界和平的建设者，全球发展的贡献者，国际秩序的维护者。中国政府倡导构建人类命运共同体，积极参与国际人权法治体系建构，认真履行国际人权义务，深入开展司法领域国际合作，推进全球人权事业健康发展。

倡导构建人类命运共同体。2013年3月，中国国家主席习近平在莫斯科国际关系学院演讲中首次提出"命运共同体"理念。2015年9月，习近平主席在联合国成立70周年系列峰会上全面阐述了打造人类命运共同体的主要内涵。2017年1月，习近平主席在日内瓦万国宫出席"共商共筑人类命运共同体"高级别会议，并发表题为《共同构建人类命运共同体》的主旨演讲。在演讲中，习近平主席深刻、全面、系统阐述人类命运共同体理念，主张共同推进构建人类命运共同体伟大进程，坚持对话协商、共建共享、合作共赢、交流互鉴、绿色低碳，建设一个持久和平、普遍安全、共同繁荣、开放包容、清洁美丽的世界。习近平主席的重要讲话为应对当前突出全球性挑战指明了根本出路，对完善国际人权治理也具有重要启示。"构建人类命运共同体"理念被联合国大会、安全理事会、人权理事会等载入相关决议，标志着这一理念成为国际人权话语体系的重要组成部分，拓宽了国际人权保障视野，为推进全球人权治理朝着公正合理的方向发展发挥了重要作用。

积极参与涉人权保障国际规则制定。中国是联合国的创始会员国，参与了《联合国宪章》《世界人权宣言》和一系列国际人权文献的制定工作，为国际人权规则体系发展作出了重要贡献。参与了《维也纳宣言与行动纲领》《发展权利宣言》《儿童权利公约》《残疾人权利公约》《和平权利宣言》《消除对妇女一切形式歧视公约》等的制定，在以《联合国气候变化框架公约》为主渠道的气候变化国际谈判中发挥建设性作用，推动气候变化《巴黎协定》的达成和生效。中国提出"一带一路"重大倡议，大力推动经济、环境保护、医疗卫生、青少年、儿童保护与发展、网络空间治理、反腐败、禁毒等领域国际合作规则制定。

认真履行国际人权义务。中国已参加包括《经济、社会及文化权利国际公约》《儿童权利公约》《残疾人权利公约》《消除对妇女一切形式歧视公约》《消除一切形式种族歧视国际公约》《禁止酷刑和其他残忍、不人道或有辱人格的待遇或处罚公约》等26项国际人权公约，并积极为批准《公民及政治权利国际公约》创造条件。中国重视国际人权文书对促进和保护人权的重要作用，认真履行条约义务，及时向相关条约机构提交履约报告，与条约机构开展建设性对话，并充分考虑条约机构提出的建议与意见，结合中国国情对合理可行的建议加以采纳和落实。2012年，中国执行《残疾人权利公约》首次报告顺利通过审议。2013年，中国执行《儿童权利公约》第三、四次合并报告和执行《〈儿童权利公约〉关于儿童卷入武装冲突问题的任择议定书》首次报告顺利通过审议。2014年，中国接受第二轮国别人权审查报告获得人权理事会核可，中国执行《经济、社会及文化权利国际公约》第二次履约报告顺利通过审议，中国执行《消除对妇女一切形式歧视公约》第七、八次合并报告接受消除对妇女歧视委员会审议。2015年，中国执行《禁止酷刑和其他残忍、不人道或有辱人格的待遇或处罚公约》第六次报告接受禁止酷刑委员会审议。中国积极参加国际维和行动，自1990年至2017年8月，累计派出维和军事人员3.6万人次，先后参加了24项联合国维和行动。2017年，建成8000人规模的维和待命部队。

有效开展司法领域国际合作。中国已加入《海牙送达公约》《海牙取证公约》和《联合国打击跨国有组织犯罪公约》。截至2016年，中国已与19个国家签订了民（商）刑事司法协助条约（协定），均已生效；与40个国家签订了刑事司法协助条约（协定），其中32个已生效；与20个国家签订了民（商）事司法协助条约（协定），其中17个已生效。2013年至2016年，中国中央机关平均每年处理的各类司法协助请求总数在3300件以上。加强国际反腐败合作，推动通过《二十国集团反腐败追逃追赃高级原则》《二十国集团2017—2018年反腐败行动计划》，确立以"零容忍、零漏洞、零障碍"为主要内容的反腐败追逃追赃10条原则。开展"天网行动"，加大海外追逃、遣返引渡力度。2014年至2017年10月中旬，共从90多个国家和地区追回外逃人员3453名，追赃95.1亿元，"百名红通人员"48人。

积极参与国际执法安全合作。中国同国际社会一道共同打击恐怖主义、分裂主义、极端主义犯罪和毒品犯罪。在联合国、国际刑警组织、上海合作组织、东南亚国家联盟、金砖国家等国际和区域性组织框架内加强反恐合作，打击一切恐怖势力。与有关国家通过高层交往、机制性磋商、签署合作协定等方式加强在反恐问题上的交流与合作，加大对"三股势力"的打击力度。积极参与制定应对世界毒品问题的有关国际文件，与周边国家开展打击贩毒走私活动。在中老缅泰湄公河流域执法安全合作机制内，持续开展"平安航道"联合扫毒行动。2016年，在中国承办的第二阶段"平安航道"联合扫毒行动中，中国、老挝、缅甸、泰国、柬埔寨、越南六国共破获毒品刑事案件6476起，抓获犯罪嫌疑人9927人，缴获各类毒品12.7吨、易制毒化学品55.2吨。

结束语

推进全面依法治国，不仅使建设社会主义法治国家迈出了重要步伐，也使中国的人权法治化保障达到了一个新的高度。事实表明，中国人民从来没有像今天这样享有如此充分的经济、社会、文化权利和公民及政治权利，中国人权事业的发展正如沐春风、充满生机。

社会主义初级阶段，是当今中国的基本国情和最大实际。坚持全面依法治国，建设法治国家、法治政府、法治社会，实现国家治理体系和治理能力现代化，实现更高水平的人权法治化保障，仍有许多工作要做，还有很长的路要走，需要作出长期不懈努力。

中国共产党第十九次全国代表大会已就深化全面依法治国实践作出重大部署。当前，在习近平新时代中国特色社会主义思想指导下，在以习近平同志为核心的党中央坚强领导下，中国人民正在为实现"两个一百年"奋斗目标和中华民族伟大复兴的中国梦而努力。在实现伟大梦想的征程上，社会主义法治国家建设必将取得更加丰硕的成果，中国的人权法治化保障水平必将得到更大提升，中国必将为发展人类政治文明作出新的更大的贡献。

中国保障宗教信仰自由的政策和实践

中华人民共和国国务院新闻办公室

2018 年 4 月

前言

中国是共产党领导的社会主义国家。中国始终坚持从本国国情和宗教实际出发,实行宗教信仰自由政策,保障公民宗教信仰自由权利,构建积极健康的宗教关系,维护宗教和睦与社会和谐。中共十八大以来,在以习近平同志为核心的党中央坚强领导下,中国全面推进依法治国,把宗教工作纳入国家治理体系,用法律调节涉及宗教的各种社会关系,宗教工作法治化水平不断提高。信教公民和不信教公民相互尊重、和睦相处,积极投身改革开放和社会主义现代化建设,共同为实现中华民族伟大复兴的中国梦贡献力量。

一、保障宗教信仰自由的基本政策

中国实行宗教信仰自由政策,依法管理宗教事务,坚持独立自主自办原则,积极引导宗教与社会主义社会相适应,最大限度团结广大信教公民和不信教公民。

实行宗教信仰自由政策。尊重和保护宗教信仰自由是中国共产党和中国政府对待宗教的基本政策。每个公民既有信仰宗教的自由,也有不信仰宗教的自由;有信仰某一种宗教的自由,也有在同一宗教中信仰某个教派的自由;有过去不信教而现在信教的自由,也有过去信教而现在不信教的自由。信教公民同不信教公民一样,享有同等政治及经济社会文化等方面的权利,不会因信仰不同造成权利上的不平等。国家尊重公民宗教信仰自由，保护正常宗教活动；公民行使宗教信仰自由权利，不得妨碍其他公民的合法权利，不得强制他人信仰宗教，不得歧视不信教或者信仰其他宗教的公民，不得利用宗教妨害公民合法权益。行使宗教信仰自由权利必须尊重公序良俗，尊重文化传统和社会伦理道德。

依法管理宗教事务。国家对待各宗教一律平等，一视同仁，不以行政力量发展或禁止某个宗教，任何宗教都不能超越其他宗教在法律上享有特殊地位。国家依法对涉及国家利益和社会公共利益的宗教事务进行管理，但不干涉宗教内部事务。国家依法保护公民宗教信仰自由权利，保护正常宗教活动和宗教界合法权益，制止非法宗教活动，禁止利用宗教宣传极端思想和从事极端活动，抵御境外势力利用宗教进行渗透，打击利用宗教进行的违法犯罪活动。信教公民应当遵守宪法、法律、法规和规章。宗教在国家法律范围内开展活动，不得干预行政、司法、教育等国家职能的实施。不得恢复已经被废除的宗教封建特权，不得利用宗教从事危害社会稳定、民族团结和国家安全的活动。

坚持独立自主自办原则。宗教团体和宗教事务不受外国势力的支配，是中国宪法确定的原则。中国政府依照宪法和法律，支持各宗教坚持独立自主自办原则，各宗教团体、宗教教职人员和信教公民自主办理宗教事业。独立自主自办原则是中国人民在民族独立、社会进步的斗争中，基于天主教和基督教长期被殖民主义、帝国主义所控制和利用，被称作"洋教"的屈辱历史，由中国信教公民自主作出的历史性选择。这一原则，顺应了中国人民谋求民族独立、人民解放的历史潮流，顺应了实现中华民族伟大复兴的中国梦的时代要求，使中国宗教的面貌焕然一新，得到国际宗教友好人士的普遍理解、尊重和支持。坚持独立自主自办原则，不是要断绝中国宗教组织同境外宗教组织的正常联系。中国政府支持和鼓励各宗教在独立自主、平等友好、相互尊重的基础上，开展对外交流交往，建立、发展、巩固同海外宗教界的友好关系，增信释疑，展示良好形象。对境外组织和个人利用宗教从事各种违反中国宪法、法律、法规和政策的活动，控制中国宗教组织、干涉中国宗教事务，甚至企图颠覆中国政权和社会主义制度，中国政府坚决反对并将依法处置。

积极引导宗教与社会主义社会相适应。积极引导宗教与社会主义社会相适应，就是要引导信教公民热爱祖国、热爱人民，维护祖国统一，维护中华民族大团结，服从服务于国家最高利益和中华民族整体利益；就是要引导宗教界拥护中国共产党领导、拥护社会主义制度，坚持走中国特色社会主义道路，坚持宗教中国化方向，积极践行社会主义核心价值观，弘扬中华优秀传统文化，努力把宗教教义教规同中华优秀传统文化相融合，遵守国家法律法规，自觉接受国家依法管理。

二、宗教信仰自由权利的法律保障

中国特色社会主义法律体系不断完善，宗教信仰自由权利保障的法治化水平不断提高，政府对宗教事务的管理更加规范，对广大信教公民合法权益的保护更加全面有力。

宗教信仰自由权利受中国宪法保障。《中华人民共和国宪法》第三十六条规定："中华人民共和国公民有宗教信仰自由。"同时规定："国家保护正常的宗教活动。""任何国家机关、社会团体和个人不得强制公民信仰宗教或者不信仰宗教，不得歧视信仰宗教的公民和不信仰宗教的公民。""任何人不得利用宗教进行破坏社会秩序、损害公民身体健康、妨碍国家教育制度的活动。""宗教团体和宗教事务不受外国势力的支配。"这些规定为国家保障宗教信仰自由权利、依法管理宗教事务、构建积极健康的宗教关系提供了宪法依据。

宗教信仰自由权利保障体现于基本法律之中。《中华人民共和国刑法》《中华人民共和国国家安全法》《中华人民共和国反恐怖主义法》等法律均有保护公民宗教信仰自由的相关规定。《中华人民共和国全国人民代表大会和地方各级人民代表大会选举法》《中华人民共和国人民法院组织法》《中华人民共和国人民检察院组织法》《中华人民共和国城市居民委员会组织法》《中华人民共和国村民委员会组织法》《中华人民共和国刑事诉讼法》《中华人民共和国教育法》《中华人民共和国劳动法》《中华人民共和国就业促进法》《中华人民共和国工会法》等法律贯彻平等保护原则，规定公民在各级人民代表大会和基层群众性自治组织中的选举权和被选举权、法律适用上的平等权、受教育权、平等就业权和自主择业权、依法参加和组织工会的权利等不因宗教信仰而有区别，不因宗教信仰而受歧视。《中华人民共和国民族区域自治法》规定，民族自治地方的自治机关保障各民族公民有宗教信仰自由。《中华人民共和国未成年人保护法》规定，未成年人不分宗教信仰，依法平等享有生存权、发展权、受保护权、参与权、受教育权等权利。《中华人民共和国广告法》规定，广告不得含有宗教歧视的内容。《中华人民共和国刑法》规定，国家机关工作人员非法剥夺公民的宗教信仰自由，情节严重的，追究刑事责任。《中华人民共和国民法总则》规定，依法设立的宗教活动场所，具备法人条件的，可以申请法人登记，取得捐助法人资格。

宗教事务行政法规更加完善。2017年修订公布的《宗教事务条例》，强化了对公民宗教信仰自由和宗教界合法权益的保障，依法规范政府管理宗教事务的行为，增加了维护国家安全和社会和谐的内容。条例规定了宗教团体、宗教活动场所和信教公民在设立宗教活动场所、举行宗教活动、开办宗教院校、申请法人资格、出版发行宗教书刊、接受宗教捐献、管理宗教财产、开展公益慈善和对外交流活动等方面的权利和义务。条例明确了遏制宗教商业化，增加了关于互联网宗教信息服务的内容,同时规定,各级地方人民政府应当为宗教团体、宗教院校和宗教活动场所提供公共服务；各级地方人民政府应当将宗教活动场所建设纳入土地利用总体规划和城乡规划；任何组织或者个人不得在信教公民与不信教公民之间制造矛盾与冲突；出版物、互联网不得发布歧视信教公民或不信教公民的言论。

外国人在中国境内的宗教活动依法受到保护。《中华人民共和国境内外国人宗教活动管理规定》强调，中国政府尊重在中国境内外国人的宗教信仰自由，保护外国人在宗教方面同中国宗教界的友好交往和文化学术交流活动。境内外国人可以在寺庙、宫观、清真寺、教堂等宗教活动场所参加宗教活动，经省、自治区、直辖市以上的宗教团体邀请可以在宗教活动场所讲经、讲道，可以在县级以上人民政府宗教事务部门认可的场所举行外国人参加的宗教活动，可以邀请中国宗教教职人员为其举行洗礼、婚礼、葬礼和道场法会等宗教仪式，可以携带符合规定的宗教印刷品、宗教音像制品和其他宗教用品入境。同时规定，外国人在中国境内进行宗教活动，应当遵守中国法律、法规。外国人和外国组织不得在中国境内成立宗教组织、设立宗教办事机构和宗教活动场所、开办宗教院校、擅自招收留学生，不准在中国公民中发展教徒、委任宗教教职人员或进行其他传教活动。《中华人民共和国境外非政府组织境内活动管理法》规定，境外非政府组织在中国境内不得非法从事或者资助宗教活动。

依法打击宗教极端势力和暴力恐怖活动。《中华人民共和国反恐怖主义法》规定，国家反对一切形式的以歪曲宗教教义或者其他方法煽动仇恨、煽动歧视、鼓吹暴力等极端主义，禁止任何基于地域、民族、宗教等理由的歧视性做法。《宗教事务条例》规定，不得宣扬、支持、资助宗教极端主义，不得利用宗教破坏民族团结、分裂国家和进行恐怖活动。国家采取措施遏制宗教极端主义传播、蔓延，同时特别注意防止把暴力恐怖活动、宗教极端主义与特定民族或特定宗教联系在一起。

三、宗教活动有序开展

中国主要有佛教、道教、伊斯兰教、天主教和基督教等宗教，信教公民近2亿，宗教教职人员38万余人。佛教和道教信徒众多，但普通信徒没有严格的入教程序，人数难以精确统计。佛教教职人员约22.2万人。道教教职人员4万余人。10个多数人信仰伊斯兰教的少数民族总人口2000多万人，伊斯兰教教职人员5.7万余人。天主教信徒约600万人，宗教教职人员约0.8万人。基督教信徒3800多万人，宗教教职人员约5.7万人。中国还存在多种民间信仰，与当地传统文化和风俗习惯结合在一起，参与民间信仰活动的群众较多。中国的宗教团体约5500个，其中全国性宗教团体7个，分别为中国佛教协会、中国道教协会、中国伊斯兰教协会、中国天主教爱国会、中国天主教主教团、中国基督教三自爱国运动委员会、中国基督教协会。

宗教活动场所条件明显改善。国家依法对信教公民开展集体宗教活动的场所进行登记，将其纳入法律保护范围，确保宗教活动规范有序进行。目前依法登记的宗教活动场所14.4万处。佛教寺院约3.35万座，其中汉传佛教2.8万余座，藏传佛教3800余座，南传佛教1700余座。道教宫观9000余座。伊斯兰教清真寺3.5万余处。天主教教区98个，教堂和活动堂点6000余处。基督教教堂和聚会点约6万处。宗教团体、宗教活动场所执行国家统一的税收制度，按照国家有关规定缴纳税收和享受税收优惠；水、电、气、暖、道路、通讯，以及广播电视、医疗卫生等公共服务延伸和覆盖到宗教活动场所。

宗教典籍文献依法出版。多语种、多版本的宗教经典以及记载、阐释、注解宗教教义、教规的印刷品、音像制品和电子读物的印制出版流通，满足了各族信教公民的多样化需求。整理出版《大藏经》《中华道藏》《老子集成》等大型宗教古籍文献。西藏寺庙的传统印经院得到保留和发展，现有布达拉宫印经院等传统印经院60家，年印经卷6.3万种。已翻译出版发行汉、维吾尔、哈萨克、柯尔克孜等多种文字版的《古兰经》等伊斯兰教经典，编辑发行《新编卧尔兹演讲集》系列等读物和杂志，总量达176万余册。中国已为100多个国家和地区累计印刷超过100个语种、1.6亿多册《圣经》，其中为中国教会印刷约8000万册，包括汉语和11种少数民族文字以及盲文版。许多宗教团体和活动场所开设了网站，中国伊斯兰教协会开通中文版和维吾尔文版网站。

宗教教育体系更加完善。截至2017年9月，经国家宗教事务局批准设立的宗教院校共91所，其中佛教41所，道教10所，伊斯兰教10所，天主教9所，基督教21所。全国性宗教院校6所，分别为中国佛学院、中国藏语系高级佛学院、中国道教学院、中国伊斯兰教经学院、中国天主教神哲学院、金陵协和神学院。宗教院校在校学生1万多人，历届毕业生累计4.7万余人。

宗教教职人员社会保障更加有力。2010年有关部门联合发布《关于妥善解决宗教教职人员社会保障问题的意见》，2011年又联合发布《关于进一步解决宗教教职人员社会保障问题的通知》，将宗教教职人员纳入社会保障体系。截至2013年年底，宗教教职人员医疗保险参保率达到96.5%，养老保险参保率达到89.6%，符合条件的全部纳入低保，基本实现了社保体系全覆盖。

信教公民的宗教活动有序进行。公民在宗教活动场所内以及按照宗教习惯在自己家里进行的一切正常的宗教活动，如礼拜、封斋、拜佛、祈祷、讲经、讲道、诵经、烧香、弥撒、受洗、受戒、终傅、追思、过宗教节日等，受法律保护，任何组织和个人不得加以干涉。藏传佛教寺庙学经、辩经、受戒、灌顶、修行等传统宗教活动和寺庙学经考核晋升学位活动正常进行，每逢重大宗教节日都循例举行各种宗教活动。穆斯林在饮食、衣饰、年节、婚姻、丧葬等方面的风俗习惯得到充分尊重。中国伊斯兰教协会每年组织穆斯林赴沙特参加朝觐活动，从 2007 年起，每年人数均在 1 万人以上。

扰乱宗教领域正常秩序的行为得到纠正。自 2012 年起，有关部门依据《关于处理涉及佛教寺庙、道教宫观管理有关问题的意见》，开展联合督查，集中治理宗教活动场所"被承包""被上市"等乱象。2017 年国家宗教事务局等 12 个部门制定下发了《关于进一步治理佛教道教商业化问题的若干意见》，禁止商业资本介入宗教活动场所，防止借教敛财等行为扰乱宗教活动正常秩序。有关部门加大对互联网宗教事务的管理，及时处理涉及宗教的违法信息，保护宗教界的合法权益。

四、宗教界的作用得到充分发挥

中国鼓励各宗教与时俱进，与社会主义社会相适应，为促进经济发展、社会和谐、文化繁荣、民族团结、祖国统一贡献力量。

努力对教义教规作出契合国情和时代要求的阐释。中国各宗教在发展过程中历来有与中国优秀传统文化相融合、与社会发展现实需求相适应的特点。中国宗教界坚持宗教中国化方向，践行社会主义核心价值观，弘扬中华民族优良传统，积极探索符合中国国情的宗教思想。在保持基本信仰、核心教义、礼仪制度的同时，佛教界和道教界开展讲经交流活动，伊斯兰教界开展"解经"工作，天主教界推进民主办教，基督教界开展神学思想建设，努力对宗教教义教规作出契合国情和时代要求的阐释。佛教界将爱国与爱教结合起来，更多关注现世问题，更加注重弘法利生、公益慈善、文化交流。道教界致力于尊道贵德、道法自然、清静恬淡、抱朴守真等教理教义的转化和发展，助力中华优秀传统文化的继承与弘扬。伊斯兰教界注重阐释教义中爱国、和平、团结、宽容、中道等思想，起到了立正信、明是非、反分裂、抵制宗教极端主义的积极作用。天主教界积极推动教会的本地化，在教会事务的管理及重大问题的决策上实行"民主办教"。基督教界吸取中国优秀文化的养分，促进基督徒与不同信仰者之间的互相尊重、和睦相处，推动基督教更好地融入当代中国社会。

积极从事公益慈善活动。从 2012 年起，宗教界依据《关于鼓励和规范宗教界从事公益慈善活动的意见》，每年开展"宗教慈善周"活动，捐款数额累计超过 10 亿元。为汶川地震等重大灾难事故举行各种赈灾祈福祈祷活动；集中力量帮助贵州省三都水族自治县脱贫；开展多种形式的捐资助学；资助专业医疗机构开展便民义诊，捐助困难群体的医疗救治；开展多种形式的敬老助残活动，创建养老机构，建立残疾人康复站，初步统计，宗教界共开办了养老机构 400 多家，床位数总计约 2.9 万张；倡导绿色环保理念，佛教界和道教界开展了"文明敬香"和"合理放生"活动，建设生态寺庙、生态宫观。

自觉抵制极端主义。面对宗教极端思想对人类文明共同底线的挑战，宗教界旗帜鲜明地同极端主义划清界限，坚决反对冒用宗教名义从事暴力恐怖和民族分裂活动，大力倡导正信正行。2013 年 1 月，汉传、藏传与南传三大语系佛教的高僧大德和专家学者召开会议，呼吁所有佛教界人士积极行动起来，向广大信众宣讲正确的佛教生命观，反对违背佛教教义和戒律实施或煽动他人实施自焚的极端行为。2014 年 5 月，中国伊斯兰教协会发出《坚守中道，远离极端》倡议书，全国伊斯兰教界知名人士共同发声，严厉谴责暴力恐怖活动。2016 年 7 月，中华宗教文化交流协会会同中国伊斯兰教协会在乌鲁木齐举办了伊斯兰教中道思想国际研讨会，倡导中道思想，共同反对极端主义。2017 年 12 月，中国全国性宗教团体联合发出倡议，号召宗教界增强鉴别能力，防范和抵制邪教侵害，维护社会和谐稳定。

五、宗教关系积极健康

中国妥善处理党和政府与宗教、社会与宗教、国内不同宗教、中国宗教与外国宗教、信教公民与不信教公民等多种关系，形成了积极健康的宗教关系。

党和政府与宗教界的关系和谐融洽。中国共产党坚持以"政治上团结合作、信仰上互相尊重"的原则处理同宗教界的关系，同宗教界的爱国统一战线不断巩固。目前，中国约有 2 万名宗教界人士担任了各级人民代表大会和政治协商会议的代表、委员，积极参政议政，实施民主监督。从 1991 年开始，党和国家领导人每年与全国性宗教团体负责人迎春座谈，听取他们的意见建议。全国各地普遍建立了党政领导干部与宗教界人士联谊交友机制，加深了解，增进友谊。

社会对宗教持包容态度。两千多年来，佛教、伊斯兰教、天主教、基督教等先后传入中国，很少出现以宗教为背景的冲突和对抗，国家与社会对各种宗教和多样的民间信仰持开放态度，宗教信仰自由和民间信仰多样性获得尊重。各宗教继承和发扬长期以来中国化、本土化的传统，主动适应社会，发扬爱国爱教、团结进步、服务社会、和谐包容的优良传统，自觉维护国家利益、社会公共利益和公序良俗，履行社会责任。2016年，全国宗教界在各地开展了纪念抗日战争暨世界反法西斯战争胜利71周年和平祈祷活动，呼吁维护民族团结、国家稳定和世界和平。

各宗教积极开展交流对话。历史上，各种宗教在中国交融共生、彼此借鉴，成为中国优秀传统文化的有机组成部分。在当代，不同宗教相互尊重、相互学习，开展对话交流，开创了"五教同光，共致和谐"的新境界。全国性和一些地方性宗教团体建立了联席会议机制，对涉及宗教关系的问题进行协商沟通，创造了具有中国特色的宗教对话模式，增进了相互之间的理解和友谊。

宗教领域国际交流广泛开展。在独立自主、平等友好、相互尊重的基础上，中国宗教界已经与超过80个国家的宗教组织建立了友好关系，积极参加涉及不同文明、信仰与宗教的国际性会议，广泛参与世界基督教教会联合会、世界佛教徒联谊会、伊斯兰世界联盟、世界宗教者和平会议等国际性组织的活动，参加联合国人权理事会会议，参与多个双边和多边人权对话。积极响应"一带一路"倡议，促进民心相通，文化交融。佛教界举办了4届世界佛教论坛，道教界举办了4届国际道教论坛，这两个论坛已成为海内外佛教、道教重要的国际交流平台。中国伊斯兰教协会分别于2012年、2014年赴土耳其、马来西亚举办伊斯兰文化展演活动。中美基督教会2013年在上海举办"第二届中美基督教领袖论坛"，2017年在美国举办"中国教会事工"交流会。2016年，中国伊斯兰教协会、中国基督教协会和中国天主教一会一团共同与德国新教联盟在德国联合举办"中德宗教对话——和平与共享"跨宗教对话。改革开放以来，各宗教团体选派出国留学人员超过千人。

信教和不信教公民和睦相处。不信教公民尊重信教公民的宗教信仰，不歧视和排斥信教公民；信教公民尊重不信教公民的信仰选择。在多数公民不信教的地方，少数信教公民的合法权利得到尊重和保护；在多数公民信教的地方，少数不信教公民的权利同样得到尊重和保护。

结束语

宗教是人类文明的有机组成部分。保障宗教信仰自由，妥善处理宗教关系，使之与时代相适应，遏制宗教极端主义，是世界各国面临的共同课题。中国结合宗教发展变化和宗教工作实际，汲取国内外正反两方面的经验，走出了一条依法保障宗教信仰自由、促进宗教关系和谐、发挥宗教界积极作用的成功道路。中国共产党第十九次全国代表大会报告明确指出，全面贯彻党的宗教工作基本方针，坚持宗教的中国化方向，积极引导宗教与社会主义社会相适应。中国将一如既往地尊重和保障公民的宗教信仰自由，努力建设富强民主文明和谐美丽的社会主义现代化强国。

改革开放 40 年中国人权事业的发展进步

中华人民共和国国务院新闻办公室
2018 年 12 月

前言

2018 年，是中国改革开放 40 周年。改革开放是中国共产党在新的时代条件下带领全国人民进行的新的伟大革命，是决定当代中国命运的关键一招。改革开放极大地解放和发展了社会生产力，成功地开辟了中国特色社会主义道路，也揭开了中国人权事业发展的新篇章。

40 年来，在中国共产党的坚强正确领导下，中国人民团结一心、励精图治、艰苦奋斗、勇往直前，国家面貌发生了翻天覆地的变化，人民生活水平不断提高。中华民族迎来了从站起来、富起来到强起来的伟大飞跃。

40 年来，中国共产党始终把人民的利益放在首位，做到改革为了人民，改革依靠人民，改革成果由人民共享，切实维护最广大人民的根本利益，尊重人的价值和尊严，促进人的全面发展。

40 年来，中国在改革开放中尊重人权，在改革开放中保障人权，在改革开放中促进人权，成功走出了一条符合国情的人权发展道路，创造了人类文明发展史上人权保障的新经验、新奇迹。

40 年来，中国总结历史经验，汲取人类文明发展成果，坚持把人权的普遍性原则与本国实际相结合，不断创新人权发展理念，形成了以人民为中心、以生存权发展权为首要的基本人权、以全面加强人权法治建设为路径、以各项人权综合协调发展为目标的人权发展新理念。

40年来，中国广泛开展人权领域交流合作，认真履行国际人权义务，全面参与国际人权事务，积极促进全球人权治理体系变革，致力于构建人类命运共同体，为推动世界人权事业发展不断作出新贡献。

一、牢固树立尊重和保障人权的治国理政原则

尊重和保障人权，是中国共产党和中国政府的坚定意志和不懈追求。改革开放40年来，"尊重和保障人权"先后载入中国共产党的全国代表大会报告、国家宪法、中国共产党党章以及国家发展战略规划，成为中国共产党和中国政府治国理政的一条重要原则。

国家尊重和保障人权成为中国宪法的重要原则。宪法是国家的根本大法，是人权保障的宣言书。中国宪法以其最高的法律地位，有力保障了人民当家作主，推动了中国人权事业发展。1954年，新中国制定了第一部宪法。1982年宪法在"总纲"和"公民的基本权利和义务"中全面系统规定了全体人民享有广泛的人身人格权利，财产权利，政治权利和经济、社会、文化权利。随后国家又根据改革开放的形势和要求对宪法进行了5次修改，人权在宪法中的地位不断加强。2004年，宪法确立了"国家尊重和保障人权"原则，进一步明确了公民在经济、政治、文化、社会诸方面全面发展的权利，开创了以宪法原则指引人权事业发展的新格局。2018年通过的宪法修正案坚持人民主体地位，进一步为新时代坚持和发展中国特色社会主义人权事业、实现"两个一百年"奋斗目标和中华民族伟大复兴的中国梦提供了有力保障。

尊重和保障人权成为中国共产党的执政主张。中国共产党根据改革开放实际，先后提出一系列人权主张，与时俱进地不断赋予中国人权发展新的内涵。1997年，中国共产党第十五次全国代表大会明确提出，"共产党执政就是领导和支持人民掌握管理国家的权力，实行民主选举、民主决策、民主管理和民主监督，保证人民依法享有广泛的权利和自由，尊重和保障人权"。2002年，"尊重和保障人权"作为社会主义政治文明建设的重要目标再次写入中共十六大报告。2007年，中共十七大报告在总结过去五年"人权事业健康发展"的同时，进一步指出要"尊重和保障人权，依法保证全体社会成员平等参与、平等发展

的权利"。同年,"尊重和保障人权"首次写入《中国共产党章程》。

2012年,中共十八大将"人权得到切实尊重和保障"作为全面建成小康社会的重要目标,从战略层面确立了人权事业的重要地位。中共十八大修改通过的《中国共产党章程》再次重申尊重和保障人权。2014年,中共十八届四中全会通过《中共中央关于全面推进依法治国若干重大问题的决定》,从推进国家治理体系和治理能力现代化的高度,作出了全面依法治国的重大战略部署,强调"加强人权司法保障""增强全社会尊重和保障人权意识"。2017年,中共十九大确立习近平新时代中国特色社会主义思想为党的指导思想,明确提出"加强人权法治保障,保证人民依法享有广泛权利和自由"。习近平新时代中国特色社会主义思想蕴含着丰富的人权内涵,对新时代中国人权事业发展提出了新的更高要求,为坚持中国特色人权发展道路、全面推进中国人权事业提供了根本遵循。

尊重和保障人权成为国家发展的核心目标。中国的国家发展战略坚持以尊重和保障人权为价值取向,以增进人民福祉、保障人民权利、促进人的全面发展为出发点和落脚点。按照建设中国特色社会主义的要求,自改革开放初期提出现代化建设"三步走"发展战略以来,中国共产党和中国政府始终把提高人民生活水平、保障人民各项基本权利的实现作为执政目标。中共十八大以来,以习近平同志为核心的党中央,明确将"人民对美好生活的向往"作为执政目标,进一步提出了实现"两个一百年"的奋斗目标。2017年,中共十九大提出到2020年全面建成小康社会,并在此基础上确定分两步走在本世纪中叶建成社会主义现代化强国的战略安排。

按照建设社会主义现代化国家的要求和发展战略,中国政府制定国家发展规划,保障人民各项权利的实现。从1953年到2001年,每5年制定一个国家发展计划,对国家经济、文化、社会等各方面发展作出安排。自2006年起,改计划为规划,实现了从具体、微观、指标性的发展计划向宏观的国民经济和社会发展规划的转变。目前,中国已经连续制定了十三个国民经济和社会发展计划或规划,涵盖脱贫攻坚、教育、健康、就业、社会保障、民主法治建设、反腐败斗争等,涉及经济、社会、文化权利和公民及政治权利的诸多内容,为推动人权发展确定了指导思想、目标方向、基本要求和实施举措。

中国积极响应联合国《维也纳宣言和行动纲领》，先后制定并实施《国家人权行动计划（2009—2010年）》《国家人权行动计划（2012—2015年）》《国家人权行动计划（2016—2020年）》，确定尊重和保障人权的阶段性目标和任务。目前已圆满完成第一、二期国家人权行动计划预定的各项指标，正在扎实推进第三期国家人权行动计划的落实。国家还制定了经济、文化、社会和环境等方面的专项行动计划，以及保障少数民族、妇女、儿童、老年人、残疾人等特定群体权利的专项规划，努力促进全体人民共同享有人生出彩的机会，共同享有梦想成真的机会，共同享有充分人权。

二、大幅提升生存权发展权保障水平

改革开放40年来，中国坚持以生存权和发展权作为首要的基本人权，把发展作为执政兴国的第一要务和解决中国所有问题的关键，以保障和改善民生为重点，努力通过解决最紧迫和最突出的问题增进人民福祉。人民生活总体上实现了从贫困到温饱、从温饱到小康的历史性飞跃。

减贫取得历史性成就。消除贫困是中国人权保障的重中之重。改革开放是中国消除贫困的强大驱动力。40年来，中国政府持续开展以农村扶贫开发为中心的减贫行动，在全国范围内开展有组织有计划的大规模开发式扶贫，先后实施《国家八七扶贫攻坚计划（1994—2000年）》《中国农村扶贫开发纲要（2001—2010年）》《中国农村扶贫开发纲要（2011—2020年）》等中长期扶贫规划。中共十八大以来，中共中央把贫困人口脱贫作为全面建成小康社会的底线任务和标志性指标，作出一系列重大部署，以前所未有的力度推进，中国扶贫开发进入脱贫攻坚新阶段。中共中央、国务院发布关于打赢脱贫攻坚战的决定，明确脱贫攻坚的目标标准，确立精准扶贫精准脱贫的基本方略，建立中国特色的脱贫攻坚制度体系，全面推进精准扶贫重点工作。中共十九大提出坚决打赢脱贫攻坚战的战略目标，中共中央、国务院印发关于打赢脱贫攻坚战三年行动的指导意见，把精准脱贫作为决胜全面建成小康社会必须打好的三大攻坚战之一，并庄严承诺确保到2020年中国现行标准下农村贫困人口实现脱贫、让贫困人口和贫困地区同全国一道进入全面小康社会。

经过多年不懈奋斗，中国农村贫困人口显著减少，贫困发生率持续下降，解决区域性整体贫困迈出坚实步伐，贫困地区农民生产生活条件显著改善，贫困群众获得感显著增强，脱贫攻坚取得决定性进展。据世界银行测算，按照人均每天支出 1.9 美元的国际贫困标准，过去 40 年中国共减少贫困人口 8.5 亿多人，对全球减贫贡献率超过 70%。按中国现行贫困标准，1978 年至 2017 年，中国农村贫困人口由 7.7 亿人减少到 3046 万人，贫困发生率由 97.5% 下降到 3.1%。2012 年至 2017 年，中国每年有 1000 多万人稳定脱贫。中国是世界上减贫人口最多的国家，也是率先完成联合国千年发展目标减贫目标的发展中国家。中国的减贫成就是中国人权事业发展的最显著标志。

温饱问题得到切实解决。改革开放初期，解决近 10 亿人口温饱问题是中国面临的头等大事。中国改革农村土地制度，实行家庭联产承包责任制，极大激发了农民生产积极性，农业综合生产能力实现质的飞跃。2017 年，中国粮食总产量达 66161 万吨，比 1978 年翻一番。近年来，中国谷物、肉类、花生、茶叶产量稳居世界第一位，油菜籽产量稳居世界第二位，甘蔗产量稳居世界第三位。中国以不足世界 10% 的耕地，养活了接近世界 20% 的人口，从根本上消除了饥饿，持续提升了人民的营养水平，实现了人民的基本生存权。

饮水安全得到有效保障。实施全国重要饮用水水源地达标建设工程。2016 年将 600 余个供水人口 20 万以上地表水饮用水水源地及年供水量 2000 万立方米以上地下水饮用水水源地全部纳入《全国重要饮用水水源地名录》管理，每年开展安全状况评估。2017 年评估结果显示，99.5% 的水源地供水保证率合格，90.9% 的水源地水质合格。实施农村饮水安全工程建设。2005 年至 2015 年，全国累计解决 5.2 亿农村居民和 4700 多万农村学校师生的饮水安全问题。2016 年以来，实施农村饮水安全巩固提升工程，截至 2017 年，巩固提升受益人口 9509 万人，其中，1169 万贫困人口的饮水安全问题得到解决，全国农村集中供水率和农村自来水普及率分别达到 85% 和 80%。

基本居住条件明显改善。改革开放 40 年来，人民居住条件显著改善。2017 年，城镇居民、农村居民人均住房建筑面积分别为 36.9、46.7 平方米，比 1978 年分别增加 30.2、38.6 平方米。国家高度重视解决困难家庭的住房问题。2008 年至 2017 年，全国城镇保障性安居工程累计开工建设约 6400 万套，通过棚户区改造帮助约 1 亿人"出棚进楼"；2017 年底，3500 多万困难群众住进公租房，累计 2000 多万困难群众领取公租房租赁补贴。中共十八大以来，加大对农村危房改造的支持力度，累计安排 1625 亿元补助资金、支持 1659 万贫困农户改造危房，帮助数千万贫困农民告别原来的破旧泥草房、土坯房、树皮房等危房，住上基本安全房。

人民出行更加便利安全。40 年来，中国交通网络日益完善，有力支撑了经济社会发展，保障人民出行便利安全。截至 2017 年，全国铁路营业里程达 12.7 万公里，比 1978 年增长 1.5 倍，其中高速铁路达 2.5 万公里，占世界高铁总量 60% 以上，高速铁路与其他铁路共同构成的快速客运网基本覆盖全国省会；全国公路总里程达 477 万公里，比 1978 年增长 4.4 倍，其中高速公路通车里程达 13.6 万公里，公路网密度为 49.72 公里/百平方公里，是改革开放初期的 5.4 倍，实现"县县通公路"；全国乡镇和建制村通公路率分别达 99.99% 和 99.98%，农村出行条件持续改善。2001 年以来，实施危桥改造、公路安全生命防护和干线公路灾害防治三项工程，共改造乡道及以上公路危桥 3.9 万座，完成 66 万公里高风险段整治，改造地质灾害易发路段 3.1 万公里，使出行安全更有保障。完成 8440 个空白乡镇邮政局所补建，全国总体实现"乡乡设所，村村通邮"。快递乡镇网点覆盖率超过 87%，搭建了"工业品下乡、农特产品进城"的双向大通道。

生命健康权保障水平大幅提升。改革开放特别是中共十八大以来，健康中国建设加快推进，为人民提供全生命周期的卫生与健康服务。中国人均预期寿命从 1981 年的 67.8 岁提高到 2017 年的 76.7 岁，高于 72 岁的世界平均预期寿命。孕产妇死亡率从 1989 年的十万分之 94.7 下降到 2017 年的十万分之 19.6，婴儿死亡率从 1991 年的 50.2‰ 下降到 2017 年的 6.8‰，提前达到联合国千年发展目标所确定的指标要求。覆盖城乡的基层医疗卫生服务体系基本建成。2017 年全国共有医疗卫生机构 98.7 万个，比 1978 年增长 4.8 倍；卫生技术人员 898 万人，比 1978 年增长 2.6 倍。国家基本公共卫生服务项目持续推进，适龄儿童国家免疫规划疫苗接种率达90%以上，5岁以下儿童乙肝病毒表面抗原携带率降至1%。建成全球最大的法定传染病疫情和突发公共卫生事件网络直报系统，平均报告时间缩短到4小时。全民健身运动蓬勃发展，全国体育场地总数超过170万个，人均体育场地面积超过1.6平方米。

社会救助力度不断加大。经过多年发展，中国的社会救助形成了以最低生活保障、特困人员救助供养、灾害救助、医疗救助、住房救助、教育救助、就业救助以及临时救助为主体，以社会力量参与为补充的制度体系。在全国范围内建立最低生活保障制度，颁布《城市居民最低生活保障条例》《社会救助暂行办法》等。国务院出台关于进一步健全特困人员救助供养制度的意见，将城市"三无"人员救助和农村"五保"供养统一为特困人员救助供养，保障城乡特困人员基本生活。截至2017年，全国共有37494个乡镇（街道）设立经办社会救助事务的机构，从事社会救助的专（兼）职工作人员为104673名，平均每个乡镇（街道）2.6人。截至2018年9月，全国共有城乡低保对象4619.9万人，其中，城市低保对象1068.8万人，平均城市低保标准为每人每月575元，农村低保对象3551.1万人，平均农村低保标准为每人每年4754元，所有县（市、区）的农村低保标准全部达到或超过国家扶贫标准。2017年，全国共实施医疗救助9138.1万人次，其中，直接救助3517.1万人次，资助困难群众参加基本医疗保险5621万人。2018年1月至9月，全国共实施临时救助565.8万人次，平均救助水平1069.4元/人次。

环境权利保障日益加强。改革开放40年来，中国将生态文明建设纳入国家发展总体战略，对生态环境的治理力度不断加大，生态环境状况总体持续好转，人民群众的环保权益得到有效维护。1979年，通过第一部环境保护法。1982年，首次将环境保护作为独立篇章纳入国民经济和社会发展计划。1983年，将保护环境确定为基本国策。1994年，通过《中国21世纪议程》，成为世界上第一个制定实施本国可持续发展战略的国家。中国坚持绿色发展理念，以前所未有的力度治理环境污染，推进生态文明建设，美丽中国建设迈出重要步伐。中共十九大明确提出打好污染防治攻坚战的重大战略部署，全国生态环境保护大会正式确立习近平生态文明思想，中共中央、国务院印发关于全面加强生态环境保护坚决打好污染防治攻坚战的意见,明确了打好污染防治攻坚战的时间表、路线图、任务书。2017年,煤炭在中国能源消费中的比重为60.4%,比1978年下降10.3个百分点;天然气、水、核、风、电等清洁能源消费比重从1978年的6.6%提升至2017年的20.8%。2017年,全国338个地级及以上城市可吸入颗粒物(PM10)平均浓度比2013年下降22.7%,74个重点城市细颗粒物(PM2.5)平均浓度比2013年下降34.7%。2017年,全国完成造林面积736万公顷,森林覆盖率达21.66%;建成2750处自然保护区,总面积147万平方公里,约占陆地国土面积的14.86%。中国积极参与全球环境治理,已批准加入30多项与生态环境有关的多边公约或议定书,率先发布《中国落实2030年可持续发展议程国别方案》,向联合国交存气候变化《巴黎协定》批准文书,成为全球生态文明建设的重要参与者、贡献者、引领者。

三、有效实现各项人权全面发展

改革开放40年来,中国坚持将促进人的全面发展作为人权事业发展的出发点和落脚点,协调推进各项人权全面实现,经济、社会和文化权利保障水平持续提升,公民权利和政治权利保障机制不断加强。

人民生活水平显著提升。1978年至2017年,中国国内生产总值从3679亿元增至827122亿元;人均国内生产总值从385元增至59660元,扣除价格因素,比1978年增长22.8倍,年均实际增长8.5%。中国人均国民总收入由1978年的200美元提高到2017年的8690美元,超过中等偏上收入国家平均水平。中国城镇和农村居民人均可支配收入分别由1978年的343元、134元增长至2017年的36396元和13432元。2017年,全国居民人均消费支出18322元,扣除价格因素,比1978年实际增长18倍,年均增长7.8%。消费层次由温饱型向全面小康型转变。1978年,城镇和农村居民家庭恩格尔系数分别为57.5%和67.7%,2017年分别下降至28.6%和31.2%。中国的人类发展指数大幅提高,从1980年的0.423提高到2017年的0.752,逐步从低人类发展水平国家跃升至高人类发展水平国家。在1990年处于低人类发展水平组别的47个国家中,中国是目前唯一跻身高人类发展水平组的国家。

人身人格权保障不断加强。宪法确认了公民人格权。中共十九大再次强调保护人民人身权、财产权、人格权，彰显了保护人格尊严、促进人的全面发展的人文关怀。民法通则和侵权责任法进一步建立了人格权保护体系。民法总则专设"民事权利"一章，其中对人格权作了专门规定。2018年8月，提请审议的民法典各分编草案中，设立了独立的人格权编。废止收容遣送制度和劳动教养制度。大力推进户籍制度改革。2014年，国务院印发关于进一步推进户籍制度改革的意见，进一步放宽了户口迁徙政策限制，促进有能力在城镇稳定就业的常住人口有序实现市民化。2017年，全国户籍人口城镇化率达到42.35%，比2012年提高7个百分点。中共十八大以来，共为1400余万无户口人员办理了落户，全国无户口人员登记户口问题已经基本解决。严格依法保障住宅不受侵犯、通信自由和信息安全。2017年，公安机关开展专项行动，集中办理了一批涉嫌侵犯公民个人信息的案事件，泄露公民个人信息案事件得到有效遏制。

财产权受到法律保护。中国宪法规定，公民的合法的私有财产不受侵犯，国家依照法律规定保护公民的私有财产权和继承权；国家保护个体经济、私营经济等非公有制经济的合法的权利和利益。物权法规定，国家、集体、私人的物权和其他权利人的物权受法律保护，任何单位和个人不得侵犯。改革开放以来实施的家庭联产承包责任制是现行中国农村土地制度的基石，农民依法享有土地承包经营权。2014年以来，中国扎实推进农村土地承包经营权确权登记颁证工作，截至2018年6月，31个省（区、市）均开展了承包地确权工作，承包地确权面积达13.91亿亩，建立完善土地承包合同1.89亿份，颁发土地承包经营权证书1.35亿份。中共十九大明确提出，保持土地承包关系稳定并长久不变，第二轮土地承包到期后再延长三十年。

工作权得到有效保障。中国把促进就业放在经济社会发展的优先位置，坚持就业优先战略和更加积极的就业政策，努力实现更高质量和更充分就业。伴随着经济体制改革，劳动就业制度改革不断深化，逐步形成了适应社会主义市场经济要求的就业体制机制。1978年至2017年，中国就业人员从40152万人增至77640万人，年均增长961万人，超过总人口增速。城镇新增就业自2003年建立统计制度以来，年均实现新增就业人数1178万人，城镇登记失业率长期处于低位，城镇调查失业率低于世界平均水平。城镇单位在岗职工年平均工资从1978年的615元增长到2017年的76121元，扣除物价因素，年均增长7.7%。劳动者劳动报酬权、休息休假权、职业安全卫生保护权、女性劳动者特殊劳动保护权、参与企业民主管理等各项权利得到依法保障。全面实施劳动合同制度，稳妥推行集体协商和集体合同制度，建设国家协调劳动关系三方机制，建立健全劳动保障监察制度和劳动人事争议处理制度，切实维护劳动者合法权益。2017年，企业职工劳动合同签订率达到90%。加快构建安全生产预防控制体系，有力保障劳动者工作生产安全。

社会保障权享有日益充分。中国建成了世界上规模最大、覆盖人口最多的社会保障体系，拉动世界社保覆盖率提高11个百分点。截至2018年6月，基本养老保险、失业保险、工伤保险参保人数分别达到9.25亿、1.91亿、2.3亿，包括城镇职工基本医疗保险、新型农村合作医疗保险和城镇居民基本医疗保险在内的基本医疗保险覆盖人口超过13亿；社会保障卡持卡人数达11.5亿人，覆盖全国82.81%人口。中国根据经济社会发展水平等因素，稳步提高各项社会保障水平。自2005年起，连续14年提高企业退休人员基本养老金水平。城乡居民基本医保人均财政补助标准由2012年的240元提高到2018年的490元。借助互联网、大数据等信息技术，不断提高社会保障领域公共服务能力。2016年，国家异地就医结算系统正式上线，实现跨省异地就医持社会保障卡即时结算。

受教育权保障水平显著提升。中国大力实施教育优先发展战略，加快推进教育现代化，切实保障公民平等受教育的权利。国家财政性教育经费支出占国内生产总值以不低于4%为目标，2012年至2017年，全国教育经费总投入累计接近21万亿元。国民受教育程度大幅提升，15岁及以上人口平均受教育年限由1982年的5.3年提高到2017年的9.6年，劳动年龄人口平均受教育年限达10.5年。学前教育快速发展。2017年，全国幼儿园数量达25.5万所，比1978年增长55.5%，学前三年毛入园率达79.6%。颁布修订义务教育法，实行九年制义务教育。2017年，全国共有义务教育学校21.9万所，在校生1.45亿人，小学学龄儿童净入学率达99.91%，初中阶段毛入学率达103.5%，九年义务教育巩固率为93.8%，义务教育普及程度已达到世界高收入国家的平均水平。高中阶段教育基本普及。2017年，全国共有高中阶段教育学校2.46万所，在校学生3971万人，比1978年增加2167万人；初中毕业生升学率达94.9%，比1978年提高54个百分点；高中阶段毛入学率达88.3%，已超过世界中高收入国家86.7%的平均水平。高等教育蓬勃发展。2017年，全国共有高校2913所，在校生规模达3779万人，毛入学率达45.7%。建成世界最大规模的职业教育体系，为普及高中阶段教育和推动高等教育大众化作出了重要贡献。

文化权保障充分有效。全国文化事业费投入持续快速增长，由1978年的4.44亿元增至2017年的855.80亿元，增长192.7倍，年均增长14.4%。建立国家基本公共文化服务标准制度，制定《国家基本公共文化服务指导标准（2015—2020年）》。发展公共文化设施，实施免费开放。2017年，全国共有公共图书馆3166个，每万人拥有公共图书馆面积为109平方米，是1978年的12.1倍；公共图书馆共藏书9.7亿册，总流通人次7.45亿次，分别比1979年增长438.9%、856.7%；博物馆4721个，比1978年增长12.5倍；博物馆收藏文物3662.3万件（套），参观人次达9.7亿。推进基本公共文化服务均等化。截至2017年，全国已建成文化馆（站）44521个、村（社区）综合性文化服务中心340560个。创新公共文化服务方式，数字文化服务能力快速提升。2017年，公共图书馆电子图书达10.3亿册，计算机22.1万台，其中供读者使用的电子阅览终端14.43万台；截至2017年，广播、电视节目综合人口覆盖率分别达99.81%和99.07%；全国文化信息资源共享工程和数字图书馆推广计划资源总量近700TB。制定《全民科学素质行动计划纲要（2006—2010—2020年）》《中国公民科学素质基准》，加强科普工作，提升公民科学文化素质。

选举权受到法律保障。选举权和被选举权是中国宪法规定的公民基本权利。中国坚持发展社会主义民主政治，保障人人享有平等的选举权利，先后制定全国人民代表大会和地方各级人民代表大会选举法、地方各级人民代表大会和地方各级人民政府组织法等。坚持实行普遍、平等、直接选举和间接选举相结合以及差额选举的原则，宪法规定凡年满18周岁的中国公民，不分民族、种族、性别、职业、家庭出身、宗教信仰、教育程度、财产状况、居住期限，除依法被剥夺政治权利的人外，都有选举权和被选举权。中国根据国情和实际，不断修改选举法，完善选举制度，逐步实现了城乡按相同人口比例选举人大代表，并保证各地区、各民族、各方面都有适当数量的代表。在2016年开始的全国县乡两级人民代表大会换届选举中，共有9亿多选民参选，直接选举产生250多万名县乡两级人民代表大会代表。全国人民代表大会代表的代表性不断增强，在2018年十三届全国人大的2980名代表中，一线工人、农民代表468名，专业技术人员代表613名，妇女代表742名，少数民族代表438名。城乡基层民主有序发展，以城乡村（居）民自治为核心，民主选举、民主协商、民主决策、民主管理、民主监督为主要内容的基层群众自治制度基本建立。截至2017年，全国农村普遍开展了9轮以上村委会换届选举，98%以上的村委会依法实行直接选举，村民参选率达95%；居民委员会换届选举参选率达90%以上。

知情权得到充分保障。政务公开制度体系更加完善，平台建设逐步加强。2004年，国务院发布《全面推进依法行政实施纲要》，要求推进政府信息公开，除涉及国家秘密和依法受到保护的商业秘密、个人隐私的事项外，行政机关应该公开政府信息；对公开的政府信息，公众有权查阅；行政机关应该为公众查阅政府信息提供便利条件。2016年2月，中共中央办公厅、国务院办公厅印发《关于全面推进政务公开工作的意见》，全面推行权力清单、责任清单、负面清单公开工作，推动政务服务向网上办理延伸，全国31个省（自治区、直辖市）均已公布省市县三级政府部门权力清单。2015年，实现全国所有省份全部公开省级财政总预算；2017年，公开部门预算的中央部门增加到105个。截至2017年4月，全国县级以上地方各级人民政府共设立政务大厅3058个，覆盖率94.3%；乡镇（街道）共设立便民服务中心38513个，覆盖率96.8%。厂务、村务公开逐步落实。截至2017年9月，全国已建立工会的企事业单位单独建立职工代表大会制度的有500.9万家，区域（行业）职工代表大会制度覆盖企业138.7万家，已建立工会的企事业单位单独建立厂务公开制度的有487.1万家。截至2017年，全国95%的村实现村务公开，94%以上的县制订村务公开目录，91%的村建立村务公开栏。

参与权持续增进。公众参与立法和重大行政决策的渠道不断拓宽。建立健全常态化的法律草案公开征求意见工作机制。自2008年以来，国家立法机关共有 139 件法律草案向社会公开征求意见，收到 59 万余人次提出的 246 万余条意见。自 2013 年起，在拟订国务院年度立法工作计划过程中，通过发布公告的方式向社会公开征集立法项目建议，并不断拓宽征求意见渠道，丰富征求意见形式。依法保障公民在行政决策中的参与权。健全依法决策机制，把公众参与、专家论证、风险评估、合法性审查、集体讨论决定确定为重大行政决策法定程序，在重大行政决策过程中注重增强公众参与实效、提高专家论证质量，提高决策科学化、民主化、法治化水平。推动协商民主广泛多层制度化开展，不断规范协商内容、协商程序，拓展协商民主形式，增加协商密度，提高协商成效，以事关经济社会发展全局和涉及群众切身利益的实际问题为内容，开展广泛协商。改革开放以来，全国政协共开展 2000 多项视察调研，收到 135111 件提案，立案 124868 件，编刊及转送社情民意信息 11688 件，大多数提案的建议得到采纳和落实。大量社会组织活跃于城乡社区，提升了人民群众有序表达诉求和自我管理、自我服务的能力和水平，截至 2018 年 9 月，全国依法登记的社会组织 79.6 万个。

表达权实现途径不断丰富。2017 年，全国出版各类报纸 368 亿份，各类期刊 26 亿册，图书 90 亿册（张）。截至 2018 年 9 月，全国光缆线路总长度达 4131 万公里，农村宽带用户达到 11065 万户，移动宽带用户达 12.9 亿户，移动电话普及率达 111.3 部/百人。截至 2018 年 6 月，全国互联网上网人数达 8.02 亿，其中手机上网人数达 7.88 亿，互联网普及率达 57.7%，农村地区互联网普及率达 36.5%。建立了便捷高效的网络表达平台。着力搭建"信、访、网、电"多元化、立体式信访渠道，为民意诉求表达拓宽通道、提供便利。

监督权保障体系持续完善。2014 年，全国人大修改预算法；2017 年，出台《关于建立预算审查前听取人大代表和社会各界意见建议的机制的意见》，推进预算公开和民主监督。2015 年，修改立法法，明确规定向审查申请人反馈及社会公开制度，加强公民监督权利。全国人大常委会履行宪法法律监督职责，健全备案审查制度，建立全国统一的备案审查信息平台。十二届全国人大常委会任期内共接受报送备案的规范性文件 4778 件，对 188 件行政法规和司法解释逐一进行主动审查，对地方性法规有重点地开展专项审查，认真研究公民、组织提出的 1527 件审查建议，对审查中发现与法律相抵触或不适当的问题，督促制定机关予以纠正。2012 年至 2016 年，全国人大常委会共开展 20 次执法检查。2016 年至 2017 年，全国人大常委会检查了食品安全法、安全生产法、环境保护法、道路交通安全法等 12 部关系人民切身利益的法律的实施情况。人民政协积极探索和完善民主监督机制，就决策执行中的问题提出批评和建议。十二届全国政协视察调研的监督性议题由 2015 年的 12 项占 11%，增至 2017 年的 20 项占 28%。实施《深化人民监督员制度改革方案》，进一步加强社会监督。

宗教信仰自由依法得到保障。中国实行宗教信仰自由政策，坚持从本国国情和宗教实际出发，保障公民宗教信仰自由权利，构建积极健康的宗教关系，维护宗教和睦与社会和谐。中国政府依照宪法和法律，支持各宗教坚持独立自主自办原则，各宗教团体、宗教教职人员和信教公民自主办理宗教事业；对涉及国家利益和社会公共利益的宗教事务进行管理，但不干涉宗教内部事务。中共十八大以来，中国全面推进依法治国，把宗教工作纳入国家治理体系，宗教工作法治化水平不断提高。国家对待各宗教一律平等，一视同仁，不以行政力量发展或禁止某个宗教，任何宗教都不能超越其他宗教在法律上享有特殊地位。中国有佛教、道教、伊斯兰教、天主教和基督教等宗教信教公民近 2 亿，宗教教职人员 38 万余人，依法登记的宗教活动场所 14.4 万处，宗教院校共 91 所。加大宗教教职人员社会保障力度，截至 2017 年，宗教教职人员医疗保险参保率达 96.5%，养老保险参保率达 89.6%，符合条件的全部纳入低保，基本实现了社保体系全覆盖。

四、显著改善特定群体权利

改革开放 40 年来，中国不断完善相关权利保障机制，采取有针对性的措施，为特定群体创造了实现自我发展和人生价值的机会，切实保障少数民族、妇女、儿童、老年人和残疾人的合法权益。

（一）少数民族权利

少数民族参与国家事务管理的权利得到有效保障。各民族自治地方依法享有广泛的自治权，包括政治、经济、教育、科学、文化、卫生等各项事业的自主管理权。55个少数民族均有本民族的全国人大代表和全国政协委员。十三届全国人大代表中，少数民族代表438名，占14.7%。155个民族自治地方的人民代表大会常务委员会中，均有实行区域自治民族的公民担任主任或者副主任。民族自治地方政府的主席、州长、县长或旗长，均由实行区域自治的民族的公民担任。在西藏自治区第十一届人民代表大会中，藏族和其他少数民族人士在常委会主任、副主任中占50%，在自治区人大代表中占66%。

民族地区经济快速发展。内蒙古、广西、西藏、宁夏、新疆5个自治区和云南、贵州、青海3个省的地区生产总值由1978年的324亿元增至2017年的84899亿元；贫困人口从2010年的5040万下降到2017年的1032万，累计减贫4008万人，贫困发生率从34.5%下降到6.9%。2012年至2017年，国家投入中央财政扶贫专项资金少数民族发展方向244.97亿元。出台《"十三五"促进民族地区和人口较少民族发展规划》《兴边富民行动"十三五"规划》，推进民族地区、边疆地区经济社会跨越式发展。

民族地区教育事业快速发展。通过发展各级各类民族学校、实行双语教育、对少数民族考生升学予以照顾、在广大农牧区推行寄宿制教育等举措，促进教育公平，维护少数民族的受教育权利。西藏自治区全面普及了从学前教育到高中阶段15年"包吃、包住、包学习费用"的免费教育政策。新疆维吾尔自治区的南疆地区实行15年免费教育，实施农村学前三年免费双语教育。举办内地西藏班、新疆班，实施"少数民族预科班、民族班""少数民族高层次骨干计划"等，保障少数民族学生享有接受优质教育的机会。

少数民族使用和发展本民族语言文字的权利得到切实尊重和保障。在中国，除回族和满族通用汉语文外，其他53个少数民族都有本民族语言，有22个少数民族共使用27种文字。中国政府保障少数民族语言文字在行政司法、新闻出版、广播影视、文化教育等各领域的合法使用。建设中国少数民族濒危语言数据库，设立并实施"中国语言资源保护工程"。民族地区公共文化服务体系进一步完善。截至2017年，全国少数民族自治地方共有195个广播电视机构使用14种少数民族语言播出广播节目，263个广播电视机构使用10种少数民族语言播出电视节目。国家在民族地区推行双语教育，基本建立起从学前到高等教育阶段的双语教育体系。截至2017年，全国各民族中小学实施双语教育的学校1.2万多所，接受双语教育在校生320余万人，双语教师21万余人。

民族地区文化遗产、文物古迹得到有效保护。中国政府高度重视少数民族文化的传承和发展，制定相关法律，设立专门机构，加大资金投入，推动少数民族文化事业发展。中国入选联合国教科文组织"非物质文化遗产名录（名册）"的少数民族项目有14项；中国前四批共计1372项国家级非物质文化遗产名录中，少数民族的有492项，约占36%；在五批3068名国家级非物质文化遗产项目代表性传承人中，少数民族传承人有862名，约占28%；共设立21个国家级文化生态保护实验区，其中有11个位于民族地区；25个省（区、市）已建立民族古籍整理与研究机构。中央和地方政府投入资金对高昌故城、北庭故城遗址、喀什艾提尕尔清真寺等一大批文物古迹进行了修缮保护，抢救性保护修复了3000余件珍贵文物，对藏医药、格萨尔、传统歌舞、手工技艺等重要非物质文化遗产进行了全面保护。

少数民族宗教信仰自由获得充分保障。截至目前，西藏自治区有藏传佛教活动场所1778处，住寺僧尼4.6万多人，正常的宗教活动和宗教信仰依法受到保护。活佛转世制度作为藏传佛教所特有的信仰和传承方式，得到国家和西藏自治区各级政府的尊重，国家颁布了《藏传佛教活佛转世管理办法》，西藏自治区现有活佛358名，其中60多位新转世活佛按历史定制和宗教仪轨得到认定。不断完善藏传佛教僧人学经制度。截至2017年，西藏自治区已有84名学经僧人获得了格西"拉让巴"学位，168名僧人获得了中国藏语系高级佛学院"拓然巴"高级学衔。正常宗教需求得到满足，以多种语言文字翻译出版发行伊斯兰教、佛教、基督教等宗教典籍。《古兰经》《布哈里圣训实录精华》出版发行达176万余册。完成对藏文大藏经的校勘出版，印制《甘珠尔》大藏经达1490多部供给寺庙，满足僧尼和信教群众的学修需求。法律保护正常的宗教活动。开设教职人员解经骨干培训班、宗教活动场所民主管理组织负责人培训班等，提升宗教团体自我管理水平。自2011年始，国家宗教事务局已举办十余期伊斯兰教解经骨干培训班，为新疆培训教职人员数百人。中央政府支持新疆伊斯兰教经学院扩建校舍，改善教学环境，扩大招生规模。

（二）妇女、儿童和老年人权利

妇女参与公共事务管理和经济社会发展的权利得到切实保障。男女平等基本国策进一步贯彻落实。颁布修订妇女权益保障法。不断提高女干部在同级干部中所占比例，全国党政机关中女性干部从改革开放初期的42.2万名提升至2017年的190.6万名，占干部总数的26.5%。切实保障妇女参政议政权。十三届全国人大有742名女性代表，占比24.9%；十三届全国政协现有442名女性委员，占比20.5%。在2018年各省级两会上，人大和政协中的女性比例分别为27.33%和25.69%。加强妇女经济赋权，着力推动妇女创业就业。2016年，全国女性就业人口占就业总人口的43.1%。实施鼓励妇女就业创业的小额担保贷款财政贴息政策，截至2018年6月，全国累计发放妇女创业担保贷款3590多亿元，获贷妇女634万人次，落实财政贴息资金390多亿元。截至2017年9月，全国共签订女职工权益保护专项集体合同136.6万份，覆盖企业315.3万家，覆盖女职工7999.9万人。在592个国家扶贫开发工作重点县，女性人口的贫困发生率从2005年的20.3%下降到2010年的9.8%。

妇女儿童健康服务水平不断提高。加强妇幼卫生保健，维护妇女儿童健康权益。优化卫生资源配置，增加农村和边远地区妇幼卫生经费投入。2012年至2016年，农村孕产妇住院分娩项目累计补助约4800万人。2017年，共为1173万名农村计划怀孕夫妇提供免费检查，目标人群覆盖率平均达91.7%。自2009年6月政府开始实施农村妇女宫颈癌、乳腺癌免费检查项目，截至2017年，累计共有7000多万农村妇女接受了宫颈癌免费检查，1000多万农村妇女接受了乳腺癌免费检查。1991年至2017年，中国5岁以下儿童死亡率从61‰降至9.1‰。2016年，5岁以下儿童低体重率、生长迟缓率、贫血患病率分别下降到1.49%、1.15%、4.79%。实施"母亲水窖"工程项目，重点帮助西部地区群众特别是妇女摆脱因严重缺水带来的生活困境，截至2017年，帮助304万人获得安全饮用水。

妇女儿童保护和救助工作持续加强。开展反家庭暴力的基层司法实践，探索家庭暴力人身安全保护裁定制度，试点法院从2008年的5个省扩展到2015

年的 14 个省。2015 年通过反家庭暴力法，为保障包括妇女在内的家庭成员的合法权益，促进建立平等、和谐、文明的家庭关系发挥了重要作用。《刑法修正案（九）》作出有利于保障妇女儿童权益的重要修改，更加有力地惩处强奸幼女、拐卖妇女儿童的犯罪行为。颁布修订未成年人保护法、预防未成年人犯罪法等法律法规，保护未成年人的身心健康，保障未成年人的合法权益。2009 年，公安部建立了世界上第一个打拐 DNA 信息库，目前已帮助 5500 余名被拐儿童与家人团聚；2016 年，公安部建立"团圆"打拐系统，截至 2018 年 9 月，平台发布儿童失踪信息 3419 条，找回 3367 人，找回率 98.4%。2017 年，全国共有儿童收养救助服务机构 663 个，床位 10.3 万张，年末收留抚养各类人员 5.9 万人。截至 2017 年，共帮助 78 万名农村留守儿童得到有效监护，为 18 万名无户籍农村留守儿童登记落户，帮助 1.7 万名农村留守儿童返校复学。

老年人权益保障机制逐步健全。2017 年，中国 60 岁及以上老年人达 2.4 亿，占总人口的 17.3%。2012 年以来，中国修订老年人权益保障法，出台《关于加快发展养老服务业的若干意见》《"十三五"国家老龄事业发展和养老体系建设规划》等 70 多项政策文件，初步建立养老法规政策体系。养老服务工作逐步从改革开放前以机构集中照料为主，拓展到以居家为基础、社区为依托、机构为补充、医养相结合的养老服务体系建设和以家庭养老支持、互助养老为新突破点的融合发展。截至 2017 年，全国养老服务已经从 1978 年的 8000 多家服务机构，扩大到包括养老机构、社区养老服务设施、互助型养老设施等各类养老服务机构 15.5 万个，床位 744.8 万张。加强了针对老年人的社会救助和福利保障，将 1781.7 万困难老年人纳入最低生活保障范围，410.2 万特困老年人纳入政府供养范围。截至 2017 年，全国经济困难的高龄老年人津贴制度实现省级全覆盖，全国所有省份均出台了老年人社会优待政策。不断丰富老年人的社会文化生活，全国共有老年学校 4.9 万个，在校学习人员 704 万人，各类老年活动室 35 万个。

（三）残疾人权利

残疾人权益保障的法律体系不断完善，政府将残疾人工作纳入重要工作议程。"平等、参与、共享"理念渐入人心，残疾人生存、发展和参与状况明显改善，残疾人事业取得显著进步。

残疾人权益保障机制日益健全。逐步实现残疾人权益保障法治化，制定残疾人保障法，截至2018年4月，直接涉及残疾人权益保障的法律有80多部，行政法规有50多部。将残疾人事业纳入国家发展战略，先后颁布七个残疾人事业五年发展规划，对残疾人权益保障工作做出总体部署，设立残疾预防日。各级政府完善残疾人工作机制，统筹推进残疾人事业发展。截至2017年，全国设立残疾人法律援助工作站2600余个，建成法律援助便民服务窗口2500余个，各级残疾人联合会建立残疾人法律救助工作站1746个。残疾人事业财政支持大幅增长，2017年，中央预算内投资比上一个五年增长458%，残疾人服务设施达到3822个。

残疾人社会保障权得到有效落实。全面建立困难残疾人生活补贴和重度残疾人护理补贴制度，惠及2100万残疾人。截至2017年，2614.7万城乡残疾人参加城乡社会养老保险，1042.3万残疾人领取养老金；547.2万60岁以下参保的重度残疾人中有529.5万得到了政府参保扶助，代缴养老保险费比例达到96.8%。对贫困残疾人参加医疗保险给予费用减免，将运动疗法等29项医疗康复项目纳入基本医疗保险支付范围。

残疾人康复权保障体系逐步完善。全面开展残疾预防，深度推进精准康复，努力实现残疾人"人人享有康复服务"的目标。实施《残疾预防和残疾人康复条例》，残疾人康复机构从无到有，专业队伍逐渐壮大，工作体系、业务格局、运行机制逐步建立，服务能力日益提高。截至2017年，全国已竣工并投入使用的省、市、县三级康复设施833个，全国残疾人专业康复服务机构8334个，在岗人员24.6万人，2000多个县（市、区）开展社区康复服务。建立残疾儿童康复救助制度，为残疾儿童接受基本康复救助提供制度性保障。8个省市建立了残疾人辅助器具补贴制度，减轻了残疾人家庭经济负担。完善工伤康复制度，提高伤残抚恤标准。2017年，残疾人康复服务覆盖率达到65.6%。

残疾人受教育权保障持续改善。中国保障残疾人享有平等受教育权，颁布修订了《残疾人教育条例》，将残疾人教育纳入《国家中长期教育改革和发展规划纲要（2010—2020年）》和《"十三五"推进基本公共服务均等化规划》，制定实施两期《特殊教育提升计划》，着力办好特殊教育，努力发展融合教育，提高残疾人受教育水平。建立从幼儿园到高等院校的残疾学生资助体系，自2016年秋季起，为家庭经济困难的残疾学生提供从小学到高中阶段的12年免费教育。截至2016年，视力、听力、智力三类残疾儿童义务教育入学率超过90%，其他类别残疾儿童受教育机会明显增加。鼓励特殊教育学校增设学前班或附属幼儿园，将残疾儿童接受学前教育纳入幼儿资助范围。2017年，全国共有特殊教育普通高中班（部）112个，在校生8466人；残疾人中等职业学校（班）132个，在校生12968人；1845名残疾人进入高等特殊教育学院学习。努力发展融合教育。2017年，义务教育阶段普通学校在校残疾学生超过30万人，占义务教育阶段残疾学生总数的比例超过50%，10818名残疾人被普通高等院校录取。

残疾人文化权利保障取得显著进步。残疾人文化服务纳入国家公共文化服务体系。截至2017年，全国省、地市级电视台共开设电视手语栏目285个，广播电台共开设残疾人专题广播节目223个，省、地、县三级公共图书馆共设立盲文及盲文有声读物阅览室959个，座席数达2.5万个。在全国开展残疾人文化周和"共享芬芳"公益巡演展览等文化活动，每年有200多万残疾人参与。努力发展残疾人特殊艺术，每四年举办一届全国残疾人艺术汇演，每届直接和间接参与的残疾人达10余万人。全国各类残疾人艺术团体快速发展，已达281个，残疾人文化艺术从业人员近30万名。结合文化扶贫、文化助残，实施"文化进社区""文化进家庭""盲人数字阅读推广工程"等项目，为基层残疾人提供优秀文化产品和服务。

残疾人就业权获得有效保障。残疾人劳动就业的基本权利受到法律的严格保护。省、市、县三级政府建立了专门的残疾人就业服务机构，截至2017年，残疾人就业服务机构近3000家，工作人员1.5万人。实施残疾人职业技能提升计划，建立了500家国家级残疾人职业培训基地，350家省级残疾人职业培训基地。2013年以来，中国政府为近1800万残疾人建立了就业和培训信息档案，年均新增就业33.3万残疾人。截至2017年，城乡持证残疾人就业人数达到942.1万人。

无障碍环境支持与辅助器具服务加速推进。制定并实施《无障碍环境建设条例》，在无障碍设施建设、信息交流、社区服务等方面作出规定，保障残疾人等社会成员平等参与社会生活。截至2017年，全国共出台451个省、地市、县级无障碍建设与管理的法规、规章和规范性文件。2016年至2017年共有182.8万个残疾人家庭得到无障碍改造。信息无障碍建设步伐加快，截至2018年1月，500多家政府单位完成了信息无障碍公共服务平台建设，3万多个政务和公共服务网站实现了无障碍。累计建立残疾人健身示范点9053个，22.2万户重度残疾人享受到康复体育关爱家庭项目服务。2017年，有244.4万残疾人得到盲杖、助视器、假肢等各类辅助器具适配服务。维护残疾人驾驶机动车权利，已有16万残疾人领取了机动车驾驶证，残疾人个人行动和社会参与能力得到提升。

五、全面加强人权法治建设

改革开放40年来，从加强法制到依法治国再到全面依法治国，中国将人权保障贯穿于科学立法、严格执法、公正司法、全民守法诸环节，努力建设社会主义法治国家，人权法治化保障水平不断迈上新台阶。

（一）构建了较为完备的人权保障法律规范体系

中国逐步建立了以宪法为核心，以宪法相关法、民法商法等多个法律部门的法律为主干，由法律、行政法规、地方性法规等多个层次的法律规范构成的中国特色社会主义法律体系，涵盖人权保障各层面的法律法规已经比较完备。

保障公民及政治权利的法律规范不断完善。立法法规定，有关犯罪和刑罚、对公民政治权利的剥夺和限制人身自由的强制措施和处罚、司法制度等事项，只有全国人大及其常委会有权立法。刑法确立罪刑法定原则、适用刑法人人平等原则、罪责刑相适应原则，刑事诉讼法将"尊重和保障人权"写入总则，明确规定无罪推定原则、非法证据排除规则，既依法打击侵犯公民生命、健康、自由、财产等权利的犯罪行为，又重视保护犯罪嫌疑人、被告人和罪犯依法享有的人权。选举法、集会游行示威法、民族区域自治法以及宗教、信访、出版、社团登记等方面的行政法规，对保障公民及政治权利作出了明确规定。国家安全法、反间谍法、反恐怖主义法、网络安全法、国家情报法、核安全法等法律，为维护公民人身财产安全、公共安全和国家安全提供坚实的法制保障。

保障经济社会文化权利的法律规范更加健全。制定民法通则、民法总则等民事法律，保障公民人身权、人格权、财产权。制定就业促进法、劳动合同法、工会法、职业病防治法等法律，保障公民劳动权。出台社会保险法，建立并完善统筹城乡的社会保障体系，落实社会保障权。制定食品安全法、药品管理法、传染病防治法、中医药法、体育法、全民健身条例等法律法规，保护公民生命权、健康权。制定修订教育法、义务教育法、高等教育法、教师法等法律，推动教育均衡发展，保障公民受教育权。制定文物保护法、非物质文化遗产法、公共文化服务保障法、电影产业促进法、公共图书馆法、博物馆条例、公共文化体育实施条例等法律法规，丰富公共文化服务内容，保障公民文化权益的实现。逐渐完善以专利法、商标法、著作权法为核心的知识产权法律法规体系，依法保障无形财产权利，不断加大知识产权保护力度，激发创新主体积极性，促进知识产权运用。制定环境保护法、大气污染防治法、土壤污染防治法、水污染防治法、海洋环境保护法、水土保持法等生态环境法律法规，建立环境侵权诉讼和公益诉讼程序规则，为人民享有环境权利提供牢固法律保障。

（二）形成严格公正的人权保障执法体系

中国不断强化依法行政，通过建设职能科学、权责法定、执法严明、公开公正、廉洁高效、守法诚信的法治政府，将人民权益得到切实有效保障作为法治政府的衡量标准和最终目标，在严格执法、执法为民中尊重和保障人权。

依法确定行政权力界限。确立法无授权不可为的行政执法原则，实施权力清单、责任清单制度，禁止法外设权、违法用权。行政诉讼法为监督行政机关依法行使权力和维护公民合法权利提供明确法律依据，自颁布实施以来，平均每年受理行政案件10万余件。持续深化"放管服"改革，加快转变政府职能，削减国务院部门行政审批事项，彻底终结非行政许可审批，大幅减少中央政府层面核准的企业投资项目、行政审批中介服务事项、职业资格许可和认定等。

不断完善行政执法程序。建立健全行政裁量权基准制度，细化行政裁量标准，规范裁量范围、种类、幅度。健全行政执法调查取证、告知、罚没收入管理等制度，明确听证的适用条件，严格执行重大行政执法决定法制审核制度，全方位实施政府法律顾问制度。推行行政执法公示制度和执法全过程记录制度，实现全过程留痕和可回溯管理。加强行政执法信息化建设和信息共享，推动建立统一的行政执法信息平台，完善网上执法办案及信息查询系统。

深入推进严格规范公正文明执法。大力推进执法规范化建设，规范执法权力运行，着力推进执法公开，构建高效、便捷、公正、透明的执法机制。完善执法质量考评和责任追究机制，有效规范执法人员执法行为，保障行政管理相对人合法权益。开展综合行政执法体制改革试点，整合执法职能部门，推行综合执法，加大对重点领域的执法力度。健全行政执法人员资格管理制度，将通过全国统一法律职业资格考试作为部分行政执法人员的任职条件。全面建设法治公安，着力提升民警执法素质，实行民警执法资格等级考试制度，截至2018年9月，全国公安机关在职民警共有170.04万人取得基本级执法资格，4.77万人取得高级执法资格。

（三）有效提升人权司法保障水平

中国以宪法、人民法院组织法、人民检察院组织法以及相关诉讼法为法律依据，建立健全公安机关、检察机关、审判机关、司法行政机关各司其职，侦查权、检察权、审判权、执行权相互配合、相互制约的司法体制机制，加强人权司法保障，完善国家赔偿制度、司法救助制度，坚持司法为民，努力让人民群众在每一个司法案件中都感受到公平正义。

在深化司法改革中推进人权司法保障。先后发布四个"人民法院五年改革纲要"和三个"人民检察院检察改革三年意见"。中共十八届三中全会和十八届四中全会把加强和完善人权司法保障纳入全面深化改革和全面推进依法治国战略布局。保障人民法院、人民检察院依法独立公正行使审判权、检察权，实行人财物省级统一管理，设立最高人民法院巡回法庭，设立跨行政区划人民法院和人民检察院。实行法官检察官员额制，司法人员正规化、专业化、职业化水平进一步提升。实行立案登记制，保障当事人诉权。推进以审判为中心的诉讼制度改革，保证庭审在公正裁判中发挥决定性作用。实行司法责任制，加强对司法活动的监督。改革和完善人民陪审员制度，促进司法公正，提升司法公信力。建成审判流程、庭审活动、裁判文书、执行信息四大公开平台，深化司法公开。

保障当事人获得公正审判的权利。充分保障犯罪嫌疑人和被告人的辩护权，犯罪嫌疑人自被侦查机关第一次讯问或者被采取强制措施之日起，有权委托辩护人，被告人有权随时委托辩护人。推进刑事案件律师辩护全覆盖试点工作，努力保障所有刑事案件被告人都能获得律师辩护，促进司法公正。严格遵循证据裁判原则，对证据不足不构成犯罪的依法宣告无罪，坚决防止和纠正冤假错案。中国严格控制并慎用死刑，大幅减少适用死刑的罪名。2007年，最高人民法院收回死刑复核权。建立完善法律援助制度，扩大被援助人覆盖范围，为犯罪嫌疑人、被告人提供法律咨询、辩护。截至2018年9月，全国共设立法律援助机构3200余个，法律援助工作站7万余个，建立看守所法律援助工作站2500多个，法院法律援助工作站3300多个，实现在看守所、人民法院法律援助工作站全覆盖。

保障犯罪嫌疑人、被告人、服刑人及刑满释放人员合法权利。出台《看守所条例》，并正在起草制定看守所法，进一步保障被羁押人的人格尊严及律师会见、申诉、医疗等合法权利。制定并严格执行监狱法，保障罪犯人格尊严不受侵犯，人身权、生命健康权、受教育权等得到维护，深化狱务公开。出台《律师会见监狱在押罪犯规定》，开展罪犯离监探亲活动，有效保护罪犯合法权利。建立社区矫正制度，依法扩大非监禁刑适用，促进社区服刑人员顺利回归社会。截至2018年9月，全国已累计接收社区服刑人员412万人，解除矫正342万人，现有社区服刑人员70万人，矫正期间再犯罪率一直处于0.2%左右的较低水平。健全完善刑满释放人员救助管理制度，对符合条件的刑满释放人员落实最低生活保障、临时救助等救助措施，落实就业扶持政策，提高刑满释放人员就业能力。

建立健全国家赔偿制度和司法救助制度。颁布国家赔偿法，不断完善行政赔偿、刑事赔偿和非刑事司法赔偿制度，增加精神损害赔偿，提高赔偿标准，保障赔偿金及时支付。侵犯公民人身自由权每日赔偿金额从1995年的17.16元人民币，上升到2018年的284.74元人民币。2013年至2018年6月，各级人民法院受理国家赔偿案件22821件。不断完善司法救助制度，出台《关于开展刑事被害人救助工作的若干意见》等文件，设立司法救助委员会，积极推动司法救助与社会救助、法律援助的衔接。2013年至2017年，发放司法救助金26.7亿元，帮助无法获得有效赔偿的受害人摆脱生活困境。

切实解决执行难，保障胜诉当事人权利实现。建立健全民事裁判文书强制执行机制，建立失信被执行人信用监督、威慑和惩戒法律制度，建立全国统一的网络执行查控体系、信用惩戒网络系统和网络司法拍卖平台。2016年至2018年9月，全国法院共受理执行案件1884万件，执结1693.8万件（含终本案件），执行到位金额4.07万亿元。规范查封、扣押、冻结、处理涉案财物的司法程序，在保障胜诉当事人权益的同时，不损害被执行人合法权利。

（四）建立严密的反腐法治体系

中国大力推进法治反腐，把权力关进制度的笼子，为加强人权法治化保障提供有力支撑。

完善反腐败体制机制。1978年，各级检察机关设立反贪污贿赂和法纪检察内设机构，严厉打击各类贪污贿赂渎职犯罪；1995年和2005年，最高人民检察院分别成立反贪污贿赂总局和反渎职侵权局；2007年，设立国家预防腐败局。2018年，通过宪法修正案并制定监察法，组建国家监察委员会，实现对所有行使公权力的公职人员监察全覆盖。

坚决开展反腐败斗争。中国共产党和中国政府坚定不移地开展党风廉政建设和反腐败斗争，坚持无禁区、全覆盖、零容忍，坚持重遏制、强高压、长震慑，坚持受贿行贿一起查，持续保持惩治腐败高压态势。2012年12月至2018年9月，全国纪检监察机关共立案215.3万件，处分213.2万人。2012年12月至2017年9月，涉嫌犯罪被移送司法机关处理5.8万人。坚决整治群众身边的腐败，特别是扶贫、教育、医疗、食品药品及涉黑"保护伞"等领域腐败问题，2015年至2018年9月，共查处侵害群众利益的腐败和作风问题39.98万件，处理51.21万人。深化国际反腐败合作，公布百名外逃人员红色通缉令，连续组织开展"天网行动"。2014年至2018年9月，共从120多个国家和地区追回外逃人员4719人，追赃103.72亿元，"百名红通人员"已有54名落网。

（五）营造人权法治保障的良好氛围

注重提高全社会的人权法治意识，夯实人权法治化保障的社会基础。自1986年开始在全国范围内连续实施七个5年普法计划，普及人权法治观念，实行国家机关"谁执法谁普法"普法责任制。确定每年12月4日为国家宪法日，开展宪法教育，促进依法保障人权观念深入人心。注重把法治与人权教育纳入国民教育体系，在中小学教育中融入人权基础知识，在高校开设人权法学等人权类课程。设立国家人权教育与培训基地，出版《人权》《人权研究》等特色鲜明的专业刊物，面向各级领导干部、不同阶层群体开展专项人权培训。中国人权研究会等社会组织大力推进人权研究、教育和知识普及，共同为保障人权奠定坚实的社会基础。

六、努力推动各国人权事业共同发展

改革开放40年来，中国在大力推进自身人权事业发展的同时，积极与世界分享人权事业发展经验，为各国创造更多的发展机遇。中国秉持共商共建共享全球治理观，把为人类作出新的更大贡献作为自己的使命，倡导并推进生存权、发展权、和平权等各项人权在世界范围内的实现，努力为世界人权事业发展作出贡献。

加大发展援助。多年来，中国在减贫、教育、卫生、基础设施、农业生产等领域向亚洲、非洲等发展中国家援建的农业、工业、交通运输、能源电力、信息通讯等重大基础设施项目，帮助发展中国家满足基础设施建设需求、破除发展瓶颈，在保障当地民众民生权利实现方面发挥了重要作用。1950年至2016年，中国在自身长期发展水平和人民生活水平不高的情况下，累计对外提供援款4000多亿元人民币，实施各类援外项目5000多个，其中成套项目近3000个，举办11000多期培训班，为发展中国家在华培训各类人员26万多名。截至2017年，中国先后向亚洲、非洲、拉丁美洲和加勒比、欧洲和大洋洲的72个国家和地区累计派遣医疗队员2.5万人次，诊治患者2.8亿人次，挽救了无数生命，赢得了受援国政府和人民的高度评价。

提升发展能力。中国国家主席习近平近年来多次在国际场合宣布一系列重大对外援助倡议和举措，充分彰显了中国促进人类共同发展的大国责任和历史担当。中国在南南合作框架下稳步扩大对其他发展中国家的援助规模，注重打造或提升区域合作平台，充分借助上海合作组织、金砖国家、中国—东盟（10+1）会议、中国东盟博览会、澜沧江—湄公河合作机制以及中非合作论坛、中拉论坛、中阿合作论坛等机制的带动作用，不断提升各国发展能力。中国提出"一带一路"倡议，发起成立亚洲基础设施投资银行和新开发银行，设立丝路基金和南南合作援助基金，设立中国国际发展知识中心，设立南南合作与发展学院，支持和帮助受援国增强自主发展能力、减少贫困、改善民生、保护环境，为各国人民发展权的实现创造更好条件。中国在吉布提、斯里兰卡科伦坡、马来西亚关丹的港口、产业、城市融合发展模式得到沿线国家的积极认同。稳步加大对外援助培训力度，通过举办培训班、派出管理人员和技术专家、派出青年志愿者、提供奖学金名额等方式，为发展中国家举办各类政府官员研修、学历学位教育、实用技术培训以及其他人员交流项目，及时分享发展经验和实用技术。2013年至2017年间，在"一带一路"沿线国家建设的经贸合作区，带动东道国就业超过20万人。"中非十大合作计划"相关项目实施后，将帮助非洲新增约3万公里的公路里程、超过900万吨/日的清洁用水处理能力，为非洲国家创造近90万个就业岗位。其中，蒙内铁路自2017年开通后，拉动肯尼亚国内生产总值增长1.5%至2%。

开展人道救援。改革开放之初，中国的人道主义援助以支援发展中国家应对严重自然灾害为主，其中包括向遭受严重旱灾的一大批非洲国家、遭受特大风灾的孟加拉国等国提供紧急援助。2001年以来，中国逐渐加大对国际人道主义援助体系的参与度，积极参与联合国机构主导的国际人道主义援助活动，援助规模逐年扩大。自2004年以来，中国累计提供国际人道主义援助300余次，平均年增长率为29.4%。所提供援助包括向东南亚国家提供防治禽流感技术援助；就几内亚比绍蝗灾和霍乱，墨西哥甲型H1N1流感，非洲埃博拉、黄热病、鼠疫等传染病疫情，伊朗、海地、智利、厄瓜多尔、墨西哥地震，马达加斯加飓风，印度洋海啸，巴基斯坦洪灾，美国卡特里娜飓风，智利山火，加勒比有关国家飓风等提供物资、现汇和人员等人道主义援助等；向朝鲜、孟加拉国、尼泊尔等国提供粮食等人道主义物资援助。2014年3月西非多国爆发埃博拉疫情，中国向受灾地区提供四轮援助，总额达7.5亿元人民币，派出专家和医护人员累计超过1000人次。中国不断制定并完善有关国际人道主义救援法律法规和工作机制，重视加强与联合国机构和民间组织在人道主义援助领域的合作。1979年中国加入联合国儿童基金会、世界粮食计划署，恢复了在联合国难民署执委会的活动，并多次向其捐款捐物。中国红十字会、中华慈善总会、中国福利会、中国扶贫基金会等社会团体、民间组织和一些企业甚至个人都参与其中，切实向国际社会传达中国积极参与国际人道主义救援、切实维护人权的真实愿望。

维护世界和平。中国始终致力于与各国共同维护国际和平，支持国际和地区反恐合作，为世界人权事业发展营造和平和谐的环境，以和平促进发展，以发展巩固和平，为和平权的实现作出了重要贡献。近年来，中国努力为解决地区热点问题提供方案，在巴勒斯坦问题上多次提出主张和倡议，深度参与伊朗核问题谈判，积极斡旋南苏丹国内和解，努力推动叙利亚问题政治解决，推动阿富汗政府与塔利班开启和谈，推动朝鲜半岛问题政治解决进程。中国坚定支持并积极参与联合国维和行动。1990年4月，中国首次向联合国停战监督组织派遣5名军事观察员，这标志着中国开始正式参与联合国维和行动。截至2018年5月，中国累计向苏丹、黎巴嫩、柬埔寨、利比里亚等国家和地区派出维和军事人员3.7万余人次，先后派出维和警察2700余人次，参加了约30项联合国维和行动，是联合国安理会常任理事国中派出维和人员最多的国家，是联合国维和行动第二大出资国。2017年9月，中国完成8000人规模维和待命部队在联合国的注册工作。这是中国履行大国责任，以实际行动兑现支持联合国维和行动承诺的重要举措，也是推进世界人权事业发展的重要举措。

七、积极参与全球人权治理

改革开放40年来，中国坚持平等互信、包容互鉴、合作共赢精神，积极参与联合国人权事务，认真履行国际人权义务，广泛开展国际人权合作，不断推进全球人权治理朝着公正合理的方向发展。

认真履行国际人权条约义务。截至目前，中国共参加 26 项国际人权文书，其中包括《经济、社会及文化权利国际公约》《消除一切形式种族歧视国际公约》等 6 项主要人权文书。中国认真履行条约义务，包括在国内立法、修法、制定政策等方面注重与条约规定相衔接，按照条约规定撰写并提交履约报告，全面反映国家履行人权条约的进展、困难和问题。中国认真参加条约机构对中国执行条约情况的审议，截至 2018 年 8 月，中国已向各条约机构提交履约报告 26 次，总计 39 期，接受审议 26 次。在审议过程中，中国与相关人权条约机构开展建设性对话，结合中国国情，积极采纳条约机构建议。中国支持对人权条约机构进行必要改革，促进条约机构与缔约国在相互尊重的基础上开展对话与合作。中国积极推荐专家参选条约机构委员，多名中国专家出任联合国经济、社会和文化权利委员会，禁止酷刑委员会，消除种族歧视委员会，消除对妇女歧视委员会，残疾人权利委员会委员。

主动参与创设国际人权规则与机制。改革开放以来，中国参加了《禁止酷刑和其他残忍、不人道或有辱人格的待遇或处罚公约》《儿童权利公约》《残疾人权利公约》《保护所有移徙工人及其家属权利国际公约》，以及《经济、社会及文化权利国际公约》任择议定书等重要人权文件制定工作组会议，为这些规则的起草、修改和完善作出了重要贡献。中国作为主要推动者之一，参与了《发展权利宣言》的起草工作，积极推动联合国人权委员会和人权理事会就实现发展权问题进行全球磋商，致力于推动构建发展权实施机制。1993 年，中国推动亚洲国家通过《曼谷宣言》。中国作为第二届世界人权大会的副主席国，参加了《维也纳宣言和行动纲领》的起草工作。1995 年，在北京主办第四次世界妇女大会。2006 年以来，中国支持联合国人权理事会设立安全饮用水、文化权、残疾人权利等专题性特别机制；倡导召开关于粮食安全、国际金融危机等的特别会议，积极推动完善国际人权机制。中国是最早参加联合国气候变化大会的国家，全程参与并有效推动国际气候谈判，为《巴黎气候变化协定》的最终通过作出贡献。中国积极推动联合国《2030 年可持续发展议程》的制定和实施。

积极参与联合国人权事务。自 1979 年起，中国连续 3 年作为观察员出席联合国人权委员会会议。1981年，中国在联合国经社理事会组织会议上当选为人权委员会成员国。自1982年起，中国正式担任人权委员会成员国并一直连选连任。自1984年起，中国推荐的专家连续当选为防止歧视和保护少数小组委员会的委员和候补委员。积极参与人权委员会对相关议题的讨论和磋商。为构建公正、客观、透明的国际人权机制，中国积极参与联合国人权专门机制的改革，在设立联合国人权理事会的磋商和最后表决过程中发挥了重要作用。自2006年3月以来，中国四度当选人权理事会成员。同联合国人权高专办等保持建设性接触，鼓励其客观、公正履职，重视发展中国家关切。与人权理事会特别机制开展合作，自1994年以来，中国先后邀请宗教信仰自由特别报告员、任意拘留问题工作组、教育权特别报告员、酷刑问题特别报告员、粮食权特别报告员、消除对妇女歧视问题工作组、外债对人权影响问题独立专家、极端贫困与人权问题特别报告员访华。认真对待人权理事会特别机制来函，在认真调查的基础上及时答复。深入参与有关人权机制工作，推动多边人权机构以公正、客观、非选择性方式处理人权问题。认真落实中国在人权理事会第一轮、第二轮国别人权审查中接受的建议，积极参与第三轮国别人权审查。连任联合国非政府组织委员会成员。多名专家出任联合国人权理事会咨询委员会、形势工作组成员。鼓励非政府组织积极参与人权理事会等人权机制活动。

广泛开展国际人权交流与合作。中国始终致力于在平等和相互尊重基础上与世界各国就人权议题开展建设性对话与合作，广泛开展人权领域的交流交往。自上世纪90年代起，中国陆续与20多个国家建立人权对话或磋商机制。同美国、欧盟、英国、德国、瑞士、荷兰、澳大利亚、新西兰等西方国家或国际组织举行人权对话、人权交流、法律专家交流和人权技术合作，促进政府部门、司法机构、学术团体交流互鉴，增进了解。同俄罗斯、埃及、南非、巴西、马来西亚、巴基斯坦、白俄罗斯、古巴、非盟等开展人权磋商，分享经验，深化合作。

近年来，中国先后在北京举办"纪念联合国《残疾人权利公约》通过十周年大会"、"亚欧非正式人权研讨会"、"纪念《发展权利宣言》通过30周年国际研讨会"、首届"南南人权论坛"等大型国际人权论坛或研讨会，促进了国际人权对话与交流。中国人权研究会等人权领域民间组织积极开展人权交流与合作，成功举办九届"北京人权论坛"，连续举办四届"中欧人权研讨会"和多届"中德人权研讨会""中美司法与人权研讨会""国际人权文博会"等活动，为各国之间文明交流互鉴起到了重要作用。中国每年通过接待相关国家和国际人权组织代表来访、安排中国人权代表团出访等形式，不断加强并深化与世界各国在人权领域的交流合作，增进彼此之间的了解和理解。

努力提供全球人权治理中国方案。中国积极参与全球人权治理，在联合国大会、人权理事会等场合提出系列倡议，推动构建公平正义、合理有效的国际人权体系。中国明确提出"生存权发展权是首要的基本人权"的理念，坚持各项人权要协同推进，坚持人权的普遍性与特殊性相统一，强调以合作促发展、以发展促人权等人权理念和主张对广大发展中国家乃至世界人权事业发展具有重要引领作用。习近平主席提出的构建人类命运共同体理念，在国际上引起热烈反响，先后被写入联合国人权理事会、联合国安理会等机构的多份决议，正在被越来越多的国家所接受，成为推动包括全球人权治理在内的世界未来发展的中国智慧和中国方案。中国推动联合国人权理事会通过"纪念第四次世界妇女大会暨《北京宣言》和《行动纲领》通过20周年"主席声明、"加强公共卫生能力建设促进健康权""发展对享有所有人权的贡献""在人权领域促进合作共赢"等决议。尤其是"发展对享有所有人权的贡献"决议的通过，首次将"发展促进人权"引入国际人权体系。中国多次代表140余国就"加强人权合作""落实发展权""共建人类命运共同体"等议题作共同发言；多次在联合国举办"减贫促进人权"等主题的人权边会和展览。

八、成功走出符合国情的人权发展道路

改革开放40年中国人权事业取得巨大成就，成功走出了一条符合本国国情的人权发展道路。这条道路源于中国历史，植根中国现实，借鉴各国经验，是中国共产党带领人民通过接续不断的实践创新和理论探索形成的，反映了中国特色社会主义的本质要求。

坚持把以人民为中心作为人权事业发展的核心理念。人民是推动历史进步的根本动力。坚持以人民为中心，让老百姓过上好日子，是中国改革开放的初

心和鲜明价值取向。尊重人民主体地位，保障人民政治权利，从各层次各领域扩大人民有序政治参与，保证人民平等参与、平等发展权利；把增进人民福祉，朝着共同富裕方向稳步前进作为发展的出发点和落脚点，使人民成为发展的主要参与者、促进者和受益者，让人民有更好的教育、更稳定的工作、更满意的收入、更可靠的社会保障、更高水平的医疗服务、更舒适的居住条件、更优美的环境，促进人的全面发展。中共十八大以来，中国共产党明确提出以人民为中心的发展思想，始终把人民利益摆在至高无上的地位，把人民对美好生活的向往作为奋斗目标，不断提高尊重与保障人民各项基本权利的水平。中国共产党和中国政府从人民利益出发，谋划改革思路、制定改革举措，人民关心什么、期盼什么，改革就抓住什么、推进什么，人民有所呼、改革有所应。中国人民实现中华民族伟大复兴中国梦的过程，本质上就是实现社会公平正义和不断推动人权事业发展的进程，实现好、维护好、发展好最广大人民根本利益，使发展成果更多更公平惠及全体人民，让每个人都能有尊严地发展自我和奉献社会。

坚持把人权的普遍性原则同中国实际相结合。人权的普遍性基于人的尊严和价值，也基于人类的共同利益和共同道德。在实现人权的问题上，不可能有放之四海而皆准的模式，人权事业发展必须也只能按照各国国情和人民需要加以推进。中国共产党和中国政府始终坚持历史、辩证、发展地看待人权问题，基于中国特色社会主义这一制度优势，牢牢立足中国处于并将长期处于社会主义初级阶段这个最大的国情和最大的实际，坚持普遍性与特殊性相统一，主动适应人民的发展要求，始终致力于有计划、有步骤、分阶段地促进人权事业发展进步。

坚持把生存权和发展权作为首要的基本人权。近代中国，长期遭受外来侵略，积贫积弱。从苦难中一路走来的中国人民深刻认识到，生存权和发展权是首要的基本人权，是享有其他人权的前提和基础。发展既是消除贫困的手段，也为实现其他人权提供了条件，同时还是人实现自身潜能的过程。中国始终把发展作为第一要务，不断解放和发展生产力，致力于消除贫困，创造了经济增长的世界奇迹，实现了人民生活从贫困到温饱再到小康的历史性跨越。中国从实际出发，遵循创新、协调、绿色、开放、共享的发展理念，遵循平衡性、可持续性的发展思路，将城乡、区域、经济与社会及人与自然之间的和谐发展作为实现和保障发展权的坚实基础。

坚持把全面协调推进各项权利作为保障人权的重要原则。改革开放40年来，中国人权事业发展坚持各项权利相互依赖与不可分割的原则，对各项权利的发展进行统筹协调、统一部署、均衡促进，切实推动经济、社会、文化权利和公民权利、政治权利的平衡发展，促进个人人权和集体人权的协调发展。中共十八大以来，中国共产党提出实现中华民族伟大复兴中国梦，统筹推进经济、政治、文化、社会和生态文明建设"五位一体"总体布局，协调推进全面建成小康社会、全面深化改革、全面依法治国、全面从严治党"四个全面"战略布局，推进了中国人权事业的全面发展，体现了人权的整体性发展思想。

坚持把依法治国作为人权发展的制度保障。法治是人类文明进步的标志，也是人权得以实现的重要保障。中国坚持依法治国基本方略，努力建设社会主义法治国家，全方位提升人权法治化保障水平，保证人民依法享有更加充分的权利和自由，努力实现社会公平正义，更好推动人的全面发展、社会全面进步。中共十八大以来，党和政府全面推进依法治国，坚持法治国家、法治政府、法治社会一体建设，将尊重和保障人权置于社会主义法治国家建设更加突出的位置，将人权保障贯穿于科学立法、严格执法、公正司法和全民守法等各个环节，真正让法治的阳光照亮每一个角落。

坚持把构建人类命运共同体作为推动全球人权治理的使命担当。中国一直是国际人权事业健康发展的倡导者、践行者和推动者。改革开放以来，中国始终追求世界共同发展，坚持"既要让自己过得好，也要让别人过得好"。中国利用世界和平发展带来的机遇发展自己，又以自身的发展更好地维护世界和平、促进共同发展，为全球人权事业作出了突出贡献。中国主张不同文明、不同国家之间相互包容、相互交流、相互借鉴，共同推进人权发展。国际人权事务应由各国共同商量，全球人权治理体系要由各国共同建设，人权发展成果要由各国人民共同分享。各方应该始终恪守《联合国宪章》宗旨和原则，坚持主权平等原则，建设性地开展人权交流与合作。中国全面深入参与国际人权合作，推动建立公正合理的国际人权治理体系，努力与各国一道构建人类命运共同体。

结束语

改革开放 40 年,中国人民的获得感、幸福感、安全感显著提升,中国人权事业取得了辉煌成就,中国人民从来也没有像今天这样享有如此广泛的人权,这是举世公认的事实。

中国是当今世界上最大的发展中国家。中国人权事业的发展进步,不仅使中国人民享有充分的人权,而且为全人类发展作出重大贡献,为维护人的尊严,丰富人权文化多样性,提供了中国经验和中国方案。

人权没有最好,只有更好。实现更加充分的人权保障,中国还有很长的路要走,仍面临许多困难和挑战。中国的发展仍处于并将长期处于社会主义初级阶段,发展不平衡不充分问题突出,民生领域还有不少短板,脱贫攻坚任务艰巨,人民在就业、教育、医疗、养老、环境等方面还有更多的期盼,人权保障法治化水平仍需进一步提高。

当前,在以习近平同志为核心的党中央的坚强领导下,中国人民正为实现"两个一百年"奋斗目标和中华民族伟大复兴的中国梦而努力。再经过几十年的不懈奋斗,中国人民的各项权利必将得到更好和更高水平的保障,中国人民将更加享有尊严、自由和幸福。中国人权事业的明天将更加美好!

平等、参与、共享：
新中国残疾人权益保障 70 年

中华人民共和国国务院新闻办公室

2019 年 7 月

前言

残疾人是人类大家庭的平等成员。尊重和保障残疾人的人权和人格尊严，使他们能以平等的地位和均等的机会充分参与社会生活，共享物质文明和精神文明成果，是国家义不容辞的责任，也是中国特色社会主义制度的必然要求。

中国有 8500 万残疾人。新中国成立 70 年来，在建设中国特色社会主义伟大事业进程中，中国共产党和中国政府本着对人民负责的精神，坚持以人民为中心，关心特殊困难群体，尊重残疾人意愿，保障残疾人权利，注重残疾人的社会参与，推动残疾人真正成为权利主体，成为经济社会发展的参与者、贡献者和享有者。

在习近平新时代中国特色社会主义思想指引下，中国将残疾人事业发展作为全面建成小康社会的重要目标，坚持政府主导与社会参与、市场推动相结合，坚持增进残疾人福祉和促进残疾人自强自立相结合，将残疾人事业纳入国家经济社会发展总体规划和国家人权行动计划，残疾人权益保障的体制机制不断完善，残疾人社会保障制度和服务体系不断健全，残疾人获得感、幸福感、安全感持续提升，残疾人事业取得举世瞩目的历史性成就。

一、残疾人事业发展历程

中华人民共和国成立 70 年来，中国从国情和实际出发，努力促进和保护残疾人权利和尊严，保障残疾人平等参与经济、政治、社会和文化生活，走出了一条具有中国特色的残疾人事业发展道路。

残疾人获得平等地位。新中国成立以后，残疾人在政治上获得了和其他人一样的地位，享受应有的公民权利和义务。中国政府公布实施《革命残废军人优待抚恤暂行条例》等法规，对伤残军人等伤残人员的休养、治疗、生活、学习、工作给予特殊保障；建立福利机构和精神病院，收养或安置无依无靠的重度残疾人、残疾孤儿、残疾老人、精神残疾人和残疾军人；兴办了盲童学校、聋哑学校等特殊教育学校，确立了特殊教育在国民教育体系中的地位。在农村，对符合条件的失去劳动能力的残疾人由集体经济组织给予"五保"待遇（即保吃、保穿、保住、保医、保葬或保教）；在城市，兴办福利工厂、福利生产单位安排残疾人就业。探索社会化管理方式，1953 年成立中国盲人福利会，1956 年成立中国聋哑人福利会，1960 年在此基础上成立中国盲人聋哑人协会。大部分省、自治区、直辖市也建立起地方协会和基层组织，残疾人开始参与自身事务的管理。全国城乡劳动就业的残疾人增多，文化体育活动有所开展，残疾人生活初步改善。

残疾人事业在改革开放中兴起。改革开放以来，中国共产党和中国政府实施了一系列发展残疾人事业、改善残疾人状况的重大举措。1984 年成立中国残疾人福利基金会，1987 年开展第一次全国残疾人抽样调查，1988 年成立中国残疾人联合会（简称"中国残联"），1991 年颁布实施《中华人民共和国残疾人保障法》并第一次制定实施中国残疾人事业五年计划纲要。进入 21 世纪，国家加快推进全面小康社会建设，残疾人事业全面提升。2008 年出台《中共中央 国务院关于促进残疾人事业发展的意见》，同年修订《中华人民共和国残疾人保障法》。残疾人事业由改革开放初期以救济为主的社会福利工作，逐步发展成为包括康复、教育、就业、扶贫、社会保障、维权、文化、体育、无障碍环境建设、残疾预防等领域的综合性社会事业。残疾人参与社会生活的环境大为改善，残疾人的经济、政治、文化和社会权利得到尊重和保障；残疾人的面貌发生根本性变化，由被动的受助者变为积极参与的主体，成为经济社会发展的一支重要力量，在改革和发展中涌现出一大批像张海迪那样的体现民族精神和时代风貌的优秀残疾人。

残疾人事业迈上新台阶。中共十八大以来，以习近平同志为核心的党中央对残疾人格外关心、格外关注。2014 年、2019 年习近平两次会见全国自强模范暨助残先进集体和个人表彰大会受表彰代表，为我国残疾人事业发展指明方向，2014 年向中国残疾人福利基金会成立 30 周年发去贺信提出"残疾人是一个特殊困难的群体，需要格外关心、格外关注"，2017 年向 2013—2022 年亚太残疾人十年中期审查高级别政府间会议致贺信提出"中国将进一步发展残疾人事业，促进残疾人全面发展和共同富裕"，2016 年在河北省唐山市考察时提出"2020 年全面建成小康社会，残疾人一个也不能少"的任务目标。自中共十八大以来，残疾人工作成为"五位一体"总体布局和"四个全面"战略布局的重要内容。在国家层面建立起覆盖数千万残疾人口，包含生活补贴、护理补贴、儿童康复补贴等内容的残疾人专项福利制度；在全国范围内将数百万农村贫困残疾人脱贫作为打赢脱贫攻坚战的重点，精准施策、特别扶助；在实施"健康中国"战略中高度重视和关注每个残疾人的健康问题，加快实现"人人享有健康服务"目标；将残疾人基本公共服务纳入国家基本公共服务体系，持续推进残疾人基本公共服务托底补短工作，不断提高残疾人基本公共服务供给水平；各行各业、社会各个方面都在努力消除障碍，越来越多的残疾人接受更好教育、实现就业创业、平等参与社会。残疾人"平等、参与、共享"的目标得到更好实现，关心帮助残疾人的社会氛围更加浓厚，残疾人事业发展进入了快车道，残疾人获得感、幸福感、安全感持续提升，残疾人事业整体发展水平迈上一个新台阶。

二、残疾人权益保障机制

中国坚持将残疾人事业纳入国家发展战略，加强残疾人权益法治保障，健全残疾人工作体制，残疾人权益保障机制不断完善。

残疾人事业纳入国家发展战略。自 1991 年开始，残疾人事业被纳入国民经济和社会发展总体规划,"十一五"至"十三五"国民经济和社会发展规划中分别设立"保障残疾人权益""加快残疾人事业发展""提升残疾人服务保障水平"专节。国务院先后颁布7个残疾人事业五年发展规划,对残疾人权益保障工作作出总体部署;发布《国务院关于加快推进残疾人小康进程的意见》《"十三五"加快残疾人小康进程规划纲要》《"十三五"推进基本公共服务均等化规划》《国家残疾预防行动计划(2016—2020年)》和两期《特殊教育提升计划》等一批专项规划,进一步细化残疾人事业发展的工作任务和责任清单;自2009年开始施行的三期国家人权行动计划均规定了残疾人权益保障的任务要求和完成指标。

残疾人权益保障法治化。中国已形成以《中华人民共和国宪法》为核心,以《中华人民共和国残疾人保障法》为主干,以《残疾预防和残疾人康复条例》《残疾人教育条例》《残疾人就业条例》《无障碍环境建设条例》等为重要支撑的残疾人权益保障法律法规体系。截至2018年4月,直接涉及残疾人权益保障的法律有80多部,行政法规有50多部。《中华人民共和国宪法》明确规定包括残疾人在内的所有公民都依法享有选举权和被选举权,《中华人民共和国残疾人保障法》规定残疾人在经济、政治、文化、社会和家庭生活等方面享有同其他公民平等的权利,《中华人民共和国选举法》对残疾人行使选举权作出特殊规定,要求为残疾人参加选举提供便利。2018年,共有5000多名残疾人、残疾人亲友和残疾人工作者担任县级以上人大代表和政协委员。国家采取多种措施保障残疾人参与公共事务的平等权利。全国人大常委会多次开展《中华人民共和国残疾人保障法》实施情况的执法检查,持续推动残疾人合法权益保障工作不断改进,全国政协通过开展多种形式的协商议政活动持续推进残疾人的权益保护,最高人民法院、最高人民检察院与中国残联建立协调工作机制,公安部依法严厉打击侵犯残疾人合法权益的违法犯罪行为。全国普遍开通12385残疾人服务热线,建成残疾人信访工作网上服务平台,拓宽残疾人利益诉求渠道。

残疾人公共法律服务体系优先建设。最高人民法院等九部门联合印发《关于加强残疾人法律救助工作的意见》,成立了残疾人法律救助工作协调领导小组,指导地方设立残疾人法律救助工作站。最高人民法院要求各级人民法院为残疾人开辟绿色通道，提供优先服务；同时要求为残疾人提供司法便民服务，为残疾人参加庭审活动提供无障碍设施。司法部发布《关于"十三五"加强残疾人公共法律服务的意见》，拓展了残疾人公共法律服务领域，扩大了残疾人法律援助范围，加强了残疾人刑事法律援助。截至2018年，全国设立残疾人法律援助工作站2600余个，建成法律援助便民服务窗口2600余个，各级残疾人联合会（简称"残联"）建立残疾人法律救助工作站1814个。2014年至2018年，共为31.2万残疾人提供法律援助，法律援助机构组织为残疾人提供法律咨询共计124.2万人次。

残疾人工作体制逐步健全。在推进残疾人事业的工作实践中，形成了党委领导、政府负责、社会参与、残疾人组织充分发挥作用的中国残疾人工作体制。2008年3月发布《中共中央 国务院关于促进残疾人事业发展的意见》，明确了残疾人事业发展的总体要求。成立由34个部委和机构负责人组成的国务院残疾人工作委员会（简称"国务院残工委"），协调国务院有关残疾人事业方针、政策、法规、规划的制定与实施，解决残疾人工作中的重大问题。国务院残工委各成员单位按照部门分工履行残疾人事业有关职责，推动有关残疾人政策的制定与落实。全国县级以上人民政府均成立了残疾人工作委员会。中国残联及地方各级残联充分发挥代表、服务、管理职能，成为党和政府联系残疾人的桥梁和纽带。工会、共青团、妇联等人民团体和老龄协会等社会组织发挥各自优势，维护残疾职工、残疾青年、残疾妇女、残疾儿童和残疾老人的合法权益。红十字会、慈善会、残疾人福利基金会等慈善组织为残疾人事业筹集善款，开展爱心捐助活动。企事业单位承担社会责任，为残疾人事业发展贡献力量。

残疾人组织得到充分发展。中国残联是国家法律确认、国务院批准的由残疾人及其亲友和残疾人工作者组成的人民团体，它代表残疾人共同利益，维护残疾人合法权益；团结帮助残疾人，为残疾人服务；履行法律赋予的职责，承担政府委托的任务，管理和发展残疾人事业。中国残联的最高权力机构是全国代表大会，每五年举行一次。截至2018年，全国（除新疆生产建设兵团、黑龙江垦区外）共成立残联组织4.2万个。中国残联领导盲人协会、聋人协会、肢残人协会、智力残疾人及亲友协会、精神残疾人及亲友协会等专门协会。截至2018年，全国共建立省、地（市）、县三级五类残疾人专门协会1.6万个。

残疾人数据收集和统计机制不断完善。加强残疾人事业统计调查，规范和完善残疾人权益保障的统计指标，实现残疾人权益保障精细化管理、精准化服务。逐步建立国家和省（区、市）残疾人状况监测体系，制定统计监测指标体系，建立各地区各部门综合统计报表和定期报送审评制度。1987年和2006年开展了两次全国残疾人抽样调查，掌握了残疾人及其人权保障的基本状况。自2015年开始，每年开展全国残疾人基本服务状况和需求调查，统计全国残疾人的基本服务状况、需求信息以及社区残疾人基本公共服务状况信息，建立残疾人基础数据库，实现与政府有关部门数据共享。2018年收集全国3308万持有中华人民共和国残疾人证的残疾人基本服务状况和需求的动态信息，以及近69万个村（社区）的残疾人服务设施状况信息。

残疾人事业财政支持大幅增长。"十一五"期间全国残联系统用于残疾人事业发展的财政资金为573.59亿元，"十二五"期间财政资金投入1451.24亿元，比"十一五"期间增长153%。2016年，全国残联系统用于"十三五"期间残疾人事业发展的财政资金共计416.69亿元，比"十二五"同期（2011年）增加241.54亿元，增长138%。2013年至2017年各级财政专门用于残疾人事业的资金投入超过1800亿元，比上一个五年增长123%。2018年已竣工残疾人服务设施达到4069个。

三、健康与康复

中国高度重视残疾人健康权利保障，全面开展残疾预防，大力推进康复服务，努力实现残疾人"人人享有康复服务"的目标。

残疾人健康保障政策务实全面。《"健康中国2030"规划纲要》《"十三五"卫生与健康规划》《"十三五"深化医药卫生体制改革规划》等对维护残疾人健康、加强基层医疗康复能力建设等提出明确要求。《残疾预防和残疾人康复条例》颁布实施。建立重度残疾人护理补贴制度，向残疾人提供残疾特需医疗卫生服务，将残疾人作为家庭医生签约服务的优先对象，鼓励各地将基本康复服务纳入个性化签约范围。运动疗法等29项医疗康复项目纳入基本医疗保险支付范围。自20世纪90年代以来，中国政府和社会各界出资，对白内障患者开展手术治疗，累计使1000余万人复明。特别关注农村贫困残疾人医疗卫生服务状况，制定发布《关于实施健康扶贫工程的指导意见》《健康扶贫工程"三个一批"行动计划》《着力解决因残致贫家庭突出困难的实施方案》和《医疗保障扶贫三年行动实施方案（2018—2020年）》，将农村贫困残疾人纳入基本医保、大病保险、医疗救助范围，充分发挥三项制度综合保障作用，切实提高建档立卡贫困残疾人医疗保障受益水平，加强县级残疾人康复服务中心建设，提升基层康复服务能力，建立医疗机构与残疾人专业康复机构协调配合的工作机制。

残疾预防工作取得积极成效。制定发布《国家残疾预防行动计划（2016—2020年）》，采取有效措施减少和控制残疾发生。在全国开展残疾预防综合试验区试点工作，探索完善残疾筛查、评定、报告及干预一体化工作机制。实施国家免疫规划，加强婚前孕前健康检查、孕产妇产前筛查诊断以及新生儿和儿童残疾筛查。制定《0—6岁儿童残疾筛查工作规范（试行）》，实现5类儿童残疾的早筛早诊早治。加强传染病、地方病、慢性病等疾病防治，实施食盐加碘、增补叶酸等重点预防工程，基本消除了脊髓灰质炎、碘缺乏病等致残因素。加强安全举措，减少意外伤害致残因素。科技部积极推进残疾预防技术攻关，通过"生殖健康及重大出生缺陷防控研究"和"重大慢性非传染性疾病防控研究"重点专项，部署开展出生缺陷防控和主要致残性重大慢性疾病防控技术研究，有效减少因病致残的发生。2017年国务院正式批准将每年8月25日设立为"残疾预防日"，在"残疾预防日"、爱耳日、防治碘缺乏病日、爱眼日、预防出生缺陷日、精神卫生日等节点开展宣传活动，提高公众残疾预防意识。截至2016年，全国共为8091万名农村围孕期妇女提供免费补服叶酸服务，为97.8万对夫妇免费提供地中海贫血筛查服务，为469万名新生儿提供免费先天性疾病筛查。

残疾人康复条件逐步完善。残疾人康复机构从无到有，专业队伍建设不断加强，工作体系、业务格局、运行机制逐步建立，服务能力日益提高。截至2018年，全国已竣工的省、市、县三级康复设施914个，总建筑面积344.9万平方米；全国残疾人专业康复服务机构9036个，在岗人员25万人，2750个县（市、区）开展社区康复服务。康复工作内容由三项抢救性康复项目发展成为覆盖多学科领域、满足各类别残疾人需要、预防与康复并重的服务体系。2018年，全国621所中等、高等职业技术学校和普通本专科院校开设康复专业，毕业生人数为29334人。为进一步加强康复专业人才培养，建设中国康复大学已纳入"十三五"规划和《"十三五"加快残疾人小康进程规划纲要》，筹建工作正式启动。大力开展社区康复服务，提升社区康复能力。截至2018年，开展社区康复服务的市辖区为1001个，县（市）为1749个，有社区康复协调员47.8万人。建立残疾儿童康复救助制度，为残疾儿童接受基本康复救助提供制度性保障。全国9个省（区、市）建立了残疾人辅助器具补贴制度，减轻了残疾人家庭经济负担。实施残疾人精准康复服务行动，为残疾儿童和持证残疾人提供康复医疗、康复训练、支持性服务、辅助器具适配等基本康复服务。科技部着力推进助残、惠残产品研发，通过"主动健康和老龄化科技应对"和"生物医用材料研发与组织器官修复替代"重点专项，部署开展康复辅助器具、人工组织器官修复材料等研发。完善工伤康复制度，提高伤残抚恤标准。2006年至2016年，2178.1万残疾人次得到不同程度康复。2018年，1074.7万名残疾儿童及持证残疾人得到基本康复服务，残疾人康复服务覆盖率达到79.8%。

残疾儿童健康得到特别关注。遵循儿童利益最大化原则，高度关注残疾儿童健康。第二次全国残疾人抽样调查数据显示，0—14岁残疾儿童占残疾人总人数的4.69%，比1987年第一次全国残疾人抽样调查数据下降11.21个百分点。优先开展0—6岁残疾儿童抢救性治疗和康复，实施精准康复服务。2018年，15.7万名0—6岁残疾儿童得到基本康复服务。为更全面更可持续地保障残疾儿童的基本康复权利，国务院2018年6月发布《关于建立残疾儿童康复救助制度的意见》，正式建立残疾儿童康复救助制度。推进残疾儿童康复救助项目，对患有脑瘫、弱视、听障等重大疾病儿童进行救助。建立包括残疾孤儿在内的孤儿基本生活保障制度，实施"儿童福利机构建设蓝天计划"和"全国残疾孤儿手术康复明天计划"。截至2018年6月，"全国残疾孤儿手术康复明天计划"已为12.5万名手术适应症残疾孤儿、弃婴实施了手术矫治和康复训练。

四、特殊教育与融合教育

中国保障残疾人享有平等受教育权，颁布并修订《残疾人教育条例》，将残疾人教育纳入《国家中长期教育改革和发展规划纲要（2010—2020年）》《中国教育现代化2035》和《"十三五"推进基本公共服务均等化规划》，制定实施两期《特殊教育提升计划》，着力办好特殊教育，努力发展融合教育，提高残疾人受教育水平。

残疾人教育体系日趋完备。中国残疾人教育以教育部门为办学主体，民政、残联和社会力量辅助，涵盖学前教育、初等教育、中等教育和高等教育。以普通学校随班就读为主体，以特殊教育学校为骨干，以送教上门和远程教育为补充，统筹推进，普特结合。建立起从幼儿园到高等院校的残疾儿童和残疾学生资助体系，自2016年秋季学期起，免除普通高中家庭经济困难残疾学生学杂费，从而实现家庭经济困难残疾学生从小学到高中阶段的12年免费教育。

残疾儿童少年义务教育普及水平显著提高。各地按照"全覆盖、零拒绝"的要求，通过提高特殊教育学校招生能力、扩大普通学校残疾学生随班就读规模及送教上门等多种方式，最大限度地保障适龄残疾儿童少年接受义务教育的权利。特殊教育在校生数量逐年大幅度上升，视力、听力、智力等各种类别的残疾儿童少年受教育机会明显增加。2018年，在校生66.6万人，比2013年增加29.8万人，增长81%。

残疾人非义务教育稳步发展。不断扩充残疾儿童学前教育规模，除普通幼儿园积极招收残疾儿童外，还鼓励特殊教育学校增设学前班或附属幼儿园，将家庭经济困难的残疾儿童接受学前教育纳入幼儿资助范围。2016年，3万多名在园残疾幼儿获得专门资助。2012年至2018年，残疾人事业彩票公益金助学项目共投入约3.1亿元，为10.5万人次家庭经济困难的残疾儿童提供学前教育资助。举办残疾人高中部（班），扩大残疾人接受高中教育的机会。制定《关于加快发展残疾人职业教育的若干意见》，加快发展残疾人职业教育。2018年，全国共有残疾人中等职业学校（班）133个，在校生19475人。稳步发展残疾人高等教育，努力畅通残疾人接受高等教育的渠道，制定《残疾人参加普通高等学校招生全国统一考试管理规定》，为残疾人参加高考提供合理便利和必要支持。2012年至2018年，全国共有6.22万残疾考生进入普通高等院校学习。在普通高校招生录取工作中，教育部明确要求，对肢体残疾、生活能够自理、能完成所报专业学习且高考成绩达到要求的考生，高校不能因其残疾而不予录取，切实维护残疾考生权利。为增加残障考生上大学机会，教育部批准同意22所高校面向残障考生采取单独考试、单列计划、单独录取，鼓励高校开设特殊教育专业。截至2018年6月，全国已有61所普通本科高校开设特殊教育专业，在校生1万余人。2018年，全国高职院校开设特殊教育专业点37个。

努力发展融合教育。2017年，融合教育首次写进《残疾人教育条例》。《中国教育现代化2035》和《第二期特殊教育提升计划（2017—2020年）》等文件均提出全面推进融合教育。各地不断完善随班就读支持保障体系，加强普通学校特殊教育资源教室建设，配备专兼职教师，在普通学校就读的残疾学生规模不断扩大。在普通学校就读的残疾学生数由2013年的19.1万人增加到2018年的33.2万人，增长73.8%。近10年来，残疾学生在普通学校就读的比例均超过50%。

特殊教育公共支出持续增长。2008年至2015年，国家实施两期特殊教育学校建设项目，财政投入71.42亿元，新建、改扩建中西部地区1182所特殊教育学校，支持61所残疾人高等院校、中等职业学校和特殊师范院校改善办学条件。自2014年开始，中央特教专项补助经费提高到每年4.1亿元，支持范围由中西部地区扩大到除京津沪以外的所有省份。全国义务教育阶段在普通学校和特殊教育学校就读的残疾学生年生均公用经费标准提高到6000元。部分地区将普通学校随班就读教师、送教上门教师纳入享受特教津贴范围。在国家针对城乡义务教育学生免除学杂费、免费提供教科书、对家庭经济困难学生补助生活费的基础上，各省市还增加了对残疾学生的资助项目，并逐步提高资助标准。部分省市实施残疾学生从小学到高中免费教育。遴选确定华东师范大学等5所院校实施卓越特殊教育教师培养改革项目，在"国培计划"中专设特教学校校长和骨干教师培养项目。截至2018年，培训特教学校骨干教师10298名、校长726名。

五、就业与创业

中国以建立劳动福利型残疾人事业为目标，通过完善法律法规、拓展就业渠道、完善服务体系，促进残疾人就业权利的实现。

残疾人就业权利受到法律保护。《中华人民共和国残疾人保障法》对残疾人就业作了明确规定，要求各级人民政府采取优惠政策和扶持保护措施，实现残疾人多渠道、多层次、多种形式就业。《中华人民共和国就业促进法》对保障残疾人的劳动权利作了规定。《残疾人就业条例》对残疾人就业方针、政府职责、用人单位责任、保障措施、就业服务及法律责任等作了详细规定。最高人民法院发布典型案例，依法切实保障残疾人劳动的权利，切实维护残疾人合法权益。地方人大和政府也发布了促进残疾人就业、鼓励残疾人创业的规范性文件，保障残疾人平等就业。

残疾人就业创业得到政策支持。政府有关部门相继发布《关于促进残疾人按比例就业的意见》《残疾人就业保障金征收使用管理办法》《关于发展残疾人辅助性就业的意见》《关于促进残疾人就业增值税优惠政策的通知》《关于促进残疾人就业政府采购政策的通知》《关于扶持残疾人自主就业创业的意见》《残疾人职业技能提升计划（2016—2020年）》等一系列扶持和保护残疾人就业的政策。将残疾人纳入积极的就业政策体系覆盖范围，在坚持以市场为导向的就业机制基础上，对残疾人就业创业采取优惠政策和扶持保护措施，包括税费减免、设施设备扶持、政府优先采购、信贷优惠以及资金支持、岗位补贴和社会保险补贴等。《中华人民共和国中医药法》规定，盲人按照国家有关规定取得盲人医疗按摩人员资格的，可以以个人开业的方式或者在医疗机构内提供医疗按摩服务。国家对盲人按摩的培训和就业、创业予以支持，累计培养盲人保健按摩人员超过11万人、盲人医疗按摩人员约1万人。

残疾人就业创业服务和培训广泛开展。各地将残疾人就业纳入公共服务范围，为有劳动能力和就业意愿的城乡残疾人免费提供就业创业服务，为残疾人就业和用人单位招用残疾人提供帮助。省、市、县三级政府建立了专门的残疾人就业服务机构，为残疾人提供政策咨询、求职登记、职业指导、职业介绍、职业培训等就业服务，并于元旦、春节期间举办就业援助月专项活动，集中为残疾人就业提供帮扶。截至2018年，全国共有残疾人就业服务机构2811家，工作人员3.4万人。实施残疾人职业技能提升计划，开展适合残疾人特点的职业培训和创业培训，组织各类残疾人职业技能竞赛，提升残疾人就业创业能力。2018年，城乡新增残疾人实名制培训49.4万人。建立了500家国家级残疾人职业培训基地，350家省级残疾人职业培训基地。

残疾人就业方式丰富多样。残疾人按比例就业、集中就业、自主就业创业稳定发展。近年来，政府优化公益性就业岗位开发管理，鼓励"互联网＋"就业。制定《关于发展残疾人辅助性就业的意见》，针对就业年龄段内有就业意愿但难以进入竞争性劳动力市场的智力、精神和重度肢体残疾人，安排辅助性就业，集中组织生产劳动，在劳动时间、劳动强度、劳动报酬和劳动协议签订等方面采取灵活方式。截至2017年，全国所有市辖区至少建立了一所残疾人辅助性就业机构。通过优惠措施帮助农村残疾人从事种植业、养殖业、手工业等生产劳动，实现就业创业。近十年来，中国残疾人就业总体规模与结构趋于稳定，新增残疾人就业人数每年保持在30万人以上。2018年，城乡持证残疾人新增就业36.7万人，其中，城镇新增就业11.8万人，农村新增就业24.9万人。截至2018年，城乡持证残疾人就业人数达到948.4万人。

产业扶贫助推贫困残疾人就业增收。制定《农村残疾人扶贫开发计划（2001—2010年）》《农村残疾人扶贫开发纲要（2011—2020年）》。2011年以来，中国扶持近1300万残疾人发展生产，其中676万贫困残疾人摆脱贫困。各地建立残疾人扶贫基地5490个，安置88.1万残疾人就业，扶持带动176.9万户残疾人家庭增加收入。支持残疾人贫困户因地制宜发展种养业和手工业。深入实施"雨露计划"，优先培训贫困残疾人，将适合从事农业生产的贫困残疾人纳入农民教育培训相关工程，鼓励他们在农业领域创业。实施职业技能提升计划和贫困户教育培训工程，残疾人贫困户优先接受培训，确保贫困残疾人家庭劳动力至少掌握一门致富技能。落实残疾人贫困户培训后资金、场地、设备、市场信息、经营管理等方面的就业创业服务与扶持政策措施。将优秀脱贫致富残疾人纳入贫困村创业致富带头人培训工程。制定《发展手工制作促进贫困残疾妇女就业脱贫行动实施方案》，加强对残疾妇女的实用技术和就业技能培训，发展手工制作，促进贫困残疾妇女就业脱贫。鼓励"全国巾帼脱贫基地"负责人、农村致富女带头人等与残疾妇女结对帮扶。在城镇举办劳动技能培训，加强就业指导和服务，积极扶持残疾妇女自主择业创业。

六、基本生活与社会保障

中国残疾人社会保障体系不断完善。残疾人按规定享受社会救助、社会福利和社会保险待遇，生活质量提升，获得感显著增强。

残疾人享有平等的社会保障权利。按照平等不歧视原则，国家保障包括残疾人在内的所有公民享有社会保障权利。《中华人民共和国宪法》明确规定：公民在年老、疾病或者丧失劳动能力的情况下，有从国家和社会获得物质帮助的权利；国家和社会保障残废军人的生活，抚恤烈士家属，优待军人家属；国家和社会帮助安排盲、聋、哑和其他有残疾的公民的劳动、生活和教育。《中华人民共和国残疾人保障法》明确规定"国家保障残疾人享有各项社会保障的权利"。《中华人民共和国社会保险法》《社会救助暂行办法》《工伤保险条例》《军人抚恤优待条例》等法律法规对残疾人的社会保障权利作出具体规定。国家承担更加积极的义务，促进残疾人社会保障权利的实现，包括将符合条件的成年无业重度残疾人按照单人户纳入最低生活保障范围，对贫困和重度残疾人参加社会保险给予补贴，对残疾人实行社会优待等。

残疾人生活保障体系不断完善。按照"普惠＋特惠"的原则，通过完善社会救助制度保障残疾人的基本生存权利。同时，依法对贫困残疾人、重度残疾人、一户多残家庭给予重点救助，综合采取措施保障其基本生活。截至2018年3月，全国共有904.4万残疾人享受城乡最低生活保障。落实国务院《关于进一步健全特困人员救助供养制度的意见》，将近90万残疾人纳入特困人员救助供养范围。在城市公租房、旧住宅区整治建设中，优先安排贫困残疾人住房。2018年，全国共有62万残疾人享受公租房保障。各地通过贷款贴息帮助残疾人进行危房改造。截至2018年，中央财政共支持176.5万户农村贫困残疾人家庭完成危房改造。自2017年起，中央财政集中支持农村贫困残疾人家庭等4类重点对象改造危房，户均补贴标准为1.4万元。将符合条件的贫困残疾人纳入医疗救助范围，资助其参加基本医疗保险，并对基本医疗保险、大病保险和其他补充医疗保险支付后难以负担的个人自负合规医疗费用给予补助。部分省市对低收入残疾人家庭的生活用水、电、气、暖等基本生活支出给予优惠和补贴。

残疾人福利体系初步建立。建立困难残疾人生活补贴和重度残疾人护理补贴制度。2018年，受益残疾人超过2190万人次，发放补贴超过230亿元。大力发展托养服务，残疾人托养设施逐年增加。截至2018年，全国共有已竣工托养设施791个，总建筑面积214.8万平方米，共有残疾人托养机构8435个，为22.3万残疾人提供托养服务，有88.8万残疾人接受了居家服务。不断完善残疾人托养购买服务、评估监管和人才培养等机制，制定托养服务国家标准，积极培育社会力量，为残疾人提供多层次、多元化托养服务。按照国家加快推进残疾人小康进程的总体规划，加快农村托养建设进程，探索以贫困重度残疾人为主要保障对象的农村托养模式。公园、旅游景点和公共文化体育设施对残疾人免费或优惠开放，为残疾人发放专用机动轮椅车燃油补贴，对军人、警察等特殊伤残群体实施抚恤和优待政策。大多数城市对残疾人搭乘市内公共交通工具给予便利和优惠。

残疾人社会保险保障力度持续增强。实施全民参保计划，加大残疾人参保支持力度，对招用符合条件的就业困难残疾人的企业给予参保补贴，对城乡贫困残疾人和重度残疾人参保给予补贴。截至2018年，2561.2万城乡残疾人参加城乡社会养老保险，1024.4万残疾人领取养老金。595.2万重度残疾人中有576万人得到了政府参保补助，代缴养老保险费比例达到96.8%；另有298.4万非重度残疾人享受全额或部分代缴养老保险费的优惠政策。近年来，残疾人参加各项社会保险的人数和比例持续上升，2018年，持证残疾居民养老保险参保率为79.2%。试点和完善与残疾人相关的社会保险制度，2010年，国务院修订《工伤保险条例》，提高工伤致残补偿标准。2018年，全国参加工伤保险人数为23874万人，评定伤残等级人数为56.9万人，享受工伤保险待遇人数为198.5万人。部分地区探索残疾人意外伤害保险制度，财政给予参保补贴，缓解了残疾家庭的经济压力。在全国15个城市试点长期护理保险制度，对符合条件的长期失能残疾人基本护理服务费用按规定支付,减轻了残疾家庭的护理负担。

残疾人脱贫攻坚深入开展。中共十八大以来,政府将贫困残疾人脱贫纳入国家脱贫攻坚战略布局,并作为脱贫攻坚重要内容,在制度设计、政策安排、项目实施上给予支持。中共中央、国务院2018年发布《关于打赢脱贫攻坚战三年行动的指导意见》,专节部署贫困残疾人脱贫行动,确保到2020年贫困残疾人同全国一道进入全面小康社会。国务院扶贫办、国家发展改革委、中国残联等26部门制定《贫困残疾人脱贫攻坚行动计划(2016—2020年)》,并制定了电子商务助残扶贫行动、产业扶持助残扶贫行动等配套实施方案。加大金融资金投入,2011年至2018年,中央财政累计安排康复扶贫贴息贷款53亿元,35万贫困残疾人受益。实施精准扶贫战略以来,政府将600多万残疾人纳入贫困户建档立卡范围,截至2018年,建档立卡贫困残疾人人数已减少到169.8万。

七、无障碍环境建设与个人行动能力

中国重视无障碍环境建设与辅助器具供应和适配服务,逐步完善相关法律法规和标准,不断加大支持力度。

无障碍环境建设形成规范体系。自1989年《方便残疾人使用的城市道路和建筑物设计规范(试行)》颁布实施以来,中国相继制定了《无障碍设计规范》《无障碍设施施工验收及维护规范》等国家标准;发布实施《城市公共交通设施无障碍设计指南》《标志用公共信息图形符号第9部分:无障碍设施符号》等国家标准。国家民航、铁路、工业和信息化、教育、银行等主管部门分别制定实施了民用机场旅客航站区、铁路旅客车站、网站及通信终端设备、特殊教育学校、银行等行业无障碍建设标准规范。2012年,国务院颁布《无障碍环境建设条例》。中共十八大以来,无障碍环境建设立法进一步加强,法律法规和政策措施呈现明显增长的态势。截至2018年,全国省、地(市)、县共制定无障碍环境与管理的法规、规章等规范性文件475部。

城乡无障碍环境建设由点到面有序推进。"十五"期间,在12个城市开展了创建全国无障碍设施建设示范城市活动；"十一五"期间，创建活动扩展到100个城市；"十二五"期间，50个市县获选全国无障碍建设示范市县，143个市县获选全国无障碍建设创建市县。2015年2月，住房城乡建设部、民政部、中国残联等部门发布了《关于加强村镇无障碍环境建设的指导意见》，推进无障碍环境建设由城市逐步向农村发展。开展无障碍环境市县村镇创建工作。截至2018年，全国所有直辖市、计划单列市、省会城市都开展了创建全国无障碍建设城市的工作，开展无障碍建设的市、县达到1702个；全国村（社区）综合服务设施中已有75%的出入口、40%的服务柜台、30%的厕所进行了无障碍建设和改造。政府加快了残疾人家庭无障碍改造进度，2016年至2018年共有298.6万户残疾人家庭得到无障碍改造。

信息无障碍建设步伐加快。制定关于信息无障碍的国家技术标准，推动政务和公共服务网站的信息无障碍建设。加强信息无障碍标准体系建设，发布多个国家及行业标准，为残疾人便利使用信息通信设备、获取互联网信息、操纵辅助装置等提供有效标准支撑。推进中国政务网站信息无障碍建设。截至2018年，500多家政府单位完成了信息无障碍公共服务平台建设，3万多个政务和公共服务网站实现了无障碍服务。将手语和盲文的规范化和推广作为国家义务，《国家中长期语言文字事业改革和发展规划纲要（2012—2020年）》和《国家语言文字事业改革"十三五"发展规划》将手语和盲文纳入国家语言文字工作总体规划。2018年，《国家通用手语常用词表》和《国家通用盲文方案》正式颁布实施。全国人民代表大会等重大会议的直播加配手语播报，中央广电总台和部分地方电视台在重要节目中加配手语播报服务。截至2018年，全国省、地市级电视台共开设电视手语栏目295个，广播电台共开设残疾人专题广播节目230个，省、地（市）、县三级公共图书馆共设立盲文及盲文有声读物阅览室1124个。对残疾人信息消费给予优惠或补贴。中国残联、工业和信息化部发布《关于支持视力、听力、言语残疾人信息消费的指导意见》，鼓励基础电信企业推出面向特定人群的资费优惠，引导大型互联网企业为从事互联网行业的视力、听力、言语残疾人在技能培训、运营管理、信息共享等方面提供便利。互联网企业也在提升残疾人网购体验、开放信息无障碍技术、开展职业技能培训等方面提供了一系列服务。

重点领域无障碍建设积极推进。启动到 2035 年交通运输无障碍出行服务体系建设，交通运输部在客运枢纽、高速公路服务区、客运码头、地铁站等交通基础设施以及城市公共汽车电车、地铁等交通工具的设计使用标准中增加无障碍要求。各地积极推广应用无障碍化客运车辆，在公共交通工具上设置"老弱病残"专座，使用低地板公交车和无障碍出租汽车。大部分城市公交车都配备车载屏幕和语音报站系统，部分城市公交车安装了车载导盲系统。多个省份客运设施无障碍建设率达到 100%。铁路部门为 3400 余辆动车组列车设置了残疾人专座，允许盲人携带导盲犬乘坐火车。银行业金融机构改造轮椅坡道和盲道，配置语音叫号系统、叫号显示屏等设备，设立无障碍卫生间和无障碍停车位。邮政部门为重度残疾人提供上门服务，快递行业为聋人客户提供短信服务，盲人读物免费寄送。完善诉讼无障碍设施及服务。大力推进法院接待场所、审判场所的无障碍设施建设，方便残疾人参加诉讼。积极推进信息交流无障碍环境建设，根据案件情况，允许相关辅助、陪护人员陪同残疾当事人出庭。

辅助器具供应和适配服务获得政策支持。2016 年，国务院制定《关于加快发展康复辅助器具产业的若干意见》，对推进辅助器具产业快速发展作出部署。财政部、税务总局、民政部联合发布《关于生产和装配伤残人员专门用品企业免征企业所得税的通知》，免征上述企业的企业所得税，降低伤残人员专门用品的生产成本。各地相继制定辅助器具补贴办法，对购买辅助器具和提供适配服务给予补贴。2018 年，有 319.1 万残疾人获得盲杖、助视器、假肢等各类辅具适配服务。自 1996 年以来，各级政府组织实施"长江新里程计划"假肢服务、彩票公益金辅助器具服务等重点项目，累计为 1500 万人次提供了服务。

残疾人个人行动能力得到提升。公安部不断放宽残疾人申领驾驶证条件，已有 27.9 万肢体、听力等残障人员申领驾驶证。《残疾人航空运输管理办法》要求承运人、机场和机场地面服务代理人为具备乘机条件的残疾人免费提供登机、离机所需要的移动辅助设备。每列火车预留残疾人旅客专用票额。盲人可以免费乘坐市内公交。制定《导盲犬》国家标准。积极发展网络、电话预约出租汽车服务，方便残疾人群体乘车出行。

八、人身自由与非歧视

中国禁止基于残疾的歧视,制定特别保护措施,保护残疾人的生命权和人身自由,保障残疾人平等享有各项公民权利。

残疾人人身权利得到法律严格保护。《中华人民共和国刑法》《中华人民共和国民法总则》《中华人民共和国侵权责任法》《中华人民共和国婚姻法》《中华人民共和国未成年人保护法》《中华人民共和国劳动合同法》《中华人民共和国精神卫生法》《中华人民共和国反家庭暴力法》等相关法律对残疾人的人身权利作出相应规定,对虐待、遗弃、故意伤害残疾人等行为依法予以惩处。《中华人民共和国残疾人保障法》全面具体规定了残疾人人身权利及保障措施。

适时调整相关机制保障残疾人人身自由。废除收容遣送制度,对包括残疾人在内的流浪乞讨人员实行自愿救助;废除对麻风病人实行严格隔离的做法,让患者回归家庭和社区;实施"中央补助地方严重精神障碍管理治疗项目",严重精神障碍患者登记报告、救治救助、随访服务等已覆盖全国。

加大对侵犯残疾人人身自由犯罪的打击力度。《中华人民共和国残疾人保障法》禁止任何单位和个人以暴力、威胁或者非法限制人身自由的手段强迫残疾人劳动。为切实保障残疾人人身自由和安全,刑法修正案(六)增加"强迫组织残疾人、儿童乞讨罪",刑法修正案(九)增加对残疾人负监护、看护职责的人虐待残疾人,情节恶劣的,要承担刑事责任条款。最高人民检察院等部门发布《关于在检察工作中切实维护残疾人合法权益的意见》,要求对强迫智力残疾人劳动、拐卖残疾妇女儿童等违法犯罪行为依法从重打击。公安部开展整治强迫、诱骗未成年残疾人流浪乞讨和强迫、拐骗聋哑青少年违法犯罪行为专项行动。人力资源社会保障部开展整治非法用工专项行动。最高人民法院、中国残联联合发布《关于在审判执行工作中切实维护残疾人合法权益的意见》等规范性文件,对侵害残疾人权益的犯罪行为,依法严厉惩处,切实保护残疾人的人身财产安全。

立法禁止基于残疾的歧视。法律法规对反歧视和合理便利作出具体规定。2007年制定的《中华人民共和国就业促进法》明确规定,用人单位招用人员,不得歧视残疾人。2008年修订的《中华人民共和国残疾人保障法》明确了反歧视原则：禁止基于残疾的歧视，禁止侮辱、侵害残疾人，禁止通过大众传播媒介或者其他方式贬低损害残疾人人格。2010年以来，制定《中华人民共和国精神卫生法》《残疾预防和残疾人康复条例》《残疾人航空运输管理办法》以及修订《残疾人教育条例》《残疾人就业条例》等相关法律法规，增加了不歧视的内容，并对不歧视作出具体规定。

九、营造良好社会环境

中国倡导社会主义核心价值观和"平等、参与、共享"的理念，弘扬中华民族传统美德和人道主义精神，培育全社会扶残助残意识，形成关爱残疾人、关心残疾人事业的良好社会风尚。

残疾人文化事业欣欣向荣。《中华人民共和国公共文化服务保障法》和《"十三五"推进基本公共服务均等化规划》均载入残疾人文化服务项目，将残疾人文化事业纳入国家公共文化服务体系。各地采取措施确保残疾人以无障碍方式获得文化产品和服务，欣赏电视、电影、戏剧等文化作品。文化和旅游部与中国残联连续多年在全国开展残疾人文化周活动，2018年120余万残疾人参与该活动。各类残疾人艺术团体快速发展，全国各类残疾人艺术团体已有283个，残疾人文化艺术从业人员近30万名。"共享芬芳 共铸小康"公益巡演展览活动启动三年以来，共有17万余人参加。每四年举办一届全国残疾人艺术汇演，截至2017年，共举办9届，每届参与的残疾人达10多万人。中国残疾人艺术团出访100个国家和地区进行交流演出，被联合国教科文组织指定为"联合国教科文组织和平艺术家"，《千手观音》节目享誉世界。2011年至2018年，中央财政投入近1200万元，在城市社区实施"残疾人文化进社区"项目，为社区设立"残疾人书架"，配备文化活动用品。在"农家书屋"工程中把为残疾人服务的图书列入采购书目。实施文化进残疾人家庭"五个一项目"，支持中西部和农村地区10万户贫困、重度残疾人家庭每年读一本书、看一次电影、游一次园、参观一次展览、参加一次文化活动。建成融多种功能于一体的中国盲文图书馆，组织实施盲人数字阅读推广工程。

残疾人体育事业蓬勃发展。残疾人健身体育、康复体育和竞技体育全面发展。2011年，启动残疾人自强健身工程，提高残疾人体育健身指导服务能力和服务水平。自2011年起，体育总局支持中国残联开展残疾人社会体育指导员培训，截至2017年，共培养10.4万名社会体育指导员。各级政府和组织加大经费投入，为各类残疾人开辟日常体育活动场所。2017年，各地残疾人文化体育活动场所达到9053个。成功举办上海特奥会、北京残奥会和广州亚残运会，成功申办2022年冬季残奥会；共参加9届夏季残奥会，1337名运动员参加，获得433块金牌、339块银牌、250块铜牌，打破261项世界纪录，实现金牌榜4连冠；参加4届冬季残奥会，55名运动员参加，在2018年平昌冬残奥会上实现冬季项目金牌零的突破。积极参加国际听障奥运会和特奥会。

助残社会组织逐步壮大。2012年以来，中央财政每年划拨专项资金支持社会组织参与社会服务，其中残疾人社会服务是重点领域之一。推进社会组织"放管服"改革，支持社区社会组织承接社区公共服务和基层政府委托事项，完善国家对助残社会组织的税收优惠政策。助残社会组织的数量迅速增长。截至2017年，各地民政部门共登记助残社会组织6200余个，包括1500余个社会团体、4600余个民办非企业单位和约100个基金会。

扶残助残社会风尚基本形成。中国政府网站开设残疾人信息与服务专栏，报刊、广播、电视和网络等新闻媒体广泛报道残疾人生活和事务，促进尊重残疾人的尊严和权利，消除对残疾人的偏见和歧视，形成理解、尊重、帮助残疾人的社会氛围。自1991年设立全国助残日（每年5月第三个星期日）以来，已开展29次全国助残日活动。每年开展"牵着蜗牛去散步"等公益系列活动，各类公益慈善组织、志愿者服务组织开展了形式多样的面向残疾儿童的公益活动。举办残疾人运动会、文艺汇演、职业技能竞赛等大型活动，展示残疾人自强不息的精神风貌。开展百家图书馆、百家媒体、百家博物馆、百家出版社等文化公益助残活动，提升全社会对残疾人的关注。在中小学生中开展"红领巾手拉手助残"行动；在高校学生和广大青年中开展中国青年志愿者助残"阳光行动"；成立中国助残志愿者协会，整合凝聚社会力量推进志愿助残服务。

残疾人精神和贡献获得社会褒扬。残疾人积极投身于国家建设，努力实现自身价值,并为社会做出贡献。他们中涌现出一大批自强不息、奋发有为的先进人物,获得"全国劳动模范""全国三八红旗手"等称号。国家和地方表彰了一大批残疾人自强模范,授予"自强模范""助残先进个人""助残先进集体"等称号。召开6次全国自强模范暨助残先进表彰大会,表彰919个"全国自强模范"、1117个"全国助残先进集体"和"全国助残先进个人"。

十、对外交流与国际合作

积极开展残疾人事务国际交流与合作,增进国际社会对中国残疾人事业的理解与支持,促进国际残疾人事业的发展与进步。

认真履行条约义务。中国认真履行《残疾人权利公约》缔约国责任和义务。根据《残疾人权利公约》规定,2010年提交第一次履约报告,并接受联合国残疾人权利委员会审议,2018年提交第二、三次合并履约报告。中国是《经济、社会及文化权利国际公约》等核心人权公约的缔约国,公约所确定的残疾人权利得到普遍尊重和保障。中国还批准了国际劳工组织《(残疾人)职业康复和就业公约》,于2015年提交了最新一次履约报告。

主动承担国际责任。中国积极主动向联合国、有关国际残疾人组织和发展中国家提供力所能及的资金、技术和物资支持,向埃塞俄比亚、布隆迪、蒙古等十多个国家捐赠残疾人辅助器具,向东南亚海啸受灾国捐赠救灾款物并向残疾人定向捐赠,向国际残奥委会发展基金捐款,为亚太经济合作组织成员经济体和非洲国家残疾人提供能力建设培训。2016年,中国残联主席张海迪就任康复国际主席。资助建立康复国际非洲基金和康复国际全球残疾人事务发展基金。

积极推动国际残疾人事务发展。中国是制定《残疾人权利公约》的积极倡导者和参与者,推动将残疾人事务纳入联合国2030年可持续发展议程,促成建立亚太经济合作组织、亚欧会议、中国—东盟博览会等框架下残疾人事务合作机制,积极开展"一带一路"残疾人领域合作。在联合国亚洲及太平洋经济社会委员会(简称"联合国亚太经社会")的支持下,首倡发起"亚太残疾人十年"活动。与联合国亚太经社会共同主办2013—2022亚洲及太平洋残疾人十年中期审查高级别政府间会议,通过《北京宣言和行动计划》。举办亚欧会议框架下残疾人合作暨全球辅助器具产业发展大会。积极参加并承办与残疾人相关的国际研讨会议、国际残疾人艺术节、国际残疾人职业技能竞赛，多次参加国际残奥会。

残疾人权益保障获得国际赞誉。中国残疾人权益保障的成就和经验得到国际社会积极评价。2003年，时任中国残联主席邓朴方获"联合国人权奖"，成为历史上首获此奖的中国人和残疾人。2012年，中国残联主席张海迪获联合国亚太经社会"亚太残疾人权利领袖奖"。2016年，中国举办纪念《残疾人权利公约》通过十周年大会，时任联合国秘书长潘基文出席，对中国残疾人人权保障给予高度评价。

结束语

中国残疾人事业发展仍然不平衡、不充分，滞后于全国经济社会发展总体水平。残疾人生活状况与残疾人对美好生活的期待相比依然存在较大差距，反对基于残疾的歧视还需要长期努力。充分保障残疾人平等权益，全面促进残疾人融合发展依然任重道远。

残疾人是一个特殊困难的群体，需要全社会给予充分的尊重、关心和帮助。中国将不断完善残疾人权益保障机制，努力消除基于残疾的歧视，切实尊重和保障残疾人的人权，增进残疾人福祉，增强残疾人自我发展能力，推进残疾人平等参与发展进程、平等分享发展成果。

在以习近平同志为核心的党中央坚强领导下，在决胜全面建成小康社会、夺取新时代中国特色社会主义伟大胜利、实现中华民族伟大复兴的中国梦的新征程中，中国将把保障残疾人权益、促进残疾人全面发展和共同富裕作为重要使命和奋斗目标，努力开创新时代残疾人事业发展的新局面。

平等、发展、共享：
新中国70年妇女事业的发展与进步

中华人民共和国国务院新闻办公室
2019年9月

前言

纵观历史，没有妇女解放和进步，就没有人类解放和进步。中国共产党从诞生之日起就把实现妇女解放、促进男女平等写在奋斗的旗帜上。1949年中华人民共和国成立，中国妇女结束了千百年来受压迫、受奴役的历史，当家做了主人。

70年来，中国妇女事业始终与党和国家事业发展紧密相连。在中国共产党领导下，一代又一代妇女为中国的建设、改革与发展开拓进取、贡献力量。在中华民族从站起来、富起来到强起来的伟大飞跃中，中国妇女地位发生了翻天覆地的巨大变化。

党的十八大以来，在习近平新时代中国特色社会主义思想指引下，亿万妇女更加坚定不移地走中国特色社会主义妇女发展道路，平等依法行使民主权利、平等参与经济社会发展、平等享有改革发展成果，主人翁地位更加彰显，半边天力量充分释放，获得感、幸福感、安全感与日俱增。中国妇女事业取得举世瞩目的历史性成就。

为进一步增进国际社会对新中国70年妇女事业发展成就的全面了解，特发表本白皮书。

一、中国高度重视并积极推进妇女事业发展

促进妇女全面发展和男女平等是中国特色社会主义的重要组成部分。中国始终高度重视促进男女平等和妇女事业发展,加强和改进党对妇女工作的领导,建立完善人大立法保障妇女权益、政协协商推动妇女事业发展的工作机制,建立健全政府贯彻落实男女平等基本国策的工作机制,强化妇联组织作为党和政府联系妇女群众桥梁纽带的工作机制,为妇女事业发展提供了强有力的政治保障和制度机制保障。

中国共产党始终坚持和加强对妇女工作的领导。70年来,中国共产党始终坚持男女平等的政治主张,将实现妇女解放和男女平等作为奋斗目标,将妇女事业作为党的事业的重要组成部分。召开第一至第十二次全国妇女代表大会,根据党和国家工作大局,确定妇女运动和妇女工作的方针原则和主要任务,统筹部署和推进妇女工作。进入新时代,党对妇女工作的领导进一步加强。"坚持男女平等基本国策,保障妇女儿童合法权益"写入党的十八大、十九大报告,成为党治国理政的重要理念和内容。2015年,召开历史上第一次中央党的群团工作会议,为推进妇联组织改革,增强妇联组织和妇联工作的政治性先进性群众性,做好新时代妇女工作指明了方向。中国共产党始终把妇女事业放在中国改革开放和现代化建设的重要位置,在出台法律、制定政策、编制规划、部署工作时充分考虑两性的现实差异和妇女的特殊利益;推动完善保障妇

专栏 1:男女平等基本国策的核心要义

男女平等基本国策是促进妇女与经济社会同步发展、男女两性平等发展、妇女自身全面发展的一项带有长远性和根本性的总政策,其核心要义是重视和发挥妇女在经济社会发展中的主体地位和作用,推动妇女与经济社会同步发展;在承认男女现实差异的前提下倡导男女两性权利、机会和结果的平等,依法保障妇女合法权益;从法律、政策和社会实践各方面消除对妇女一切形式歧视,构建以男女平等为核心的先进性别文化;将性别平等意识纳入决策主流,切实在出台法律、制定政策、编制规划、部署工作时充分考虑两性的现实差异和妇女的特殊利益。

女合法权益的法律体系，为促进男女平等和妇女全面发展构筑坚固的法律屏障；把促进妇女发展纳入国民经济和社会发展总体规划，加强顶层设计和长远规划；把新时代经济社会发展同促进妇女全面发展紧密融合，使妇女事业更具时代性。

建立完善人大立法保障妇女权益的工作机制。全国人民代表大会制度是坚持党的领导、人民当家作主、依法治国有机统一的根本政治制度安排。全国人大及其常委会在认真履行立法、监督等职责过程中，高度重视保障妇女权益、促进妇女发展。先后设立妇女儿童专门小组、内务司法委员会工青妇室、社会建设委员会工青妇室，积极宣传贯彻男女平等的宪法原则，在立法审议和法律监督中重视采纳妇联组织和妇女群众的意见，就妇女权益保障法及相关法律开展执法检查，听取情况报告，组织专题调研，切实依法保障妇女合法权益。

建立完善政协协商推动妇女事业发展的工作机制。中国人民政治协商会议是中国共产党领导的多党合作和政治协商的重要机构。政协全国委员会先后设有妇女组、妇女青年委员会、妇青和法制委员会、社会和法制委员会等工作机构，对涉及妇女发展的重点难点问题提出建议，办理涉及妇女权益的提案。妇联界别作为政协全国委员会目前设置的34个界别之一，组织协商座谈，开展专题调研，提交提案建议，在政治协商、民主监督、参政议政中持续推进妇女发展和男女平等。

建立健全政府贯彻落实男女平等基本国策的工作机制。1990年成立国务院妇女儿童工作协调委员会，1993年更名为国务院妇女儿童工作委员会，成员单位由成立之初的19个增加到目前的35个。国务院妇女儿童工作委员会依据法定职能开展工作，负责组织、协调、指导和督促有关部门做好保障妇女权益、促进男女平等和妇女发展的相关工作。委员会下设办公室，配有专职工作人员和专项工作经费。全国县级以上政府和新疆生产建设兵团均成立了相应工作机构，形成了纵向贯通、横向联动、协同配合的组织工作体系。国民经济和社会发展总体规划、部门专项规划将促进妇女发展作为重要方面。《中华人民共和国国民经济和社会发展第十二个五年规划纲要》《中华人民共和国国民经济和社会发展第十三个五年规划纲要》设立专门章节，对促进妇女全面发展作出规

国务院妇女儿童工作委员会成员单位构成

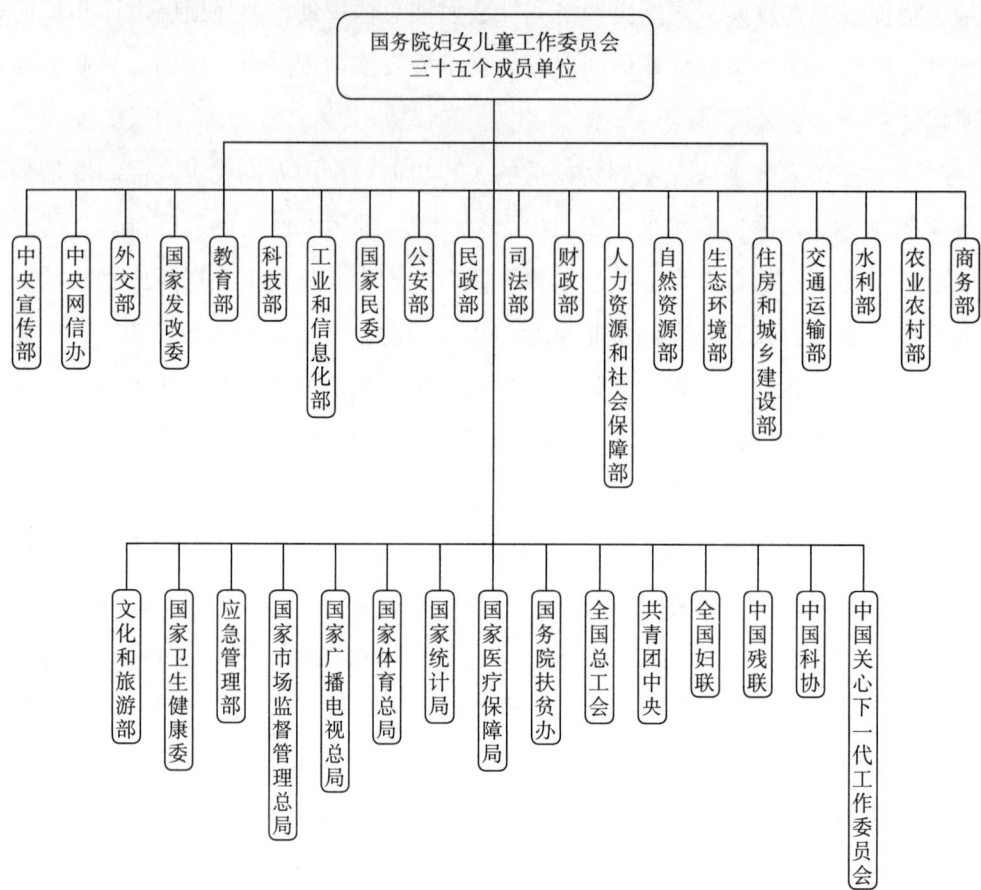

划部署。国家人权行动计划、中国反对拐卖人口行动计划等明确提出保障妇女权益的目标任务。1995年以来，中国连续颁布三个周期的中国妇女发展纲要，提出不同时期妇女事业发展的目标任务；2019年，启动了新一周期的纲要编制工作。建立完善性别统计制度，发布中国妇女发展纲要统计监测报告，定期开展中国妇女社会地位调查，出版《中国社会中的女人和男人：事实和数据》《中国妇女儿童状况统计资料》等。

建立健全妇联组织作为党和政府联系妇女群众桥梁纽带的工作机制。全国妇联是各族各界妇女为争取进一步解放与发展而联合起来的群团组织，是中国共产党领导下的人民团体，目前已形成由全国、省（区、市）、市（地、州）、县（市、区）、乡镇（街道）、村（社区）六级妇联组织，机关事业单位、社会组织的妇女委员会或妇女工作委员会，以及团体会员构成的组织体系，同时，新领域新业态新阶层新群体中的妇联组织覆盖不断拓展。在党的领导下，妇联组织依照章程，切实担负团结引导各族各界妇女听党话、跟党走的政治责任，切实履行代表和维护妇女权益、促进男女平等和妇女全面发展的基本职能。围绕党和国家工作大局，广泛深入宣传党的理论路线方针政策，团结引导广大妇女坚定不移走中国特色社会主义妇女发展道路，充分发挥在社会生活和家庭生活中的独特作用，为中国特色社会主义事业建功立业。全国妇联作为成员单位参与中央农村工作领导小组、中央精神文明建设指导委员会、中央全面依法治国委员会守法普法协调小组、国务院扶贫开发领导小组和国务院就业工作领导小组等的工作，反映妇女利益诉求，代表妇女参与国家和社会事务的民主决策、民主管理和民主监督。全国妇联牵头成立"双学双比"和"巾帼建功"活动领导小组、"五好文明家庭"创建活动协调小组、维护妇女儿童权益暨平安家庭

妇联组织体系结构图

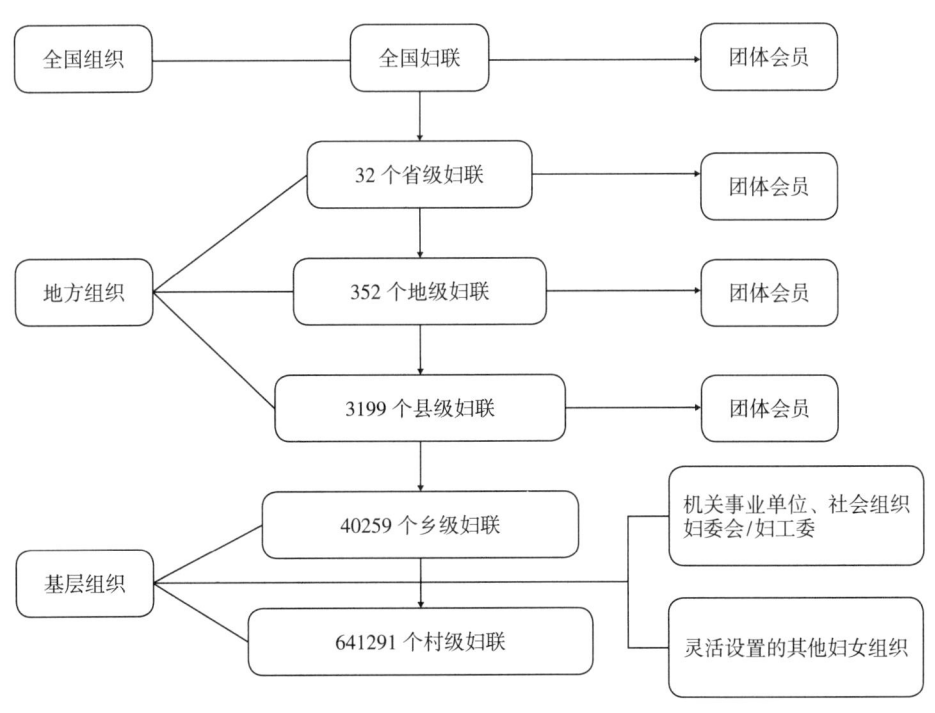

创建协调机制等，通过跨部门合作共同推动妇女事业发展。党的十八大以来，妇联组织通过改革创新，进一步增强政治性先进性群众性，充分发挥党开展妇女工作最可靠、最有力的助手作用，坚持用中国特色社会主义共同理想凝聚妇女，建立直接联系服务妇女群众长效机制，有效开展引领、服务、联系妇女群众工作。团结引领其他妇女组织，共同服务妇女群众，推动男女平等和妇女事业发展。

二、保障妇女权益的法治体系不断完善

妇女权益是基本人权。中国把保障妇女权益纳入法律法规，上升为国家意志，内化为社会行为规范。新中国成立伊始，中国共产党组织制定实施一系列法律法规提高妇女地位。改革开放40多年来，中国不断强化男女平等的法治保障，将保障妇女权益贯穿于科学立法、严格执法、公正司法、全民守法各环节，在建设社会主义法治国家、法治政府、法治社会进程中，推动妇女权益保障水平不断迈上新台阶。

保障妇女权益的法律体系不断完善。《中华人民共和国宪法》作为国家根本大法，始终坚持男女平等原则。1954年第一部宪法规定了妇女在政治、经济、文化、社会和家庭生活各方面享有同男子平等的权利，并在历次修改中一以贯之。2004年，"国家尊重和保障人权"写入宪法修正案，奠定了妇女人权保障基石。1950年，新中国第一部法律——《中华人民共和国婚姻法》确立了婚姻自由、一夫一妻、男女权利平等的婚姻制度。改革开放40多年来，伴随中国特色社会主义民主法治进程，中国制定和修订《中华人民共和国全国人民代表大会和地方各级人民代表大会选举法》《中华人民共和国刑法》《中华人民共和国婚姻法》《中华人民共和国母婴保健法》《中华人民共和国劳动法》《中华人民共和国就业促进法》《中华人民共和国劳动合同法》《中华人民共和国农村土地承包法》《中华人民共和国村民委员会组织法》等法律法规，都鲜明体现了男女平等原则。1992年制定实施的《中华人民共和国妇女权益保障法》，是中国第一部促进男女平等、保障妇女权益的基本法，具体规定了妇女的政治权利、文化教育权益、劳动权益、财产权益、人身权利和婚姻家庭权益。2005年修订妇女权益

> **专栏 2：中华人民共和国宪法（节选）**
>
> 第四十八条　中华人民共和国妇女在政治的、经济的、文化的、社会的和家庭的生活等各方面享有同男子平等的权利。
>
> 国家保护妇女的权利和利益，实行男女同工同酬，培养和选拔妇女干部。

保障法，确立了男女平等基本国策的法律地位，并将"劳动权益"修订为"劳动和社会保障权益"。党的十八大以来，保障妇女权益立法取得新突破。2015年出台《中华人民共和国反家庭暴力法》，设立家庭暴力告诫、强制报告、人身安全保护令和紧急庇护四项制度；同年，刑法修正案（九）废除嫖宿幼女罪，加大保护幼女人身权利。70年来，中国逐步形成并完善了以宪法为基础，以妇女权益保障法为主体，包括100多部单行法律法规在内的保障妇女权益的法律体系。

保障妇女权益的法律实践深入推进。建立保障妇女权益的跨部门合作机制，严厉查处打击强奸、拐卖、家庭暴力等侵害妇女权益的各种违法犯罪行为。自1997年起，全国人大常委会多次开展专题执法检查，推动妇女权益保障法的有效落实。各地法院普遍设立妇女维权法庭（合议庭），在审理涉及妇女权益的案件中贯彻男女平等原则，依法保护妇女合法权益，努力让妇女群众在司法案件中感受到公平正义。党的十八大以来，全面依法治国各领域广泛践行性别平等和性别公正理念。推行家事审判方式和机制改革，确立人性化审判理念，强化妇女权益的司法保障。在推进网络安全立法、加强备案审查、行政执法、刑事执行、公共法律服务等方面，不断扩大妇女权益的保障范围。逐步完善法律援助和司法救助制度，2018年获得法律援助的妇女达36.1万人次。

保障妇女权益的法治宣传深入普及。将保障妇女权益的法律知识、法治精神、法治文化纳入全民普法规划。从1986年开始实施的"一五"普法规划到2016年实施的"七五"普法，始终把提升妇女法治意识和法治素养，提升妇女参与法治实践能力作为重要任务，坚持妇女普法宣传与弘扬社会主义核心价值观相结合，坚持普法宣传与依法维护妇女权益相结合，坚持经常性普法与每年"三八"

国际妇女节等重点普法相结合，坚持运用传统媒体普法与新兴媒体普法相结合，坚持普法宣传与激发妇女主体活力相结合。深入开展法治宣传进机关、进乡村、进社区、进学校、进企业、进单位主题活动，推动以男女平等为核心的法治文化入脑入心、见行见效。加强面向各级领导干部的法治宣传，推动党政领导干部在决策管理和公共服务中坚持男女平等原则，在法律政策制定和实施中体现妇女利益需求。加强面向法律工作者的法治宣传，促进严格执法、公正司法，推进法律法规实施中的男女平等。加强面向妇女群众的法治宣传，将法律知识和法律服务送到妇女群众身边，引导妇女尊法学法守法用法。加强面向家庭的法治宣传，引导家庭成员崇德守法，树立男女平等、尊老爱幼的文明风尚。

法规政策性别平等评估机制创新建立。依据《中华人民共和国立法法》备案审查制度和程序规定，创建源头保障妇女权益、促进男女平等发展新机制。2012—2018年，全国30个省（区、市）建立了法规政策性别平等评估机制，将男女平等价值理念引入法规政策的制定、实施和监督各环节，加强政策法规制定前研判、决策中贯彻、实施后评估的制度化建设，进一步体现了新时代妇女群众的意志和期盼，进一步丰富了新时代科学立法和民主立法的生动实践。

妇女和妇女组织在法治建设中的作用日益彰显。参与立法决策的女性比例不断提高，在国家民主法治建设中的影响力显著增强。妇女参加政府机构决策管理的人数不断增加，目前中央机关及其直属机构新录用公务员中的女性比例超过一半，地方新录用公务员女性占比四成以上，成为法治中国建设的重要力量。特别是司法机关女性比例显著提升，2017年，女检察官占检察官总数的32.6%，比改革开放初期的1982年提高23.6个百分点；女法官占法官总数的32.7%，比1982年提高21.7个百分点。妇联组织认真履行法定职责，通过参与人大常委会和专委会、向人大会议和政协会议提交议案建议提案等方式，代表妇女群众参与法律政策的制定，监督法律政策的实施。近5年，妇联组织推动并参与反家庭暴力法、"全面两孩"配套措施等法律政策的制定修订，对80余件国家法律政策及3000多件地方法规政策建言献策。探索建立促进女性公平就业约谈机制，预防和纠正就业中的性别歧视。定期发布维护妇女合法权益优秀案例，引导全社会形成尊重关爱妇女的良好氛围。以"建设法治中国·巾帼在行动"为主题开展普法宣传,为妇女群众提供法律咨询和服务。妇女群众的法治意识日益增强,在民法总则等法律法规公开征求意见中,积极表达利益诉求、提出意见建议,为法治中国建设献计献策。

三、妇女在经济社会发展中的半边天作用日益彰显

妇女是国家的重要建设者。中国制定实施劳动法、就业促进法、劳动合同法、农村土地承包法等法律法规,充分保障妇女的经济权益特别是平等就业权利,实行男女同工同酬,消除就业性别歧视。党的十八大以来,中国更加重视促进男女平等就业,推动妇女实现更高质量、更加充分就业,妇女参与经济社会建设的热情更加高涨,半边天作用更加凸显。

妇女在脱贫攻坚中充分参与、广泛受益。中国高度重视妇女扶贫脱贫。《中国农村扶贫开发纲要(2011—2020年)》《中国妇女发展纲要(2011—2020年)》等都将缓解妇女贫困程度、减少贫困妇女数量作为优先事项,保障贫困妇女的资源供给,帮助、支持贫困妇女实施扶贫项目。党的十八大以来,中国在脱贫攻坚中更加重视妇女的参与和受益。2018年《中共中央 国务院关于打赢脱贫攻坚战三年行动的指导意见》提出,将贫困地区妇女宫颈癌、乳腺癌(简称"两癌")检查项目扩大到所有贫困县。实施"贫困母亲'两癌'救助""母亲安居工程""母亲健康快车"等公益慈善项目,帮助患病贫困妇女、贫困单亲母亲等改善生存发展状况。开展全国家政服务劳务对接扶贫行动、"百城万村"家政扶贫行动,帮助农村建档立卡贫困妇女实现就业。妇联组织大力实施"巾帼脱贫行动",围绕立志脱贫、能力脱贫、创业脱贫、巧手脱贫、互助脱贫、健康脱贫、爱心助力脱贫七项重点任务,积极探索"连环扶贫""小额信贷扶贫""基地+贫困妇女"等扶贫模式,助推妇女精准脱贫。按照现行农村贫困标准,截至2018年底,全国农村贫困人口从2012年的9899万减少到1660万,贫困发生率从2012年的10.2%下降至1.7%,减少的贫困人口中约一半为女性。

保障平等土地权益调动农村妇女生产积极性。从土地改革、农村家庭联产承包到农村承包地确权登记颁证与农村土地"三权分置",中国始终重视从法

律制度上保障妇女土地权益。2014年起,开展农村承包地确权登记颁证,明确要求将农村妇女土地承包经营权记载到权属证书上,广大农村妇女实现了"证上有名、名下有权"。2018年修订的农村土地承包法明确规定,农户内家庭成员依法平等享有承包土地的各项权益,确保农村妇女平等享有土地承包经营权。2016年,中共中央、国务院印发《关于稳步推进农村集体产权制度改革的意见》,明确提出切实保护农村妇女的合法权益。2018年,民政部、中央组织部、全国妇联等七部门联合发布《关于做好村规民约和居民公约工作的指导意见》,要求纠正与法律政策规定、性别平等原则相冲突的村规民约。农村妇女的土地权益和经济利益得到有效保障,她们踊跃投入乡村振兴,积极为农业农村现代化建设做贡献。

加强劳动保护激励女职工岗位建功。中国高度重视从制度上保障女职工劳动保护各项权利。从1988年颁布《女职工劳动保护规定》到2012年《女职工劳动保护特别规定》出台,女职工劳动保护程度不断提高。越来越多的企业重视女职工劳动保护。2017年落实女职工劳动保护的企业占比71.2%,比2002年提高35.2个百分点。截至2017年9月,全国共签订女职工权益保护专项集体合同136.6万份,覆盖女职工近8000万人;建立女职工休息哺乳室的基层企事业工会近30万个,覆盖女职工1849.4万人。编发《促进工作场所性别平等指导手册》,推动用人单位贯彻落实法律法规,维护女职工合法权益和特殊利益。各项劳动保护工作深入推进,为女职工参与经济社会发展创造了条件。各行各业女职工以高度的主人翁责任感和历史使命感,在国家经济发展和社会进步中发挥着越来越重要的作用。

全社会就业人员中女性占比超过四成。新中国成立初期,广大妇女积极投身恢复国民经济和发展社会生产热潮,成为新中国工业化建设的重要力量。改革开放40多年来,随着国家经济社会快速发展,妇女就业选择更加多元,创业之路更加宽广,就业和创业人数大幅增加。2017年,全国女性就业人数3.4亿,比1978年翻了一番。中国政府实施鼓励妇女就业创业的小额担保贷款财政贴息政策,2009—2018年全国累计发放3837.7亿元,中央及地方落实财政贴息资金408.6亿元,获贷妇女656.9万人次,妇女就业创业得到大力支持。2017年全国

全国女性就业人数（亿人）

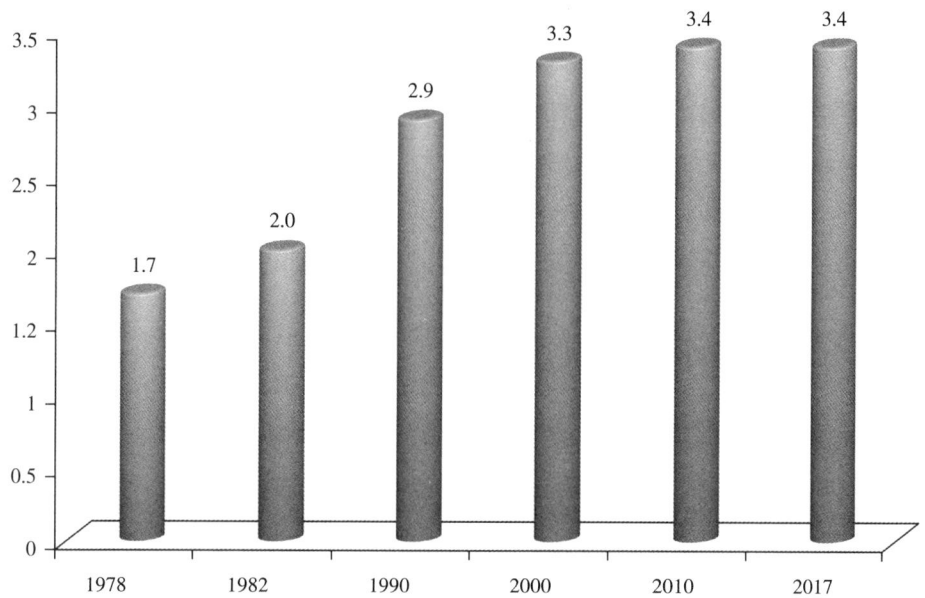

妇联举办中国妇女创业创新大赛，吸引56万妇女参与，激发妇女的创业精神和创新活力。妇女成为大众创业、万众创新的重要力量。

妇女就业领域极大拓展。在社会主义现代化建设进程中，妇女生产力不断释放，就业领域更加广泛。2010年，妇女从事第二、第三产业的比例为46.8%，比改革开放初期的1982年提高24.8个百分点。党的十八大以来，中国实行就业优先战略，积极推动男女平等就业。2019年，人力资源社会保障部等九部门印发《关于进一步规范招聘行为促进妇女就业的通知》，明确了不得实施的六种就业性别歧视行为，建立健全多部门联合约谈、市场监管、司法救济三条救济渠道，为保障妇女平等享有就业权提供有力支持。2017年，公有经济企事业单位女性专业技术人员1529.7万，占比48.6%，比1982年提高9.5个百分点。妇联组织培养巾帼电商带头人10万多名，辐射带动1500多万妇女增收致富，初步形成"互联网+女性创业"的服务体系，使妇女不出户、不出村就能享受到便捷高效的就业服务，互联网领域创业者中女性达到55%。

各行各业优秀女性大量涌现。中国尊重妇女主体地位，发挥妇女聪明才智，拓宽妇女就业创业渠道，加强就业服务培训，支持妇女在国家建设中建功立业。各级妇联组织表彰了一大批三八红旗手、三八红旗手标兵和三八红旗集体。各级工会组织大力表彰五一巾帼标兵岗和五一巾帼标兵。改革开放40多年来，妇女参与经济社会发展的能力显著增强，在政治、经济、科技、教育、文化、卫生等各条战线展现巾帼风采、贡献巾帼力量。比如，屠呦呦为中药和中西药结合研究做出了卓越贡献，是中国首位获得诺贝尔奖的女科学家，是中国妇女的杰出代表。

四、妇女政治地位显著提高

中国重视保障妇女与男子平等的政治权利。新中国成立之初，就从法律上规定了男女享有平等的选举权、被选举权和管理国家事务的权利。改革开放40多年来，中国特色社会主义民主政治不断完善，为妇女参政提供了新机遇、拓展了新渠道。党的十八大以来，在推进国家治理体系和治理能力现代化进程中，妇女参与国家和社会事务管理的水平全面提升，在民主政治建设中的作用日益增强。

中国共产党作为执政党，一贯重视培养选拔女干部、发展女党员。20世纪90年代以来，历次党代会报告都明确要求重视培养选拔女干部。党的十九大报告强调，要统筹做好培养选拔女干部、少数民族干部和党外干部工作。通过召开专题会议、制定政策文件、明确目标要求等措施，持续加大培养力度，不断提高女干部和女党员比例。2017年，全国党政机关女干部人数从改革开放初期的42.2万增加至190.6万，占干部总数的26.5%。2017年，中央机关及其直属机构新录用公务员中女性比例达到52.4%；地方新录用公务员中女性比例达到44%。2018年全国事业单位领导班子成员中，女性比例为22.2%，比2015年提高1.6个百分点。2018年，女党员占党员总数的27.2%，比1956年提高16.7个百分点。党代会代表中的女性比例逐步提升，党的十九大代表中的女性占比24.2%，比1956年党的八大提高14.9个百分点。

人大代表和政协委员中女性比例逐步提升。重视发挥妇女在人民代表大会、人民政治协商会议中的作用，是中国的一贯主张。选举法明确规定，全国人民代表大会和地方各级人民代表大会应当有适当数量的妇女代表，并逐步提高妇女代表的比例。《中国妇女发展纲要（2011—2020年）》《国家人权行动计划（2016—2020年）》要求，逐步提高女性在各级人大代表、政协委员中的比例。第十三届全国人民代表大会女代表比例达到24.9%，比1954年第一届提高12.9个百分点。政协第十三届全国委员会女委员比例达到20.4%，比1949年第一届提高14.3个百分点。

妇女参与基层民主管理更加广泛。积极推动基层民主建设进程，适时制定修订中国共产党农村基层组织工作条例、居民委员会组织法、村民委员会组织法等法律法规，推动村规民约、居民公约修订完善，为妇女广泛参与基层民主管理提供了坚实的制度保障。20世纪80年代以来，村民自治制度的建立发展为农村妇女参与基层民主管理提供了重要保障和条件。2017年，村委会成员中女性比例为23.1%，比2000年提高7.4个百分点。妇女在居委会中的人数比例始终保持较高水平，2017年居委会成员中女性比例为49.7%，居委会主任中女性比例为39.9%。妇女参与企业民主管理比例稳步提升，2017年，工会女会员占比38.3%，企业职工董事和职工监事中女性比例分别为39.7%和41.6%。

妇女和妇女组织在民主政治建设中的作用越来越大。妇女参与国家和社会事务管理的途径更加多元，渠道更加畅通。人大女代表、政协女委员认真履职，为国家经济社会发展和妇女事业建言献策。各级党政机关女干部立足岗位，为贯彻落实男女平等基本国策、促进妇女发展恪尽职守。广大妇女民主参与意识不断提高，利用各类平台对国家和社会事务提出建议、表达诉求。妇联组织积极履行代表妇女参与国家和社会事务管理的职责，参与有关法律法规和政策的制定、参与协商民主、参与社会治理和公共服务。党的十八大以来，妇联改革使一大批有热心、有专长、有影响力的妇女骨干进入各级妇联特别是基层妇联工作队伍，乡、村两级妇联执委达到770多万，在基层治理中发挥了重要作用。

五、妇女受教育水平显著提升

中国通过制定实施法律法规赋予妇女同男子平等的受教育权利。在坚持优先发展教育、持续实施教育惠民政策、缩小城乡教育差距、积极推进教育公平的历史进程中，妇女受教育状况不断改善，受教育水平大幅提升。

扫除妇女文盲成果斐然。新中国成立之初，妇女文盲率远远高于男性。1949年第一次全国教育工作会议提出，要在全国范围内进行识字教育、扫除文盲。1956年中国发布《关于扫除文盲的决定》，再次明确扫盲工作目标。20世纪50年代开展的三次扫盲运动，帮助1600万名妇女脱盲。改革开放后，中国持续开展扫盲工作，到1993年累计扫除妇女文盲1.1亿。1995年以来，中国政府颁布实施三个周期的中国妇女发展纲要，始终把扫除妇女文盲、提高妇女识字率作为主要目标，把扫除农村妇女文盲作为重点。全国15岁及以上女性人口文盲率由新中国成立前的90%降至2017年的7.3%，实现历史巨变。

九年义务教育基本消除性别差距。在大力扫除妇女文盲的基础上，中国高度重视保障女童接受基础教育的权利和机会。制定出台《中华人民共和国义务教育法》等法律和政策，不断加大义务教育投入，重点向农村地区倾斜，通过设立中小学助学金、制定女童专项扶助政策、实施"春蕾计划"和"希望工程"等助学项目，大大增加了农村女童受教育的机会。党的十八大以来，大力推进城乡义务教育一体化发展，补齐农村义务教育短板，农村女童接受教育的机会更多。2017年，女童小学净入学率达到99.9%，与男童完全相同；普通小学和普通初中在校生中女生比例分别达到46.5%和46.4%，比1951年分别提高18.5和20.8个百分点。义务教育阶段基本实现男女平等。

妇女接受高中阶段和高等教育水平实现历史新高。中国高度重视教育发展，女性接受高中阶段和高等教育的机会不断增加。改革开放40多年来，大力普及高中阶段教育，加大中西部贫困地区扶持力度，实行家庭经济困难学生资助政策，女性接受高中阶段教育的机会显著增多。2017年，高中阶段教育毛入学率达到88.3%，高中阶段教育在校女生占在校生总数的47.7%，其中普通高中在校生中女生比例已达50.9%。1998年颁布《中华人民共和国高等教育法》，不断扩大高等教育规模，推行助学贷款制度，设立助学奖学金，为更多女性接受高等教育创造了条件。2017年，普通高等学校本专科在校女生占在校生总数的比例已达52.5%，比1978年提高28.4个百分点，比1949年提高32.7个百分点；女研

普通高等学校本专科在校女生比例（%）

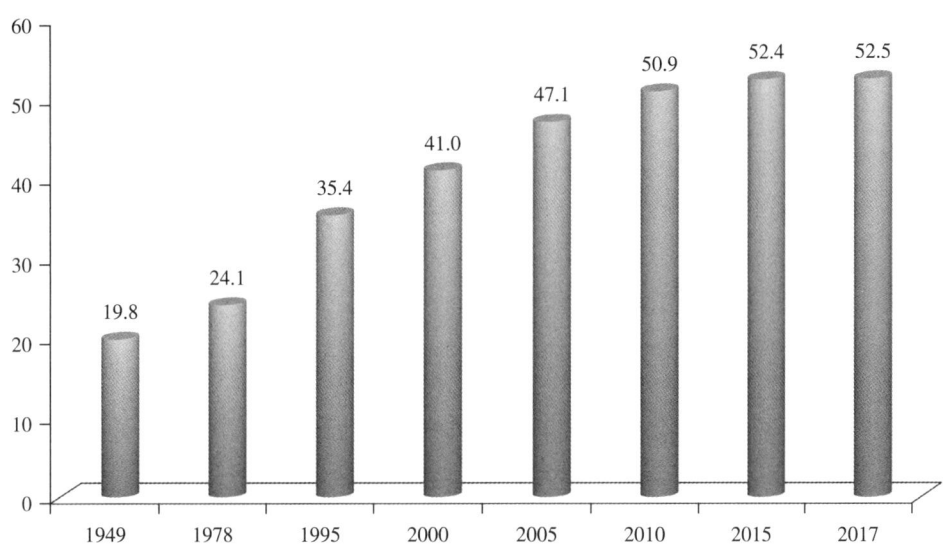

究生占研究生总数的比例已达48.4%，比1985年提高29.8个百分点。

妇女接受职业教育和继续教育人数大幅增加。中国不断完善职业教育法律政策，逐步建立健全职业教育体系，妇女接受职业教育的机会不断增加。1996年《中华人民共和国职业教育法》颁布，提出国家采取措施帮助妇女接受职业教育。党的十八大以来，中国更加重视职业教育发展。2019年颁布《国家职业教育改革实施方案》和《高职扩招专项工作实施方案》，扩大高等职业教育招生规模，提升职业教育现代化水平，为妇女接受职业教育提供了新机遇。2017年，中等职业教育在校女生占在校生总数的42.9%。改革开放40多年来，继续教育得到长足发展，成为妇女获得知识、增长技能、提高素质的重要渠道，妇女参加高等学历继续教育的人数和比例逐年上升。2017年，全国成人本专科在校女生占在校生总数的58.8%，比1988年提高27.3个百分点；网络本专科在校女生占在校生总数的47.3%。此外，妇女还广泛参与各级各类非学历继续教育。

女童平等接受学前教育取得成效。新中国成立初期，在机关单位、工矿企业、街道、公社建立幼儿园。1992年国务院颁布实施《九十年代中国儿童发展规划纲要》，提出3—6岁幼儿入园率达到35%。从2011年开始，中国连续实施三期学前教育三年行动计划，解决入园难问题。《中国妇女发展纲要（2011—2020年）》提出，学前教育毛入学率达到70%，女童平等接受学前教育。2018年，中共中央、国务院印发《关于学前教育深化改革规范发展的若干意见》，要求推进学前教育普及普惠安全优质发展。2017年，3—6岁儿童毛入园率为79.6%，全国接受学前教育的幼儿达4600万，其中女童占比46.7%。

六、妇女健康状况极大改善

妇女儿童健康是全民健康的基石。中国高度重视发展妇幼保健事业，将保障妇女儿童健康纳入国家战略，不断完善妇幼健康法规政策体系。建立覆盖城乡的三级妇幼健康服务网络，大力实施妇幼卫生项目，为妇女提供全生命周期的健康服务，不断提高妇幼卫生服务的公平性、均等化，妇女健康状况显著改善。

妇幼健康法律法规和政策体系不断完善。新中国成立之初，把妇幼健康作为卫生健康事业重要内容，积极推进妇幼保健工作。改革开放40多年来，中国颁布实施母婴保健法等法律法规，将妇幼健康事业纳入经济社会发展总体规划。国家"十三五"规划纲要、"健康中国2030"规划纲要、中国妇女发展纲要和中国儿童发展纲要等，都提出明确的妇幼健康目标措施，将妇幼健康核心指标纳入各级政府目标考核，强化政府主体责任。

中国特色妇幼健康服务网络不断加强。中国致力于加强妇幼卫生机构建设。自1950年起，在城乡逐步建立以妇幼保健机构为核心、以基层医疗卫生机构为基础、以大中型综合医院专科医院和相关科研教学机构为支撑，具有中国特色的妇幼健康服务网络。改革开放40多年来，中国持续加大基层妇幼保健网络投入，不断完善妇幼保健服务体系，建立了妇幼卫生年报系统和世界上规模最大的妇幼卫生监测网络。党的十八大以来，妇幼保健网络逐步嵌入覆盖14亿人口的医疗保障网和覆盖城乡的三级医疗保健网，妇幼健康信息化建设不断加强。2018年，全国共有妇幼保健机构3080家、妇产医院807家、妇幼保健工作者近64万人，被世界卫生组织列为妇幼健康高绩效的10个国家之一。

妇幼健康服务公平性、可及性逐步提升。新中国重视保障母婴安全，积极推广新法接生，防治危害妇女身心健康的严重疾病。改革开放40多年来，中国积极推广婚前医学检查，提供全方位孕期保健服务，全面推广普及住院分娩，积极推进产后保健服务，加强孕产妇系统管理，逐步建立起系统规范的孕产妇管理制度和服务模式，有效保障了孕产妇健康。从2000年起，相继实施降低孕产妇死亡率和消除新生儿破伤风、农村孕产妇住院分娩补助、预防艾滋病梅毒乙肝母婴传播、农村妇女"两癌"检查、免费孕前优生健康检查等妇幼重大公共卫生服务项目。2009年起，实施国家基本公共卫生服务项目，人均补助经费由最初的15元提高到2018年的55元，免费提供包括孕产妇健康管理在内的14类基本公共卫生服务。2018年，全国孕产妇住院分娩率为99.9%。截至2018年底，农村妇女"两癌"检查项目为超过8500万名妇女免费提供宫颈癌检查，为2000万名妇女免费提供乳腺癌检查，仅妇联系统救助贫困患病妇女10.22万人。

妇女生殖保健服务不断加强。制定出台法规政策和规划，实施生殖健康项目，不断提高妇女生殖健康水平。20世纪90年代，积极开展以人为本的计划生育优质服务，推进避孕方法知情选择，尊重和保护妇女生殖健康权益。党的十八大以来，中国调整完善生育政策，强化计划生育优质服务。2016年发布《"十三五"卫生与健康规划》，实施免费计划生育技术服务基本项目，普及避孕节育、优生优育和生殖健康知识，提高药具服务的可及性和便捷性，做好再生育技术指导服务，提高生殖健康水平。2018年印发《母婴安全行动计划》《人工流产后避孕服务规范》，开展妊娠风险防范、危急重症救治、质量安全提升、专科能力建设、便民优质服务五大行动，特别是为农村计划怀孕夫妇免费提供健康教育、健康检查等孕前优生服务。开展流动人口计划生育基本公共服务均等化试点，为流动妇女提供孕产妇保健服务。

妇女健康水平持续提高。2015年，妇女平均预期寿命为79.4岁，比1981年提高了10.1岁，比新中国成立时提高了42.7岁。孕产妇死亡率持续降低，提前实现联合国千年发展目标。2018年，全国孕产妇死亡率为18.3/10万，比1990年的88.8/10万大幅下降了79.4%。城乡差距不断缩小，城市与农村孕产妇死亡率之比从1990年的1∶2.2下降到2018年的1∶1.3。

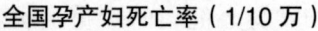

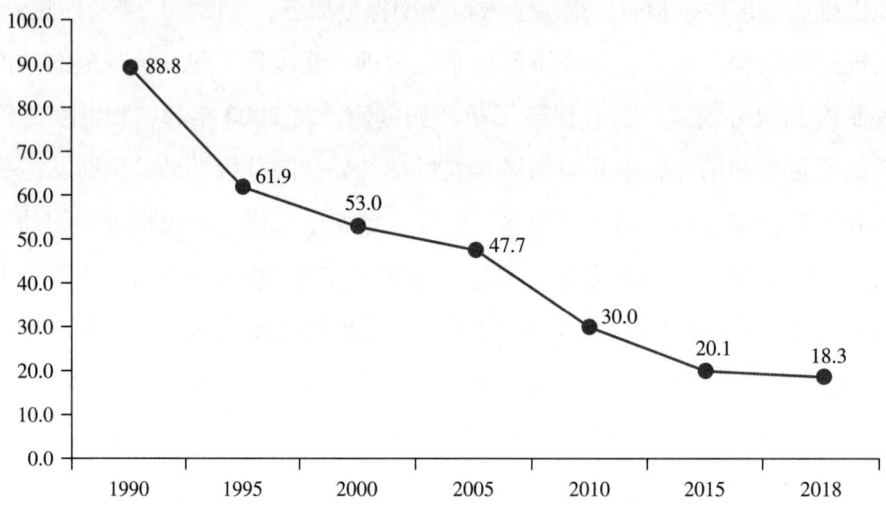

七、妇女社会保障水平不断提高

坚持在发展中保障和改善妇女民生。中国加快建设覆盖全民、城乡统筹、权责清晰、保障适度、可持续的多层次社会保障体系,全面实施全民参保计划,全面推进病有所医、老有所养、弱有所扶,各项社会保障实现了制度性覆盖,妇女的获得感、幸福感、安全感持续增强。

妇女生育保障水平大幅提高。积极推进生育保障制度建设,保障妇女生育权益。从1949年到1992年,相继出台劳动保险条例、公费医疗以及女工产假等政策规定,生育女性享有产假及生育津贴、生育补助和医疗服务费用报销等待遇。1994年出台《企业职工生育保险试行办法》,对生育保险的筹资、待遇等作出规定,标志着城镇职工生育保险制度的全面推行。2010年颁布的《中华人民共和国社会保险法》设生育保险专章,将部门规章上升为国家法律,为保障妇女生育权益提供法律依据。党的十八大以来,生育保障制度不断完善。2019年出台《关于全面推进生育保险和职工基本医疗保险合并实施的意见》,要求整合两项保险基金及管理资源,确保职工生育期间的生育保险待遇不变、确保制度可持续,有利于扩大生育保险覆盖面,使更多生育妇女受益。2018年,参加生育保险人数达两亿,其中女性8927万。参加城乡居民基本医疗保险的女

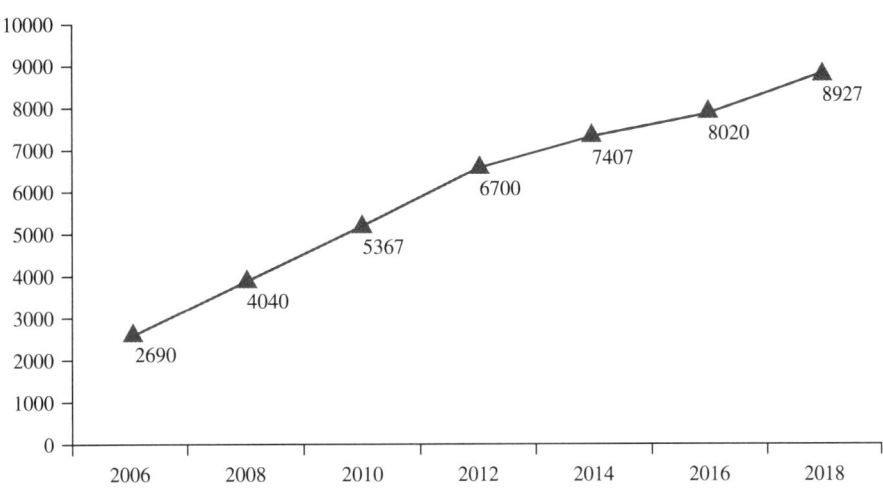

女性参加生育保险人数（万人）

性，享受生育医疗费用报销待遇，未就业女性的生育权益得到保障。女职工法定产假由90天延长到98天。各地陆续调整相关法规，设置生育奖励假和配偶护理假，一些地方对相关津贴待遇作出明确规定。

妇女医疗保障实现制度全覆盖。新中国成立之初，建立了医疗保障制度，机关事业单位和企业分别实行公费医疗和劳保医疗，农村依托集体经济建立农村合作医疗，广大妇女享有不同程度的基本医疗保障。改革开放40多年来，中国逐步建立健全职工基本医疗保险制度、新型农村合作医疗和城镇居民基本医疗保险制度，城乡妇女基本医疗保障实现制度全覆盖。党的十八大以来，多层次的医疗保障体系进一步完善，2016年整合城乡居民医疗保险，增强制度的公平性，完善城乡医疗救助和补充医疗保险制度，使更多妇女享有更公平的医疗保障。2018年，据不完全统计，全国基本医疗保险女性参保人数约为5.4亿。

妇女养老保障水平显著提高。中国建立并不断完善城镇职工养老保险制度，改革开放后，加快建立城镇居民养老保险制度，大力推进新型农村社会养老保险，妇女参保人数和待遇水平实现"从无到有、从少到多、从低到高"的可喜变化。党的十八大以来，养老保障制度更加完善，2014年新型农村养老保险和城镇居民社会养老保险合并为城乡居民基本养老保险，使城乡未就业妇女公平享有基本养老保障。2017年，全国近3.8亿妇女参加了基本养老保险。截至2018年底，全国普遍建立了经济困难的高龄、失能等老年人补贴制度,老年妇女生活得到基本保障。

妇女参加失业保险和工伤保险的人数不断增加。中国高度重视劳动者的就业和保险权益,保障职工的就业、安全与健康。先后实行失业救济制度、国有企业待业保险制度、下岗职工基本生活保障制度以及现行的失业保险制度,在就业领域处于相对弱势的妇女得到基本保障。2017 年,全国参加失业保险的女性 7950 万,比 2005 年增加 3924 万;参加工伤保险的女性 8594 万,比 2005 年增加 5581 万。

国家社会救助制度惠及困难妇女。中国建立并逐步完善社会救助制度体系,为困难妇女提供基本生活保障。从计划经济时期的自然灾害救助、城市单位保障和农村集体救助、农村五保供养,到 20 世纪 90 年代逐步建立的最低生活保障、特困人员救助供养、临时救助制度等,妇女都能平等享受。党的十八大以来,社会救助体系逐步完善,有效帮助困难妇女共享改革发展成果。截至 2018 年底,全国城市低保对象中女性占 44.8%,农村低保对象中女性占 42.0%。

八、妇女在家庭文明建设中发挥独特作用

家庭是社会的细胞。家庭和睦则社会安定,家庭幸福则社会祥和,家庭文明则社会文明。中国始终高度重视家庭建设,注重保障妇女婚姻家庭权利,男女平等的婚姻家庭关系日益巩固。党的十八大以来,更加注重家庭、注重家教、注重家风,更加注重发挥妇女在家庭生活中的独特作用,推动社会主义核心价值观在家庭落地生根,形成爱国爱家、相亲相爱、向上向善、共建共享的社会主义家庭文明新风尚。

建立完善男女平等的婚姻家庭制度。1950 年颁布实施婚姻法,从根本上废除了封建婚姻制度对妇女的歧视和压迫,妇女的婚姻家庭生活发生了历史性变革。1954 年第一部宪法明确规定妇女与男子在家庭生活方面享有平等的权利,婚姻、家庭、母亲和儿童受国家的保护。历次宪法修改都注重保障妇女平等的婚姻家庭权益。婚姻法修改重申实行男女平等的婚姻制度,倡导维护平等、和睦、文明的婚姻家庭关系,增加禁止实施家庭暴力、家务劳动补偿权和离婚损害赔

偿等保障妇女权益的条款。涉及婚姻家庭关系的相关法律法规都强调对妇女权益的保护。2015年出台反家庭暴力法，规定禁止任何形式的家庭暴力，妇女在家庭中的人身权利进一步得到保障。2017年颁布民法总则并启动民法典编纂工作，重视进一步完善男女平等的婚姻家庭制度。2017年，全国妇联、中央综治办、最高人民法院等6部门出台《关于做好婚姻家庭纠纷预防化解工作的意见》，为群众化解婚姻家庭纠纷提供多元、便捷的服务。2018年最高人民法院出台司法解释，破解夫妻共同债务认定标准难题。

建立支持家庭和妇女发展的政策体系。新中国成立后，相继出台涉及婚姻、生育、托幼、养老等与家庭密切相关的政策，机关单位、工矿企业、街道、公社等建立哺乳室、托儿所、幼儿园，解放妇女劳动力，支持妇女广泛参加社会劳动。改革开放40多年来，中国将家庭建设纳入国家经济社会发展总体规划。国家"十二五"规划纲要和国家"十三五"规划纲要都对家庭建设提出明确要求，强调提高家庭发展能力，重视家庭在支撑社会发展、分担社会责任中的作用。中国妇女发展纲要强调男女共担家庭责任，发展面向家庭的公共服务，为夫妻双方兼顾工作和家庭创造条件。2010年印发《国务院办公厅关于发展家庭服务业的指导意见》，全国妇联与人力资源社会保障部共同实施巾帼家政服务培训专项工程，帮助更多夫妻更好地兼顾工作与家庭。持续开展关爱女孩行动，深入推进"婚育新风进万家"活动。2015年，中共中央、国务院印发《关于实施全面两孩政策改革完善计划生育服务管理的决定》，提出构建家庭发展支持体系，建立完善包括生育支持、幼儿养育、老人赡养等在内的家庭发展政策，广泛开展创建幸福家庭活动和新家庭计划，增强家庭抚幼和养老功能，支持女性生育后重返工作岗位，鼓励用人单位制定有利于职工平衡工作与家庭的措施，促进社会性别平等。2019年，国务院办公厅发布《关于促进3岁以下婴幼儿照护服务发展的指导意见》，提出建立健全婴幼儿照护服务的政策法规体系和标准规范体系，为家庭育儿提供政策支持。

统筹协调社会资源支持服务家庭教育。中国高度重视家庭教育工作。1996年以来，全国妇联、教育部、中央文明办等部门连续发布了五轮家庭教育工作规划。自2010年起，印发《全国家庭教育指导大纲》，出台《关于加强家庭教育工作的指导意见》，在科学指导家庭教育实践中发挥重要作用。家庭教育立法纳入第十三届全国人大常委会立法规划，部分地区出台了家庭教育促进条例。2018年召开全国教育大会，强调全社会要担负起青少年成长成才的责任，发挥家庭作为人生第一所学校、帮助扣好人生第一粒扣子的重要作用，坚持把立德树人作为家庭教育的根本任务，培养孩子的好思想、好品行、好习惯。目前，家庭教育指导服务的专业化、网络化、精细化水平不断提升，指导服务阵地多元化拓展。截至2017年底，共建立各类家长学校42.6万个、培训7086万人次，创办网上家长学校1.7万个、短信微信服务平台6.5万个。越来越多的城乡家庭享受到普惠性、公益性的家庭教育指导服务。

重视发挥妇女在家庭文明建设中的独特作用。中国重视发挥妇女在弘扬家庭美德、树立良好家风方面的独特作用。从20世纪50年代全国城乡普遍开展的"五好家庭"评选活动，到改革开放后开展的具有鲜明时代特征的美好家庭、五好文明家庭、绿色家庭、平安家庭、和谐家庭、文明家庭等各类家庭文明建设活动，广大妇女积极响应参与，推动男女平等、夫妻和睦、尊老爱幼等家庭文化发展，倡导绿色环保、文明健康的生活方式，使家庭成为社会平安与和谐的起点，用榜样力量引领家庭见贤思齐、崇德向善，追求和谐平安幸福生活。党的十八大以来，更加重视发挥家庭在传承美德、涵养家风、立德树人等方面的重要作用。2014年，妇联组织开展寻找"最美家庭"活动以来，广大妇女踊跃参加，推动社会主义核心价值观在家庭落细落小落实，把家教家风家训送到千家万户，以好的家风支撑起好的社会风气。截至2018年底，累计4.85亿人次参与线上线下寻找"最美家庭"活动，涌现出各级各类"最美家庭"380多万户。1997—2018年，表彰全国"五好家庭"8800多户。2016年开始，各级工会女职工组织开展"培育好家风——女职工在行动"主题实践活动。2019年，妇联组织启动实施"家家幸福安康工程"，积极回应广大妇女和亿万家庭新时代的新需求，以小家庭的和谐共建大社会的和谐，推动形成家家幸福安康的生动局面。

新时代家庭关系更加平等和睦文明。70年来，广大妇女摆脱封建婚姻制度束缚，婚姻自主程度大幅提高，婚姻家庭关系中的主体意识和权利意识不断增

家家幸福安康工程

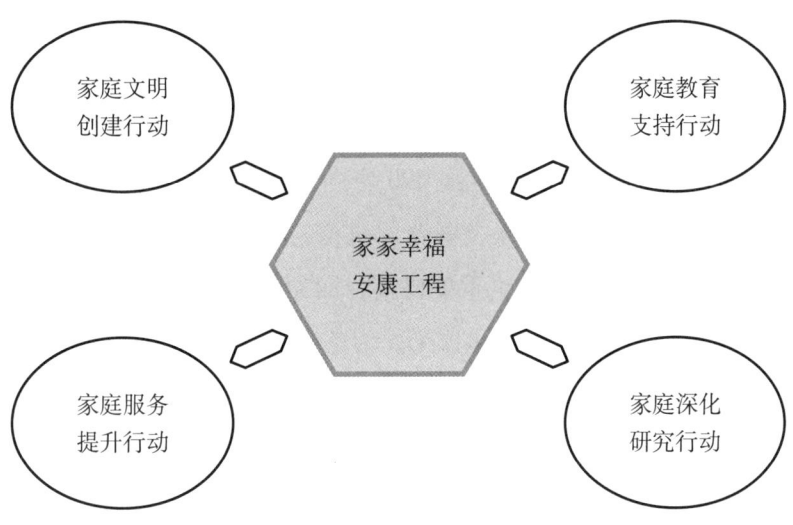

强。婚姻家庭中的性别平等状况明显改善,夫妻共同决策家庭事务渐成风尚。第三期中国妇女社会地位调查显示,70%以上妇女参与家庭重大事务决策,越来越多的妇女平等分享家庭资源,越来越多的夫妻共担家务、平衡家庭和工作,男女两性家务劳动时间差距逐步缩小。全社会促进男女平等婚姻关系健康发展的法治意识不断提升,尊老爱幼、男女平等、夫妻和睦、邻里团结的思想观念更加深入人心。千千万万个家庭共同促进家庭和睦、亲人相爱、下一代健康成长、老年人老有所养,成为国家发展、民族进步、社会和谐的重要基点。

九、妇女参与国际交流与合作日益广泛

中国高度重视开展妇女领域的国际交流与合作。大力支持妇女和以妇联为代表的妇女组织积极同世界各国妇女交朋友、建友谊,互鉴学习、共促发展,中国妇女的"朋友圈"越来越大。党的十八大以来,在推动构建人类命运共同体进程中,中国妇女事业实现了引领全球妇女发展的历史性飞跃,为世界妇女运动贡献了中国方案和中国力量。

积极参与和承办国际会议,推动全球妇女发展。新中国成立之初,积极支持妇女组织参加国际民主妇联、举办亚洲妇女代表会议,拉开妇女外交序幕。

1975年、1980年和1985年,中国代表团先后参加第一、第二、第三次世界妇女大会,参与文件制定,发出中国声音。1995年,中国承办联合国第四次世界妇女大会,提出男女平等基本国策,为形成指导全球性别平等的纲领性文件《北京宣言》和《行动纲领》作出重要贡献。2015年,在联合国成立70周年、北京世界妇女大会20周年之际,中国与联合国妇女署共同举办全球妇女峰会,140多个国家元首和政府首脑以及联合国机构、国际组织代表出席会议。中国国家主席习近平主持峰会并发表重要讲话,深刻阐述了促进男女平等和妇女全面发展的中国主张。峰会取得丰硕成果,为落实2030年可持续发展议程注入了新动力,为全球妇女事业发展树立了新的里程碑。

认真履行国际义务,体现大国责任担当。中国积极签署和批准联合国性别平等领域国际文书,全力推动男女平等和妇女发展进程。1980年签署批准《消除对妇女一切形式歧视公约》,认真履行公约义务,按时提交履约报告,接受审议并落实委员会结论性意见。作为联合国妇女地位委员会成员国和第四次世界妇女大会承办国,连续颁布实施中国妇女发展纲要,积极落实《北京宣言》和《行动纲领》十二个关切领域的战略目标,定期提交执行情况国家报告。认真落实联合国千年发展目标,提前完成减少极端贫困与饥饿、消除教育中的两性差距、降低孕产妇死亡率等目标任务。认真落实2030年可持续发展议程,在国别方案中将涉及妇女和女童权能目标列为优先事项,落实部门责任,在多项发展目标上取得积极进展。

开展对话交流,促进互鉴共享。中国高度重视支持妇女领域的对外交流。目前已与145个国家,429个妇女组织、机构以及联合国相关组织和专门机构保持友好交往。中国快速发展为妇女和妇女组织开展国际交流开辟了广阔空间,中国妇女与世界各国妇女的对话交流深度交融,友谊不断加深,合作不断加大。进入新时代,全方位、宽领域、多层次的对外开放为妇女领域的国际交流提供了新机遇。在国家总体外交大局中,以妇联组织为主导的中外妇女对话交流进一步深化。在国家交流机制框架下,建立妇女人文交流机制,举办妇女文化周和妇女交流对话活动,与不同社会制度、文化背景和不同发展水平国家的妇女深入沟通,向世界介绍中国和中国妇女。在中非合作论坛、中国—阿拉伯国家合作论坛、亚太经合组织、二十国集团、上海合作组织框架下举办妇女论坛，支持二十国集团妇女会议机制化建设，推动上海合作组织妇女论坛向机制化方向发展。进一步加强与周边国家、发展中国家妇女和妇女组织的交流合作，增进友谊互信。

开展务实合作，推动共同发展。中国不断加大多领域、全方位国际交流合作，积极促进妇女健康、教育、经济、减贫、环境等领域发展。党的十八大以来，持续开展妇女发展援助项目，支持和帮助广大发展中国家妇女减少贫困、增加就业、改善民生。连续四年向联合国妇女署捐款，为联合国推动性别平等和促进妇女发展提供支持。落实援助发展中国家妇女的承诺，2015—2020年帮助发展中国家实施100个"快乐校园工程"和100个"妇幼健康工程"，邀请3万名妇女来华培训，在当地培训10万名女性职业技术人员。在13个国家建立中外妇女培训（交流）中心，向共建"一带一路"国家提供小额物资援助，帮助当地妇女改善生产生活条件，加强能力建设。2015年以来，全国妇联为98个国家培训了2000多名妇女骨干。

妇女在外交事务中的作用日益彰显。妇女和妇女组织积极参与国际事务。1982年至今，中国代表九次当选联合国消除对妇女歧视委员会委员。中国是联合国维和行动的主要出资国之一，是安理会常任理事国第一大出兵国，参加联合国维和行动的妇女近千人。中国赴南苏丹维和步兵营有一支女战士组成的战斗班，首位外派执行维和任务的女指挥官毛屏被黎巴嫩政府授予"杰出女性奖"。国家外交领域活跃着一批女外交官，截至2018年10月，中国有女外交官2065人，占外交官总数的33.1%，其中女大使14人、女总领事21人、处级以上女参赞326人。妇女在外交事务中充分展示巾帼风采，贡献智慧和力量。

结束语

妇女事业发展的每一步都推动了人类文明进步。新中国成立70年来，中国妇女事业的发展与进步成就辉煌。中国妇女事业的发展与进步历程，就是一部在中国共产党的坚强领导下，亿万妇女为国家富强和民族振兴砥砺前行的奋斗历程，是妇女与经济社会同步发展的历史进程，是男女平等与社会文明进步的融合过程,是中国妇女携手全球妇女共建共享美好世界的文明进程。

中国发展进入了新时代。在更高水平上促进男女平等和妇女全面发展,既面临机遇,又任重道远。中国将在习近平新时代中国特色社会主义思想指引下,始终坚持在发展中保障和改善妇女民生,不忘初心,接续奋斗,促进妇女全面发展,引领亿万妇女为实现"两个一百年"奋斗目标和中华民族伟大复兴的中国梦建功立业。

中国愿与各国加强妇女领域交流合作,为推动构建人类命运共同体、建设更加美好的世界贡献智慧和力量。

为人民谋幸福：
新中国人权事业发展 70 年

中华人民共和国国务院新闻办公室
2019 年 9 月

前言

2019 年 10 月 1 日，是中华人民共和国成立 70 周年纪念日。无论是对中国还是对世界，这个日子都有着特别的意义。因为有了新中国 70 年，中国人民的生活才更加幸福美满；因为有了新中国 70 年，我们的世界才更加繁荣发展；因为有了新中国 70 年，人类社会才更加丰富多彩。

70 年前，在中国共产党的领导下，中国人民实现了翻身解放和当家作主。新中国 70 年，是中华民族迎来从站起来、富起来到强起来的 70 年；新中国 70 年，是中国人民各项基本权利日益得到尊重和保障的 70 年；新中国 70 年，是中国不断为世界人权事业发展作出贡献的 70 年。

人民幸福生活是最大的人权。中国共产党从诞生那一天起，就把为人民谋幸福、为民族谋复兴、为人类谋发展作为奋斗目标。新中国成立以来，特别是中共十八大以来，在习近平新时代中国特色社会主义思想指引下，中国不断总结人类社会发展经验，在建设中国特色社会主义的伟大实践中，坚持把人权的普遍性原则与自身实际相结合，奉行以人民为中心的人权理念，始终把生存权、发展权作为首要的基本人权，协调增进全体人民的各项权利，努力促进人的全面发展。历史和现实都证明，中国成功地走出了一条符合国情的人权发展道路，丰富了人类文明多样性。

作为国际社会重要一员，新中国高举和平、发展、合作、共赢的旗帜，坚持维护世界和平、促进共同发展，坚持以合作促发展，以发展促人权，全面参与全球人权治理，努力推动世界人权事业发展进步。

一、辉煌壮丽的人权发展历程

中华人民共和国是中国共产党领导的社会主义国家。为中国人民谋幸福，为中华民族谋复兴，是中国共产党人的初心和使命；以人民为中心，是中国共产党执政的最高价值。中国共产党的领导，是中国人民能够享有人权并不断享有更加充分人权的根本保证，是全体中国人民的利益所在、幸福所在，是中国人权事业的命脉所在、根本所在。

新中国人权事业的发展，与当代中国发展进程相统一，是中国特色社会主义发展的必然结果。自1949年以来，新中国人权事业发展大体经历了三个时期。

第一个时期：1949年新中国成立，确立了社会主义基本制度，完成了中国历史上最为广泛而深刻的社会变革，为中国人权事业发展奠定了根本政治前提和制度基础。

从1840年到1949年，由于西方列强的一次次入侵，加之统治阶级的腐朽和社会制度的落后，中国逐步沦为半殖民地半封建社会。战乱频仍、社会动荡、经济凋敝、民不聊生，是当时中国的真实写照。在旧中国，广大人民长期处于帝国主义、封建主义和官僚资本主义的压迫下，毫无人权可言。

新中国的成立，实现和捍卫了真正完全的民族解放和国家独立，为中国人民的生命、自由和人身安全提供了根本保障，为中国人民各项权利得到有效保障和不断发展创造了根本条件。

新中国建立和巩固了人民民主的政治制度，保障人民当家作主的权利。在新中国成立前夕，通过了具有临时宪法作用的《中国人民政治协商会议共同纲领》，规定人民享有选举权和被选举权以及广泛的政治权利和自由；妇女在政治、经济、文化教育、社会生活各方面均有与男子平等的权利。1954年，第一届全国人民代表大会第一次会议通过的《中华人民共和国宪法》，确立了人民民主原则和社会主义原则，确立了人民代表大会制度，在制度上保障了国家一切权力属于人民，并设立专章规定了公民的基本权利和义务。

新中国开展各项民主改革和社会事业建设，为促进经济社会发展和保障人权创造了条件。土地改革运动废除了地主阶级封建剥削的土地所有制，中国农民真正从经济上翻身做了主人，被束缚的农村生产力获得解放，广大农民的经济地位和生活状况大大改善。从1950年起，对国营厂矿交通企业的生产和管理制度进行民主改革，建立工厂管理委员会和职工代表大会，使工人真正成为企业的主人。1950年，颁布实施婚姻法，废除包办强迫、男尊女卑、漠视子女利益的封建婚姻制度，实行婚姻自由、一夫一妻、男女权利平等、保护妇女和子女合法利益的新婚姻制度。促进教育、医疗卫生事业发展，建立劳动保险和社会救济制度，初步形成以单位为组织形式的社会保障体系。

新中国建设独立完整的国民经济体系，推动经济发展，为保障人权奠定经济基础。新中国迅速医治战争创伤，仅用三年时间，就使国民经济和人民生活恢复到历史最高水平。在此基础上，不失时机地对农业、手工业和资本主义工商业进行社会主义改造，建立了社会主义的基本经济制度，为人民平等参与经济发展和分享劳动成果提供了基本的社会制度保证。

新中国彻底否定了民族压迫和民族歧视，发展民族平等、互助、团结关系。民族区域自治制度的成功实行，有效保障了少数民族在祖国大家庭中的平等权利和少数民族管理本民族、本地区事务的自治权利。

第二个时期：1978年实行改革开放，成功开辟了中国特色社会主义道路，极大地解放和发展了社会生产力，人民生存权、发展权和各项基本权利不断得到更好保障，中国人权事业得到大发展。

改革开放是中国共产党在新的时代条件下带领全国各族人民进行的新的伟大革命。中国共产党带领人民深刻总结我国社会主义建设正反两方面经验，坚持走社会主义道路，坚持以经济建设为中心，坚持四项基本原则，坚持改革开放，建设中国特色社会主义。中国共产党把发展作为执政兴国的第一要务和解决中国所有问题的关键，大力发展社会生产力，努力以发展促进人权保障，极大地调动了亿万人民的积极性。

在改革开放中,中国共产党将尊重和保障人权作为执政主张,不断赋予中国人权发展新的内涵。1997年,中共十五大明确提出,"保证人民依法享有广泛的权利和自由,尊重和保障人权"。2002年,"尊重和保障人权"作为社会主义政治文明建设的重要目标写入中共十六大报告。2007年,中共十七大报告进一步指出要"尊重和保障人权,依法保证全体社会成员平等参与、平等发展的权利"。同年,"尊重和保障人权"首次载入《中国共产党章程》。

在改革开放中,中国坚持依宪治国,为促进人权事业全面发展提供根本法保障。1982年,第五届全国人大五次会议通过了现行宪法。宪法明确规定了中国社会主义民主的主要内容和基本形态,全面系统规定了全体人民享有广泛的公民权利、政治权利和经济、社会、文化权利。此后,全国人大五次通过宪法修正案,从基本经济制度、分配制度、保护公民私有财产、建立健全社会保障制度等方面,不断加强对人权的保护。特别是2004年3月,第十届全国人大二次会议将"尊重和保障人权"写入宪法,有力保障和推进了中国人权事业发展。

在改革开放中,中国努力将促进人权事业发展纳入国家发展战略和规划。1991年,中国发布第一部人权白皮书——《中国的人权状况》。制定并实施国家人权行动计划,确定尊重和保障人权的阶段性目标、任务。国家还制定了经济、文化、社会和环境等方面的专项行动计划,以及保障少数民族、妇女、儿童、老年人、残疾人等特定群体权利的专项规划,努力促进全体人民共同享有充分权利。

在改革开放中,中国进一步建立并完善了适合本国国情的人权保障制度,初步形成了中国特色人权保障体系。国家建立了最低生活保障制度、最低工资保障制度、劳动保障监察制度和劳动人事争议处理制度、就业救助制度、中小学义务教育制度等;通过民法通则和侵权责任法等建立了人格权保护体系,推进户籍制度改革,并不断完善选举制度、基层群众自治制度、政务信息公开制度、诉讼制度、知识产权保护制度等。

第三个时期:2012年中共十八大召开,中国特色社会主义进入新时代,在习近平新时代中国特色社会主义思想指引下,坚持以人民为中心的发展思想,大力保障和改善民生,加强人权法治保障,中国人权事业得到全面发展。

新时代中国特色社会主义将"人权得到切实尊重和保障"作为全面建成小康社会的重要目标，从战略层面确立了人权事业的重要地位。中共十八大修改通过的《中国共产党章程》再次重申尊重和保障人权。2014年，中共十八届四中全会通过《中共中央关于全面推进依法治国若干重大问题的决定》，强调"加强人权司法保障""增强全社会尊重和保障人权意识"。2017年，中共十九大确立习近平新时代中国特色社会主义思想为中国共产党的指导思想，明确提出"加强人权法治保障，保证人民依法享有广泛权利和自由"，为全面推进中国人权事业提供了根本遵循。

新时代中国特色社会主义将人民对美好生活的向往作为奋斗目标，切实增强人民获得感、幸福感、安全感。坚持以解决社会主要矛盾为人权发展立足点，聚焦人民日益增长的美好生活需要，促进各项人权的充分平衡发展。坚持以人的全面发展为人权价值取向，落实新发展理念，逐步实现全体人民共同富裕，建设富强民主文明和谐美丽的社会主义现代化强国。

新时代中国特色社会主义着眼于实现"两个一百年"奋斗目标和中华民族伟大复兴的中国梦，提出经济建设、政治建设、文化建设、社会建设、生态文明建设"五位一体"总体布局，使每个人的经济、政治、文化、社会、环境权利能够得到充分保障；提出全面建成小康社会、全面深化改革、全面依法治国、全面从严治党"四个全面"战略布局，为全面推进中国人权事业提供了有力保障。中国将尊重和保障人权贯穿于推进国家治理体系和治理能力现代化的全过程，加强人权法治保障，积极改革完善各项人权保障制度，以制度现代化与法治精神的高度统一维护公民的各项权利。

二、以人民为中心的人权理念

经过新中国70年的人权发展实践，中国把人权的普遍性原则与本国具体实际相结合，已经形成了较为系统的以人民为中心的人权理念，其基本点包括：

——人权是历史的、发展的。人权是一定历史条件下的产物，也会随着历史条件的发展而发展。各国发展阶段、经济发展水平、文化传统、社会结构不同，所面临的人权发展任务和应采取的人权保障方式也会有所不同。应当尊重人权发展道路的多样性。只有将人权的普遍性原则同各国实际相结合，才能有效地促进人权的实现。世界各国在人权保障上没有最好，只有更好；世界上没有放之四海而皆准的人权发展道路和保障模式，人权事业发展必须也只能按照本国国情和人民需要加以推进。

——生存权、发展权是首要的基本人权。贫穷是实现人权的最大障碍。没有物质资料的生产和供给，人类其他一切权利的实现都是非常困难或不可能的。生存权利的有效保障、生活质量的不断提高，是享有和发展其他人权的前提和基础。近代中国长期遭受外来侵略，国家贫穷落后，人民困苦不堪，毫无权利可言。中国人民深知免于贫困、免于饥饿为生存之本。多年来，中国始终把解决人民的生存权、实现人民的发展权作为第一要务，不断解放和发展生产力，致力于消除贫困，提高发展水平，为保障人民各项权利的实现创造了基础条件。

——人权是个人人权与集体人权的有机统一。没有个人的发展，就没有集体的发展；同时，也只有在集体中，个人才能获得全面发展。在当代中国的人权实践中，既重视集体人权的发展，又重视个人人权的保障，努力使二者相互统一、相互协调、相互促进。个人权利只有与集体权利统一起来，才能实现人权的最大化。中国在国家富强、民族振兴和人民幸福融为一体的发展中，努力保障每一个人和全体人民的各项权利。

——整体推进各项权利是人权实现的重要原则。各项人权相互依赖、不可分割。中国坚持对各项权利的发展进行统筹协调、统一部署、均衡促进，切实推动经济、社会、文化权利和公民权利、政治权利的平衡发展。中共十八大以来，中国共产党和中国政府统筹推进经济建设、政治建设、文化建设、社会建设、生态文明建设"五位一体"总体布局，协调推进全面建成小康社会、全面深化改革、全面依法治国、全面从严治党"四个全面"战略布局，推进了中国人权事业的全面发展，体现了人权的整体性发展思想。

——人民的获得感、幸福感、安全感是检验人权实现的重要标准。把人民对美好生活的向往落实到实现好、维护好、发展好最广大人民根本利益上，不断提高人民群众获得感、幸福感、安全感，是中国共产党执政的核心精神所在。坚持人民在人权事业中的主体地位，把人民利益摆在至高无上的位置，让人民过上好日子,使发展成果更多更公平地惠及全体人民,让每个人更好地发展自我、幸福生活,让每个人都能够免于恐惧、不受威胁,是实现人人享有更加充分人权的真谛所在。

——公正合理包容是国际人权治理的基本原则。国际社会应秉持和平、发展、公平、正义、民主、自由的人类共同价值,维护人的尊严和权利,推动形成更加公正合理包容的全球人权治理。中国一直是国际人权事业健康发展的倡导者、践行者和推动者,反对将人权政治化或搞人权"双重标准",推动国际社会以公正客观非选择的方式处理人权问题。中国全面深入参与国际人权交流、对话与合作,与各国一道推动共同构建人类命运共同体,开创世界美好未来。

——促进人的自由全面发展是人权的最高价值追求。每个人的自由发展是一切人的自由发展的条件。人权的主体是人,人权事业发展从根本上说是人的发展,要为人实现自身潜能创造条件。中国全面建成小康社会和实现中华民族伟大复兴的中国梦,就是让人民有更好的教育、更稳定的工作、更满意的收入、更可靠的社会保障、更高水平的医疗服务、更舒适的居住条件、更优美的环境,让每个人都能更有尊严地发展自我和奉献社会,共同享有人生出彩的机会,共同享有梦想成真的机会,增进人民福祉,促进人的全面发展。

三、持续提升人民生活水平

中国是世界上最大的发展中国家。如何解决好温饱问题,并在解决温饱的基础上实现更好的发展,使人民生活得更加幸福,始终是中国共产党最根本的执政任务。中国坚持把生存权、发展权作为首要的基本人权,努力通过发展增进人民福祉,实现更加充分的人权保障。

粮食权得到有效保障。新中国成立之初,面临着农业生产基础单薄、"靠天吃饭"、粮食产量较低的现实困难,很多人处于食物匮乏和营养不良的困境。多年来,中国政府通过改革农村土地制度,稳定和完善农村土地承包关系,大力推进农田水利设施建设,使农业综合生产能力不断提升,主要农产品产量稳定增长。中国的粮食总产量由1949年的11318万吨提高到2018年的65789万吨,耕地灌溉面积由1949年的1594万公顷扩大到2018年的6810万公顷,谷物、肉类、花生、茶叶、水果等产量连续多年位居世界第一。中国以占全球6.6%的淡水资源和9%的耕地，养活了世界近20%的人口，从根本上消除了饥饿，持续改善了人民的营养水平。

绝对贫困基本消除。贫穷是中国人民实现人权的最大障碍。国家积贫积弱、人民贫困如洗，是旧中国留给世人的深刻印象。新中国成立以来，中国共产党和中国政府带领人民为消除贫困作出了巨大努力。改革开放以来，中国持续开展以农村扶贫开发为中心的减贫行动。中共十八大以来，中共中央把贫困人口脱贫作为全面建成小康社会的底线任务和基本标志，作出打赢脱贫攻坚战的决策部署，明确到2020年现行标准下农村贫困人口实现脱贫、贫困县全部摘帽，解决区域性整体贫困。中共十九大把精准脱贫作为决胜全面建成小康社会必须打好的三大攻坚战之一，作出新的部署。中国农村贫困人口（按照2010年贫困标准）由1978年的7.7亿人减少至2018年的1660万人，农村贫困发生率由1978年的97.5%下降至2018年的1.7%。2012年至2018年，中国每年有1000多万人稳定脱贫。中国成为世界上减贫人口最多的国家，是第一个完成联合国千年发展目标减贫目标的发展中国家，对全球减贫贡献率超过70%。

人民生活水平大幅提升。1952年，中国国内生产总值仅为679亿元，人均国内生产总值仅为119元。2018年，中国国内生产总值达到900309亿元，按不变价计算，比1952年增长174倍；人均国内生产总值达到64644元；人均国民总收入达到9732美元，高于中等收入国家平均水平。1956年，全国居民人均可支配收入仅为98元，人均消费支出仅为88元。2018年，全国居民人均可支配收入达到28228元，比1956年实际增长36.8倍；人均消费支出为19853元，比1956年实际增长28.5倍；全国居民恩格尔系数为28.4%，比1978年降低35.5个百分点。2018年，城镇居民家庭平均每百户家用汽车拥有量达41辆，农村居民家庭平均每百户家用汽车拥有量达22.3辆；全国居民每百户移动电话拥有量为249.1部。中共十八大以来，农村居民可支配收入实际增速连续多年快于城镇居民，城乡居民收入差距不断缩小，城乡居民人均可支配收入之比2018年已下降至2.69。

饮水安全获得切实保障。实施农村饮水安全工程建设，2005年至2018年，全国累计解决5.2亿农村居民和4700多万农村学校师生的饮水安全问题，巩固提升了1.73亿农村人口供水保障水平，农村集中供水率和农村自来水普及率分别达到86%和81%。中国于2009年提前6年完成联合国千年发展目标提出的"饮水不安全人口减少一半"的目标。截至2018年，全国农村供水工程1100多万处，建立了比较完整的农村供水工程体系，农村供水服务总人口达到9.4亿人。开展全国重要饮用水水源地安全保障达标建设和检查评估，将618个供水人口20万以上地表水饮用水水源地及年供水量2000万立方米以上地下水饮用水水源地纳入《全国重要饮用水水源地名录（2016）》管理。按照水源地数量统计，2018年全国地级及以上城市871个在用集中式生活饮用水水源地中，达标水源地比例为90.9%。2018年全国居民有管道供水入户的户比重为90.0%，有安全饮用水的户比重为95.2%，获取饮用水无困难的户比重为96.3%。

人民基本居住条件显著改善。改革开放前，在十分困难的条件下，城镇以单位为主体、农村以农户为主体，努力解决住房问题。改革开放后，开展城镇住房制度改革，稳步推进住房商品化、社会化，住房保障体系不断完善，住房保障能力持续提升，城乡居民住房条件大幅改善。2018年，城镇居民人均住房建筑面积达到39.0平方米，比1956年增加33.3平方米，增长5.8倍；农村居民人均住房建筑面积达到47.3平方米，比1978年增加39.2平方米，增长4.8倍。自2008年以来，大规模实施城镇保障性安居工程，开展农村危房改造工作。截至2018年，全国城镇保障性安居工程累计开工建设约7000万套，累计约2200万困难群众领取了公租房租赁补贴，合计帮助约2亿困难群众改善了住房条件；帮助数千万贫困农民告别原来的破旧泥草房、土坯房、树皮房等危房，住上基本安全房，农房抗震防灾能力和居住舒适度得到显著提升。改善城市和农村人居环境，开展生态修复、城市修补，推进建筑节能、绿色建筑及既有建筑节能改造，推进农村生活污水治理和农村生活垃圾收运处置体系建设。截至2018年，全国已有84%的行政村实现生活垃圾收运处置体系基本覆盖。

人民出行更加便利快捷。新中国成立初期，国家迅速修复了被破坏的运输路线，恢复了水陆空交通。1953年至1977年，交通运输业全民所有制单位基本建设投资累计完成840亿元，先后建设了青藏公路、武汉长江大桥、首都国际机场、京沪铁路等重大项目,改变了落后闭塞的交通面貌。20世纪90年代后,国家将加快交通运输发展作为重要战略目标,持续加大投资力度,大力推进综合运输体系建设,交通网络日益完善,运输能力和运输效率明显提升,不断满足人民出行需求。截至2018年,全国铁路营业里程达13.1万公里,比1949年增长5倍,其中高速铁路达2.9万公里,占世界高铁总量60%以上,2018年铁路客运发送量达33.75亿人次,其中动车组列车发送旅客20.05亿人次;全国公路实现跨越式发展,总里程达485万公里,其中高速公路通车里程达14.3万公里,2018年全国道路营运客运量达136.7亿人次,97.1%的建制村通了客车;农村地区有99.9%的户所在自然村通公路,实现"县县通公路";内河航道里程达12.7万公里;定期航班航线里程达838万公里,比1950年增长736倍。

国民健康水平持续提高。新中国成立前,中国医疗卫生水平很低,广大农村和边远地区缺医少药。70年来,中国政府建立健全医疗卫生体系,不断加大公共卫生领域投入,提高医疗科技水平,推进健康中国建设,努力为人民群众提供全生命周期的卫生与健康服务。中国人均预期寿命从新中国成立之初的35岁提高到2018年的77岁,提前完成联合国千年发展目标确定的指标,居民健康水平总体上优于高收入国家平均水平。2018年,全国共有卫生机构99.7万个,比1949年增长271.78倍;共有卫生人员1230万人,比1949年增长22.73倍。2018年与1949年相比,每千人口卫生人员数由1.00人增长到8.81人,每千人口医疗机构床位数由0.16张增长到6.03张,覆盖城乡的基层医疗卫生服务体系基本建成。国家基本公共卫生服务项目持续推进,2014年5岁以下儿童乙肝病毒感染率降至0.32%以下,2015年适龄儿童国家免疫规划疫苗接种率达90%以上。重点传染病和地方病防治工作取得历史性成就,2000年实现了无脊髓灰质炎目标、基本消除碘缺乏病目标,2007年实现了消除丝虫病目标,2012年消除了新生儿破伤风。加强癌症防治工作,近10年间全国总体癌症的5年生存率由30.9%提高至40.5%。全民健身运动蓬勃发展,截至2018年,全国体育场地总数超过315.8万个,人均体育场地面积超过1.84平方米,超过4亿人经常参加体育锻炼。

社会救助制度不断完善。新中国成立之初,各地经济停滞、民生凋敝,灾民、贫民、无依无靠的孤老残幼等城乡贫困人口众多。中国共产党和中国政府及时开展临时性、应急性救助，为贫困人口发放款物，妥善解决了历史遗留问题。此后，城市的就业单位和农村生产大队承担了主要的社会保障功能，国家和集体对五保户、孤残人员等特殊困难群体进行救济。改革开放后，中国进一步建立完善城乡救济制度，对特殊困难群体给予救济。经过多年发展，中国的社会救助形成了以最低生活保障、特困人员救助供养、受灾人员救助、医疗救助、教育救助、住房救助、就业救助以及临时救助为主体，以社会力量参与为补充的制度体系。截至2019年3月，城市低保平均标准为每人每月590.6元，农村低保平均标准为每人每年4953.1元，所有涉农县市农村低保标准全部达到或超过国家扶贫标准；农村特困人员基本生活平均标准为每人每年6693元，城市特困人员基本生活平均标准为每人每年9096元。中共十八大以来，截至2019年8月15日，针对各种重特大自然灾害共启动国家救灾应急响应157次，累计下拨中央财政自然灾害生活补助资金602.65亿元。2013年至2018年，年均紧急转移安置900余万人次，救助受灾群众7000多万人次，恢复重建因灾倒损民房50余万间。2018年，共资助7673.9万困难群众参加基本医疗保险，实施住院和门诊救助5361万人次，救助生活无着的流浪乞讨人员155万人次。

邮电通信水平全面提升。新中国成立之初，邮路总长度仅为70.6万公里，长途明线仅为14.6万对公里。70年来，邮电通信业规模不断扩大，电信基础设施建设加快推进，信息化网络化高速发展，人民通信权利得到切实保障。截至2018年，全国邮政和快递营业网点达27.5万处，比1949年增长9.6倍；邮路和快递服务网路总长度达3945万公里，比1949年增长近55倍；全国互联网上网人数达8.29亿，互联网普及率达59.6%，网民通过手机接入互联网的比例高达98.6%。截至2019年6月，光缆线路总长度达4545万公里，光纤用户占比超90%，4G基站数达444.8万个，全球最大规模的固定宽带网络和4G网络基本建成；全国移动电话用户达15.86亿户，其中移动宽带用户（即3G和4G用户）总数达13.55亿户，4G用户规模为12.3亿户；固定宽带家庭普及率达91.8%，移动宽带用户普及率达97.1%；行政村通光纤比例、通4G比例均超过98%，位居全球先进行列。2019年6月6日，工业和信息化部发放了5G商用牌照，正式开启 5G 商用。

四、切实保障人民各项权利

新中国成立 70 年来，人民的经济、政治、社会、文化、环境权利保障水平不断提升，各项人权实现全面发展。

尊重和保障人身权利和人格尊严。人身权利和人格尊严是人权保障的基本内容。70 年来，中国始终注重人身权利和人格权利的保障。宪法确认了公民人格权。中共十九大再次强调保护人民人身权、财产权、人格权，彰显了保护人格尊严、促进人的全面发展的人文关怀。民法对人格权作了专门规定。大力推进户籍制度改革，放宽户口迁徙政策限制，促进有能力在城镇稳定就业的常住人口有序实现市民化。严格依法保障住宅不受侵犯、通信自由和信息安全。

充分保障劳动者各项权利。新中国成立前，城镇劳动力多数处于失业状态。1949 年末，全国城乡就业人员 18082 万人，其中城镇就业人员仅有 1533 万人，城镇失业率高达 23.6%。70 年来，就业状况不断改善。1978 年末，就业人员达到 40152 万人。改革开放以来，随着经济发展和就业优先政策的实施，就业总量大幅增加。特别是中共十八大以来，连续 6 年实现城镇新增就业 1300 万人以上。2018 年，全国就业人数增加到 77586 万人。城镇登记失业率长期处于 4.1% 以内的较低水平。劳动者工资支付保障、同工同酬、休息休假、职业安全卫生、女性劳动者特别保护、依法参加和组织工会、参与企事业单位民主管理等各项权利得到依法保障。各地普遍建立最低工资标准调整机制和评估机制，保障了劳动者及其赡养人口的基本生活。目前，劳动者每年共享有 115 日的休息日和节假日，以及 5 日至 15 日的带薪年休假，还按规定享受产假、婚丧假、探亲假等假期。全国已建立基层工会组织数由 1952 年的 20.7 万个增加到 2018 年的 273.1 万个，工会会员由 1952 年的 1002.3 万人增加到 2018 年的 2.95 亿人。

建立起世界上覆盖人口最多的社会保障制度。新中国成立之初，社会保障尚属空白。20 世纪 50 年代至 70 年代，开始由国家和单位对城镇职工提供劳保等福利，并由集体对农民实行一定保障。改革开放以来，逐步建立了覆盖城乡的社会保障体系，形成了世界上规模最大的社会保障安全网，社会保障水平不断提高。截至 2019 年 3 月，全国参加基本养老保险人数达 94118 万人，参加工伤保险人数达 23894 万人，参加失业保险人数达 19697 万人，参加生育保险人数超过 2 亿人，包括职工基本医疗保险、城乡居民基本医疗保险在内的基本医疗保险覆盖超过 13 亿人，基本实现全民医保。自 2005 年起，连续 15 年大幅提高企业退休人员基本养老金水平。城乡居民基本医保人均财政补助标准由 2012 年的 240 元提高到 2019 年的 520 元。自 2016 年起，探索建立长期护理保险制度。社会保障领域公共服务能力不断提高，2016 年启动跨省异地就医直接结算，越来越多群众享受到直接结算便利。截至 2019 年 3 月，社会保障卡持卡人数约 12.5 亿人，覆盖全国 89.6% 人口。

教育普及水平大幅提高。新中国成立之初，教育水平低，人口文化素质差，小学净入学率和初中毛入学率仅分别为 20% 和 3%，高校在校生仅有 11.7 万人，全国 80% 的人口是文盲。新中国高度重视发展教育事业，到 1978 年，学龄儿童入学率达到 95.5%；1982 年，粗文盲率降至 22.8%。改革开放以来，中国大力实施教育优先发展战略，加快推进教育现代化，切实保障公民平等接受教育的权利。2018 年，学前三年毛入园率达 81.7%，普惠性幼儿园在园幼儿覆盖率达 73.1%；小学学龄儿童净入学率达 99.95%，初中阶段毛入学率达 100.9%，九年义务教育巩固率达 94.2%。高中阶段教育基本普及，2018 年全国高中阶段在校生 3934.7 万人。高等教育即将跨入普及化发展阶段，2018 年全国普通本专科招生 791 万人，高等教育在学总规模达 3833 万人，毛入学率达 48.1%。建成现代职业教育和继续教育体系，2018 年全国共有 1.16 万所职业学校，中、高职招生达 925.9 万人，在校生达 2689 万人。

公共文化服务更好惠及人民。新中国成立之初，文化事业极其落后，公共文化服务设施极其短缺，1949 年全国只有 55 个公共图书馆、896 个文化馆、21 个博物馆。经过 70 年的持续努力，社会主义文化事业全面繁荣，覆盖城乡的公共文化体系逐步建立，公共文化设施逐步实现免费开放，文化产业快速发展。截至 2018 年，全国共有公共图书馆 3176 个，比 1949 年增长 56.7 倍；文化馆（群众艺术馆）3328 个、乡镇（街道）文化站 41193 个、村（社区）综合性文化服务中心 340560 个，每万人拥有公共图书馆面积和群众文化设施面积分别为

114.4平方米和306.9平方米；博物馆总数达5354家，约每26万人拥有1座博物馆，其中4743家博物馆免费开放。2018年，全国广播、电视节目综合人口覆盖率分别达98.94%、99.25%；全年出版各类图书95亿册（张），比1950年增长34倍。公共数字文化服务能力大幅提升，截至2018年，公共图书馆电子图书达8.08亿册，计算机22.35万台，其中供读者使用的电子阅览终端达14.63万台；公共数字文化工程累计建设公共数字文化资源总量约1200TB。加强科普工作，提升公民科学文化素质。

人民获得了真正的民主权利。中国宪法明确规定，中华人民共和国的一切权力属于人民。人民当家作主，是社会主义民主政治的本质和核心。人民行使国家权力的机关是全国人民代表大会和地方各级人民代表大会。坚持选举实行普遍、平等、直接选举和间接选举相结合以及差额选举的原则，凡年满18周岁的中国公民，不分民族、种族、性别、职业、家庭出身、宗教信仰、教育程度、财产状况、居住期限，除依法被剥夺政治权利的人外，都有选举权和被选举权。根据国情和实际不断完善选举制度，逐步实现城乡按相同人口比例选举人大代表，并保证各地区、各民族、各方面都有适当数量的代表。在2016年开始的全国县乡两级人民代表大会换届选举中，登记选民10亿多人，直接选举产生近250万名县乡两级人民代表大会代表。城乡基层民主有序发展，以城乡村（居）民自治为核心，民主选举、民主协商、民主决策、民主管理、民主监督为主要内容的基层群众自治制度基本建立并不断完善。

切实保障人民知情权、参与权、表达权、监督权。70年来，中国建立健全常态化的法律草案公开征求意见工作机制，不断完善政务公开制度体系，拓宽公众参与立法和重大行政决策的渠道。截至2018年，国家立法机关共有172件法律草案向社会公开征求意见，收到1.5亿多人次提出的510多万条意见。健全依法决策机制，把公众参与、专家论证、风险评估、合法性审查、集体讨论决定确定为重大行政决策法定程序，提高决策科学化、民主化、法治化水平。推动协商民主广泛多层制度化发展，不断规范协商内容、协商程序，拓展协商民主形式，增加协商密度，提高协商成效，以事关经济社会发展全局和涉及群众切身利益的实际问题为内容，开展广泛协商。截至2019年3月，全国政协共收到141807件提案,立案130299件,编刊及转送社情民意信息12096件,大多数提案的建议得到采纳和落实。建立健全信访制度,国家信访信息系统联通了全国各级信访机构、9万多个职能部门和乡镇(街道)、41个中央和国家机关部委,建立人民建议征集制度。畅通民意表达渠道,创新群众监督方式,建立便捷高效的网络表达平台,公民在网络上积极建言献策,表达诉求,有序参与社会管理。坚持和发展"小事不出村,大事不出镇,矛盾不上交"的枫桥经验,不断深化人民调解、行政调解、行业性专业性调解、司法调解衔接联动,完善矛盾纠纷多元化解机制,让群众及时、就地解决问题。全国人大常委会开展执法检查,人民政协积极探索和完善民主监督机制,就决策执行中的问题提出批评和建议。

依法保障宗教信仰自由。中国实行宗教信仰自由政策,坚持从本国国情和宗教实际出发,保障公民宗教信仰自由权利,构建积极健康的宗教关系,维护宗教和睦与社会和谐。中国政府依照宪法和法律,支持各宗教坚持独立自主自办原则,各宗教团体、宗教教职人员和信教公民自主办理宗教事业;对涉及国家利益和社会公共利益的宗教事务进行管理,但不干涉宗教内部事务。国家对待各宗教一律平等,一视同仁,不以行政力量发展或禁止某个宗教,任何宗教都不能超越其他宗教在法律上享有特殊地位。中国有佛教、道教、伊斯兰教、天主教和基督教等宗教信教公民近2亿人,宗教教职人员38万余人,依法登记的宗教活动场所14.4万处,宗教院校92所。

环境权利保障日益加强。70年来,随着经济发展和工业化加速推进,中国将环境保护工作纳入各级政府的职能范围,及时确立了保护环境的基本国策,建立并不断完善生态环境保护体制机制和法律法规政策制度体系,提出走可持续发展道路,大力发展循环经济,不断加快清洁低碳化进程。特别是中共十八大以来,中国将生态文明建设纳入"五位一体"总体布局,坚持人与自然和谐共生,大力倡导绿色发展,加强生态环境治理,全面打响大气、水、土壤污染防治攻坚战,实施环保督察,"绿水青山就是金山银山"的理念深入人心,生态环境质量持续改善。2018年,天然气、水电、核电、风电、太阳能发电等清洁能源消费量占能源消费总量的比重为22.1%,比1978年提高15.5个百分点;全国338个地级及以上城市可吸入颗粒物（PM10）平均浓度比2013年下降26.8%，首批实施《环境空气质量标准》的74个城市细颗粒物（PM2.5）平均浓度比2013年下降42%，二氧化硫平均浓度比2013年下降68%；全国地表水优良水质断面比例增至71%，劣V类比例降至6.7%。全国生态保护红线初步划定，保护了约95%珍稀濒危物种及其栖息地，以及约45%全国植被固碳量。

五、重视保障特定群体权利

新中国成立70年来，中国结合国情采取有针对性的措施，切实保障少数民族、妇女、儿童、老年人和残疾人的合法权益，使他们能以平等的地位和均等的机会充分参与社会生活，共享物质文明和精神文明成果。

有效保障少数民族参与国家事务管理的权利。55个少数民族均有本民族的全国人大代表和全国政协委员，十三届全国人大代表中，少数民族代表438名，占14.7%。近年来全国公务员考试录用少数民族考生的比例保持在13%以上，高于少数民族人口占全国人口8.49%的比例。各民族自治地方依法享有广泛的自治权，包括政治、经济、教育、科学、文化、卫生等各项事业的自主管理权。民族自治地方的人民代表大会除享有地方国家权力机关的权力外，还有权依照当地民族的政治、经济和文化特点，制定自治条例和单行条例。155个民族自治地方的人民代表大会常务委员会中，均有实行区域自治民族的公民担任主任或者副主任；民族自治地方政府的主席、州长、县长或旗长，均由实行区域自治民族的公民担任。

少数民族和民族地区经济社会实现跨越式发展。70年来，国家把支持少数民族和民族地区加快经济社会发展作为国家发展建设的重要内容，通过实施西部大开发、兴边富民行动、扶持人口较少民族、少数民族特色村镇保护与发展、对口支援以及制定少数民族事业专项规划等战略举措，加大投入力度，坚决打赢民族地区脱贫攻坚战，有力地促进了少数民族和民族地区经济社会发展。2018年，内蒙古、广西、西藏、宁夏、新疆5个自治区和云南、贵州、青海3个省的地区生产总值达90576亿元，同比增长7.2%，高于全国0.6个百分点；贫困人口减少到603万，贫困发生率下降到4.0%。民族地区基础设施、公共服务和百姓生活日新月异。

少数民族和民族地区教育事业快速发展。中国通过发展各级各类民族学校，举办内地预科班、民族班，对少数民族考生升学予以照顾，在广大农牧区推行寄宿制教育，着力办好民族地区高等教育等举措，促进教育公平，保障少数民族受教育权利。目前，民族地区已全面普及从小学到初中9年义务教育，西藏自治区、新疆维吾尔自治区的南疆地区等实现了从学前到高中阶段15年免费教育。2018年，新疆维吾尔自治区学前三年毛入园率已达到96.86%，小学净入学率达到99.94%。

少数民族使用和发展本民族语言文字的自由得到保障。在中国，除回族和满族通用汉语文外，其他53个少数民族都有本民族语言，有22个少数民族共使用28种文字。国家依法保障少数民族语言文字在行政司法、新闻出版、广播影视、文化教育等各领域的合法使用。建设中国少数民族濒危语言数据库，设立并实施"中国语言资源保护工程"。截至2019年3月，民族自治地方共设置广播电台、电视台、广播电视台等播出机构714个。全国各级播出机构共开办民族语电视频道46套，民族语广播56套。新疆维吾尔自治区使用汉、维吾尔、哈萨克、柯尔克孜、蒙古、锡伯6种语言文字出版报纸、图书、音像制品和电子出版物，使用多语言、多文种播送电视和广播节目等。国家在民族地区实施双语教育，基本建立起从学前到高中阶段的双语教育体系。截至2018年，少数民族双语教育的中小学共6521所，接受双语教育的在校生309.3万人，双语教育的专任教师20.6万人。

少数民族文化遗产、文物古迹得到有效保护。少数民族传统文化是中华文化的重要组成部分，是中国各族人民的共同精神财富。中国政府制定相关法律，设立专门机构，加大资金投入，推动少数民族文化传承发展。拉萨布达拉宫历史建筑群、丽江古城、元上都遗址、红河哈尼梯田文化景观、土司遗址等被列入联合国教科文组织《世界遗产名录》。中国列入联合国教科文组织非物质文化遗产名录（名册）的项目中有21项与少数民族相关；中国前四批共计1372项国家级非物质文化遗产名录中，与少数民族相关的有492项，占36%；在五批3068名国家级非物质文化遗产项目代表性传承人中，少数民族传承人有862

名，约占28%；设立21个国家级文化生态保护实验区，其中有11个位于民族地区；25个省（自治区、直辖市）已建立民族古籍整理与研究机构。截至2018年，抢救、整理的散藏民间的少数民族古籍约百万种（不含馆藏及寺院藏书），包括很多珍贵的孤本和善本。组织实施《中国少数民族古籍总目提要》编纂工程，共收书目约30万种。

少数民族宗教信仰自由得到保障。少数民族正常的宗教活动和宗教信仰依法受到保护，正常宗教需求得到满足。以多种语言文字翻译出版发行伊斯兰教、佛教、基督教等宗教典籍。西藏自治区有藏传佛教活动场所1787处，住寺僧尼4.6万多人。颁布《藏传佛教活佛转世管理办法》，活佛转世制度作为藏传佛教所特有的信仰和传承方式，得到国家和西藏自治区各级政府的尊重。西藏自治区现有活佛358名，其中91位新转世活佛按历史定制和宗教仪轨得到批准认定。不断完善藏传佛教僧人学经制度，国家颁布了《藏传佛教学衔授予办法（试行）》，截至2018年，西藏自治区已有117名学经僧人获得了格西"拉让巴"学位，68名僧人获得了中国藏语系高级佛学院"拓然巴"高级学衔。新疆维吾尔自治区有清真寺、教堂、寺院、道观等宗教活动场所2.48万座，其中清真寺有2.44万多座，教职人员2.93万人，学生可在伊斯兰教经学院接受本科教育，《古兰经》《布哈里圣训实录精华》等出版发行达176万余册。实行有组织、有计划的朝觐政策，加强服务保障，确保朝觐活动安全有序。

妇女儿童保护力度持续加强。妇女权益保障法、未成年人保护法奠定了保障妇女儿童权益的法律基础。中国政府先后制定实施了三个中国妇女发展纲要和三个中国儿童发展纲要，积极倡导并切实实现男女平等，加强儿童权利保护。不断加大女职工劳动就业、劳动保护、生育保障等权益的保护力度。有力惩处性侵、虐待未成年人、拐卖妇女儿童等犯罪行为，推动落实性违法犯罪人员从业禁止、校园性侵强制报告等制度。颁布实施反家庭暴力法，通过强制报告、公安告诫、人身安全保护令、紧急庇护等制度的实施，保障包括妇女在内的家庭成员的合法权益。维护校园安全，整治校园暴力和学生欺凌行为。强化留守儿童父母或受委托监护人的监护主体责任，严厉打击侵害农村留守儿童的违法犯罪活动。充分运用互联网等先进科技手段解救被拐卖儿童，建立打拐DNA信息库，推出公安部儿童失踪信息紧急发布平台，建立失踪儿童快速救助联动机制。

妇女儿童健康权益保障水平不断提高。新中国成立前，孕产妇死亡率高达1500/10万，婴儿死亡率高达200‰，妇女的平均预期寿命仅有36.7岁。新中国成立后，妇女儿童健康水平不断提高，2015年妇女平均预期寿命达79.43岁；2018年孕产妇死亡率下降到18.3/10万，婴儿死亡率下降到6.1‰。2012年起，实施贫困地区儿童营养改善项目，改善贫困地区儿童营养健康状况，截至2018年，项目覆盖21个省（自治区、直辖市）14个国家集中连片特殊困难地区715个贫困县，共有722万儿童受益。实施妇女宫颈癌和乳腺癌免费检查项目，将宫颈癌和乳腺癌纳入国家大病救治范围，截至2018年，累计开展宫颈癌免费检查近1亿人次，乳腺癌免费检查超过3000万人次。按照每人救助1万元的标准，累计发放中央专项彩票公益金和筹集的社会资金13亿多元，救助贫困患病妇女13.22万名。增加农村和边远地区妇幼卫生经费投入，实施农村孕产妇住院分娩补助项目，累计补助7400余万人。实施"母亲水窖"供水工程和"母亲健康快车"医疗卫生健康项目，着力解决西部干旱地区妇女安全饮水及贫困地区妇女儿童健康服务等问题。

切实保障妇女参与公共事务管理和经济社会发展的权利。保障妇女参政议政权，十三届全国人大代表中有742名女性，占比24.9%，比1954年第一届全国人大女性代表占比提高12.9个百分点；十三届全国政协委员中有440名女性，占比20.4%，比1949年第一届全国政协女性委员占比提高14.3个百分点。20世纪90年代以来，历次党代会报告都明确要求重视培养选拔女干部。1950年全国干部队伍中女干部人数为6.5万人；2018年全国公务员中女干部人数为192.8万人，占比26.8%。

老年人权益保障机制逐步健全。中国发展老龄事业，在全社会弘扬中华民族敬老、养老、助老的美德。截至2018年，中国60周岁及以上老年人口24949万人，占总人口的17.9%。制定并修订老年人权益保障法，建立养老法规政策体系。养老服务逐步从以机构集中照料为主，拓展到以居家为基础、社区为依托、机构为补充、医养相结合的养老服务体系建设和以家庭养老支持、互助养老为新突破点的融合发展。全国各类养老服务机构和设施从1978年的7000个增长到2019年3月的16.81万个，各类养老服务床位合计732万张。2018年，2972.3万老年人享受高龄补贴，74.8万老年人享受护理补贴，521.7万老年人享受养老服务补贴，3.0万老年人享受其他老龄补贴。

残疾人社会保障体系不断完善。全面建立困难残疾人生活补贴和重度残疾人护理补贴制度，2018年，受益残疾人超过2100万人次。截至2018年，2561.2万城乡残疾人参加城乡社会养老保险，1024.4万残疾人领取养老金，924.8万残疾人享受城乡最低生活保障；595.2万重度残疾人中有576万人得到政府参保补助，代缴养老保险费比例达到96.8%；另有298.4万非重度残疾人享受全额或部分代缴养老保险费的优惠政策。

残疾人康复服务普惠可及。全面开展残疾预防，不断加强康复服务，努力实现残疾人"人人享有康复服务"的目标。实施《残疾预防和残疾人康复条例》，残疾人康复机构从无到有，专业队伍逐渐壮大，服务能力日益提高。截至2018年，已竣工的省、市、县三级康复设施914个，总建筑面积344.9万平方米；残疾人专业康复服务机构9036个，在岗人员25万人，2750个县（市、区）开展社区康复服务。建立残疾儿童康复救助制度。2018年，残疾人康复服务覆盖率达到79.8%，1074.7万残疾儿童及持证残疾人得到基本康复服务。

促进残疾人工作权利实现。建立专门的残疾人就业服务机构，截至2018年，共有残疾人就业服务机构2787家，工作人员1.5万人。实施残疾人职业技能提升计划，建立了500家国家级残疾人职业培训基地，350家省级残疾人职业培训基地，2018年城乡新增残疾人实名制培训49.4万人。近年来，残疾人就业总体规模与结构趋于稳定，新增残疾人就业人数每年保持在30万人以上。2018年，城乡持证残疾人新增就业36.7万人，其中，城镇新增就业11.8万人，农村新增就业24.9万人。截至2018年，城乡持证残疾人就业人数达到948.4万人。

大力支持无障碍环境建设与辅助器具服务。实施《无障碍环境建设条例》，开展无障碍建设的市、县达到1702个，村（社区）综合服务设施中已有75%的出入口、40%的服务柜台、30%的厕所进行了无障碍建设和改造。2016年至2018年，共有298.6万户残疾人家庭得到无障碍改造。推进信息无障碍建设，截至2018年，500多家政府单位完成了信息无障碍公共服务平台建设，3万多个政务和公共服务网站实现了无障碍服务。各地相继制定辅助器具补贴办法，对购买辅助器具和提供适配服务给予补贴。2018 年，有 319.1 万残疾人获得盲杖、助视器、假肢等各类辅具适配服务。不断放宽残疾人申领驾驶证条件，已有 27.9 万肢体、听力等残障人员申领驾驶证，残疾人个人行动和社会参与能力得到提升。

六、不断加强人权法治保障

新中国创立了社会主义法治，以法治保障人权。70 年来，中国构建起较为完备的人权法律保障体系，坚持依法治国、依法执政、依法行政共同推进，坚持法治国家、法治政府、法治社会一体建设，实现科学立法、严格执法、公正司法、全民守法，不断促进社会公平正义。

建设有限政府、责任政府、服务政府。依法确定行政权力界限，确立法无授权不可为的原则，实施权力清单、责任清单制度，禁止法外设权、违法用权。持续深化"放管服"改革，加快转变政府职能，努力降低群众和企业与政府打交道的成本。建立完善严格的行政执法程序，确立行政裁量权基准制度，统一执法标准，压缩自由裁量空间，维护行政相对人的合法权益。深化执法公开，拓展公开范围，整合公开载体，强化网上政务公开，方便群众获取信息。25 个省（自治区、直辖市）建立省级执法公开平台，实现了执法办案进度和结果的信息查询服务；22 个省（自治区、直辖市）实现了行政处罚决定文书网上公开；17 个省（自治区、直辖市）实现了行政复议决定文书网上公开。强化执法监督，建立完善以执法考评为主要内容的绩效考核体系，深化执法信息化建设，实现案件流程信息化管理和同步记录，加强对执法活动的实时监督。

确保审判权检察权依法独立公正行使。发布五个"人民法院五年改革纲要"和"人民检察院改革规划"。全面实施立案登记制，有诉必理，保障当事人诉权。实行以法官检察官员额制为核心的司法人员分类管理制度改革，推进司法职业保障制度改革，司法人员正规化、专业化、职业化水平进一步提升。全面落实司法责任制，真正做到"谁办案、谁负责"。贯彻宽严相济刑事政策，进一步完善刑事诉讼程序，推动认罪认罚从宽制度改革，完善刑事案件速裁程序运行机制，深化案件繁简分流，构建中国特色立体化、多层次刑事诉讼体系。在有条件的地方实行省级以下地方法院、检察院人财物统一管理，探索设立跨行政区划的人民法院和人民检察院，最高人民法院设立六个巡回法庭，设立知识产权法院、互联网法院、金融法院等。加强对公共利益的司法保护，建立检察机关提起公益诉讼制度，截至2019年3月，全国检察机关共办理公益诉讼案件157095件。

深化司法公开。全面推进阳光司法，不断加强审判流程、庭审活动、裁判文书、执行信息司法公开平台和人民检察院案件信息公开平台建设。截至2019年2月，中国审判流程信息公开网公开案件信息3.7亿项，中国庭审公开网直播庭审259万件，中国裁判文书网公开文书6382万份，访问量226亿次。人民检察院案件信息公开网自2014年10月1日开通以来，公开案件程序性信息928万余件，发布重要案件信息58万余条，公开法律文书386万余份，接受辩护与代理网上预约30万余人次。加强对司法活动的监督，深化刑事诉讼监督，加强民事行政诉讼监督，不断完善人民陪审员和人民监督员制度。

保障当事人获得公正审判的权利。推进以审判为中心的刑事诉讼制度改革，严格贯彻罪刑法定、证据裁判、非法证据排除等法律原则，完善出庭作证机制，强化庭审功能。充分保障犯罪嫌疑人和被告人的辩护权，犯罪嫌疑人自被侦查机关第一次讯问或者被采取强制措施之日起，有权委托辩护人，被告人有权随时委托辩护人；开展法律援助值班律师和刑事案件律师辩护全覆盖试点工作，实现法院、看守所法律援助工作站全覆盖，努力保障所有刑事案件被告人在审判阶段都能获得律师辩护和帮助；保障辩护律师会见、阅卷、调查取证、质证和辩论辩护等各项诉讼权利；完善保障律师依法履职机制，建立健全维护律师执业权利快速联动处置机制；开通律师服务平台，为律师办案提供便利。坚持疑罪从无，防范和纠正冤假错案。2013年至2019年3月，各级人民法院依法对5876名被告人宣告无罪，确保无罪的人不受刑事追究；再审改判刑事案件8568件，其中依法纠正呼格吉勒图案、聂树斌案、"五周案"等重大冤错案件49件，并依法予以国家赔偿。严格控制并慎用死刑，大幅减少适用死刑的罪名。2007年，最高人民法院收回死刑复核权。

保障犯罪嫌疑人、被告人、服刑人员、戒毒人员及刑满释放人员的合法权利。规范强制措施，减少羁押性强制措施的适用，实行看守所在押人员入所权利义务告知制度，建立在押人员投诉调查处理机制。深化狱务公开，完善对监所管理人员执法监督，保障服刑人员合法权利不受侵犯。实行人文关怀，开展离监探亲。全面推进社区矫正制度，截至2019年5月，已累计接收社区矫正对象445万人，累计解除矫正375万人，在册社区矫正对象70多万人，社区矫正对象在矫正期间再犯罪率一直处于0.2%的较低水平。新中国成立至1975年，对战争罪犯、反革命罪犯和部分普通刑事罪犯进行过七次特赦。根据现行宪法，2015年和2019年，两次对部分服刑罪犯予以特赦。出台禁毒法、戒毒条例等，依法保障戒毒人员合法权益，开展执法监督。健全完善刑满释放人员救助管理制度，落实社会救助和就业安置措施，促进刑满释放人员顺利融入社会。

建立健全权利救济和救助制度。畅通国家赔偿请求渠道，扩大赔偿范围，明确举证责任，增加精神损害赔偿，提高赔偿标准，保障赔偿金及时支付，进一步完善行政赔偿、刑事赔偿和非刑事司法赔偿制度。国家刑事赔偿标准随经济社会发展不断提高，侵犯公民人身自由权每日赔偿金额从1995年的17.16元人民币，上升到2019年的315.94元人民币。2013年至2019年3月，各级人民法院审结国家赔偿案件61978件。健全完善国家司法救助制度，设立司法救助委员会，积极推动司法救助与社会救助、法律援助的衔接，帮助无法获得有效赔偿的受害人摆脱生活困境。2015年至2018年，对生活困难当事人发放司法救助款37.5亿元。

公共法律服务更加优质便捷。建立健全法律援助制度，2013年至2018年，全国法律援助机构共组织办理法律援助案件778.8万余件，受援人847.5万余人次，提供法律咨询4526.8万余人次。全面推进律师事业，截至2018年，律师队伍发展到42.3万多人，律师事务所发展到3万多家。完善公共法律服务体系，建设公共法律服务实体平台、"12348"法律服务热线和法律服务网络三大平台，实现申请快捷化、审查简便化，更加便民利民。截至2018年，全国建成2917个县（市、区）公共法律服务中心、3.9万多个乡镇（街道）公共法律服务工作站，为65万个村（居）配备法律顾问，各省（自治区、直辖市）均已建成"12348"

法律服务热线平台。推进司法鉴定管理体制改革,提高司法鉴定质量和公信力,截至2018年,经司法行政机关审核登记的司法鉴定机构有3834家,司法鉴定人45000名。

提高全社会人权法治意识。新中国成立以后,通过广泛宣传宪法、婚姻法,男女平等、婚姻自由等观念逐步树立。从1986年起,在全国范围内连续实施7个五年普法规划,开展宪法和法治宣传教育。把法治教育纳入国民教育体系,在中小学教育中加入人权内容。在高校开设人权专业及相关课程,培养人权方向专业人才。面向各级领导干部、公检法司部门工作人员、媒体从业人员等开展专项人权培训。设立8家国家人权教育与培训基地。出版和发行《人权》《人权研究》《中国人权评论》等专业书刊。中国人权研究会连续出版《中国人权事业发展报告》蓝皮书,积极推动人权学术研究、教育和知识普及。

强力反腐维护人民利益。1949年11月,中共中央决定成立中央及各级党的纪律检查委员会;1955年,中国共产党的全国代表会议选举产生中央监察委员会;1978年12月,中国共产党十一届三中全会选举产生新的中央纪律检查委员会。中共十八大以来,加快形成完善的党内法规体系,建立了以党章为本,若干配套党内法规为支撑的党内法规制度体系。2018年3月,中华人民共和国国家监察委员会依法组建,各级纪委监委合署办公,对所有行使公权力的公职人员实行监督全覆盖。从2012年12月至2019年6月,中央纪委立案审查中管干部389人,涉嫌犯罪移送司法机关155人。坚决整治群众身边腐败和作风问题,深入推进扶贫领域腐败和作风问题专项治理,开展民生领域专项整治,深挖涉黑腐败和黑恶势力"保护伞",坚决清除包庇、纵容黑恶势力的腐败分子。

七、全面参与全球人权治理

中国在大力推进自身人权事业发展的同时,始终坚持平等互信、包容互鉴、合作共赢、共同发展的理念,积极参与联合国人权事务,认真履行国际人权义务,广泛开展国际人权合作,积极为全球人权治理提供中国智慧、中国方案,以实际行动推进全球人权治理朝着更加公正合理包容的方向发展。

积极参与国际人权事业。中国在1971年恢复联合国合法席位后,派团参与联合国大会和联合国经社理事会的历届会议,并积极参加有关人权议题的审议。自 1979 年起,中国连续 3 年作为观察员出席联合国人权委员会会议。1981 年,中国在联合国经社理事会组织会议上当选为人权委员会成员国。自 1982 年起,中国正式担任人权委员会成员国并一直连选连任。2006 年人权理事会成立以来,中国已四度当选理事会成员。中国推荐的多名专家担任联合国经社文权利委员会、禁止酷刑委员会、消除种族歧视委员会、消除对妇女歧视委员会、残疾人权利委员会等多个多边人权机构或专门委员会的委员。

中国同联合国人权事务高级专员及其办公室保持建设性接触,先后 8 次接待人权高专访华,多次邀请高专办官员来华交流访问。近年来,中国与人权高专办两次签署技术合作《谅解备忘录》,内容涵盖司法改革、警察与人权、人权教育、执行人权条约等领域,并与人权高专办多次共同举办国际人权会议。自 1994 年至今,中国先后邀请宗教信仰自由特别报告员、任意拘留问题工作组、教育权特别报告员、酷刑问题特别报告员、粮食权特别报告员、消除对妇女歧视问题工作组、外债对人权影响问题独立专家、极端贫困与人权问题特别报告员等 8 个特别机制 10 次访华。中国认真对待人权理事会特别机制来函,在认真调查的基础上及时予以答复。

切实遵守国际人权义务。中国先后批准或加入了 26 项国际人权文书,其中包括《经济、社会及文化权利国际公约》《消除对妇女一切形式歧视公约》《消除一切形式种族歧视国际公约》等 6 项联合国核心人权条约。中国严格遵守条约规定,认真履行条约义务,注重将国内的立法、修法和政策制定等与条约规定相衔接,及时提交履约报告,全面反映中国在履约过程中取得的成就及遇到的问题。中国认真参加各条约机构对中国履约情况的审议,截至 2019 年 3 月,中国已向各条约机构提交履约报告 27 次,总计 43 期,接受审议 26 次。中国注重与相关人权条约机构开展建设性对话,结合国情积极采纳建议。自 2009 年以来,中国三次接受联合国人权理事会普遍定期审议并顺利通过核可,中国对各国所提建议均给予认真、负责任的反馈。绝大多数国家肯定中国人权发展成就和中国对世界人权事业所作的贡献。

着力推动国际人权规则和机制发展。中国参加了《禁止酷刑和其他残忍、不人道或有辱人格的待遇或处罚公约》《儿童权利公约》《残疾人权利公约》《保护所有移徙工人及其家庭成员权利国际公约》，以及《经济、社会及文化权利国际公约》任择议定书等重要人权文件的制定工作组会议，为这些规则的起草、修改和完善作出重要贡献。中国作为主要推动者之一，参与了《发展权利宣言》的起草工作，积极推动联合国人权委员会和人权理事会就实现发展权问题进行全球磋商，致力于推动构建发展权实施机制。中国积极参与劳工保护、人道主义等领域国际规则制定。中国是《联合国气候变化框架公约》首批缔约方之一，全程参与并有效推动气候变化多边进程，为推动达成《巴黎协定》作出积极贡献。

中国积极推动联合国人权机构改革，在设立联合国人权理事会，使国际人权机制变得更加公正客观透明等方面发挥了重要作用。中国联合发展中国家一道，推动人权理事会以公正客观、非选择性、普遍性等方式审议人权问题。中国支持联合国人权理事会设立安全饮用水、文化权、残疾人权利等专题性特别机制；倡导召开关于粮食安全、国际金融机制等的特别会议，积极推动完善国际人权机制。中国支持对人权条约机构进行必要改革，促进条约机构与缔约国在相互尊重的基础上开展对话与合作。

倡导开展国际人权交流合作。中国高度重视开展人权领域对外交流交往与合作，致力于在相互尊重、开放包容、交流互鉴基础上开展建设性人权对话和人权磋商。自20世纪90年代起，中国陆续与20多个国家建立人权对话或磋商机制，同美国、欧盟、英国、德国、瑞士、荷兰、澳大利亚、新西兰等西方国家或国际组织进行人权对话，同俄罗斯、埃及、南非、巴西、马来西亚、巴基斯坦、白俄罗斯、古巴、非盟等开展人权磋商。自1996年以来，与澳大利亚、瑞士长期开展人权技术合作。中国人权研究会等人权领域非政府组织组团赴亚洲、北美、南美、欧洲、大洋洲、非洲的数十个国家交流访问，并邀请多国人权领域的政府官员和专家学者访华，增进了理解与互信。近年来，中国多次举办国际人权研讨会，"亚欧非正式人权研讨会""北京人权论坛""纪念《发展权利宣言》通过30周年国际研讨会""南南人权论坛""中欧人权研讨会""国际人权文博会""中美司法与人权研讨会""中德人权研讨会"，拓展了国际人权交流合作的朋友圈，增进了在人权问题上与各国的相互了解。

积极引导国际人权治理变革。中国不仅注重自身人权事业的提升,也始终重视引导全球人权治理体系变革。1954年,中国与印度、缅甸提出互相尊重主权和领土完整、互不侵犯、互不干涉内政、平等互利、和平共处五项原则,体现了对国家独立的认可,尊重了相关国家和人民的自主权。1955年,在中国推动下,万隆会议通过的《亚非会议最后公报》将"尊重基本人权"写入和平共处十项原则的第一条。万隆会议通过的十项原则是对和平共处五项原则的引申和发展。20世纪60年代兴起的不结盟运动把五项原则作为指导原则。1970年和1974年联合国大会通过的有关宣言接受了和平共处五项原则。60多年来,和平共处五项原则逐渐走出亚洲走向世界,为推动建立更加公正合理的国际政治经济秩序、建立新型国际关系作出了历史性贡献,也为国际人权治理提供了重要遵循。

多年来,中国不断总结提炼自身人权保障实践经验,向国际人权事业贡献中国智慧和方案。1993年,中国推动亚洲国家通过《曼谷宣言》。中国作为第二届世界人权大会的副主席国,参加《维也纳宣言和行动纲领》的起草工作。中国提出的"发展对享有所有人权的贡献"的决议在联合国人权理事会通过,首次将"发展促进人权"引入国际人权体系。近年来,中国提出的推动共同构建人类命运共同体理念在国际社会引起热烈反响,多次被写入联合国人权理事会、联合国安理会等机构的决议,为推动国际人权治理向着更加公正合理包容的方向发展发挥了重要作用。

八、推动世界人权事业发展

新中国成立后,中国在不断推进自身人权事业的同时,积极支持广大发展中国家摆脱殖民统治、实现民族独立、消除种族隔离的正义事业,努力提升发展中国家的发展能力、提供发展援助、进行人道主义援助,在维护世界和平与发展、推动国际人权事业发展进步等方面作出了重要贡献。

助力发展中国家经济社会发展。中国注重推动广大发展中国家人民生存权、发展权的实现,长期在基础设施及教育、卫生、农业等领域向亚洲、非洲、拉丁美洲等的发展中国家和地区提供支援和帮助。中国在提供国际援助时,坚持不附带任何政治条件、不干涉受援国内政,始终做到相互尊重、平等对待、重信守诺。1963年,中国首次派出援外医疗队,截至2019年8月,已累计派遣医疗队员2.6万人次,诊治患者2.8亿人次。1964年,中国政府宣布以平等互利、不附带条件为核心的对外经济技术援助八项原则,确立了中国开展对外援助的基本方针,在工业、农业、教育、医疗、公共设施等各部门、各领域广泛开展对外援助。中国同多个发展中国家建立了经济技术合作关系,援建了坦赞铁路、毛里塔尼亚友谊港、中非友谊医院、老挝琅勃拉邦医院、斯里兰卡纪念班达拉奈克国际会议大厦、埃及开罗国际会议中心、肯尼亚国际体育中心、坦桑尼亚国家体育场等一批重大基础设施。近年来,中国国家主席习近平等党和国家领导人多次在国际场合宣布系列重大对外援助倡议和举措。中国多次主动免除与中国有外交关系的最不发达国家、重债穷国、内陆发展中国家、小岛屿发展中国家的债务。

着力提升其他发展中国家发展能力。20世纪50年代开始资助其他发展中国家学生来华学习,帮助亚洲和非洲国家建设普通和技术院校,60年代开始向发展中国家派遣援外教师,70年代至80年代以接收留学生的方式专门为受援国培养中高级技术和管理人才。近年来,中国先后设立南南合作援助基金、南南合作与发展学院、金砖国家经济技术合作交流计划等,通过举办培训、外派管理人员和技术专家、提供奖学金等方式,帮助其他发展中国家培养人才。为支持全球妇女事业发展,2015年,习近平主席在全球妇女峰会上宣布,邀请3万名发展中国家妇女来华参加培训,并在当地为发展中国家培训10万名女性技术人员。中国发起成立亚洲基础设施投资银行、丝路基金,与其他金砖国家共同发起成立新开发银行等国际金融机构,充分借助上海合作组织、金砖国家等机制的带动作用,提出共商共建共享"一带一路"倡议,与沿线国家或地区达成合作项目,主动分享发展机遇和经验,为增进各国民生福祉作出新贡献。

积极开展人道主义援助。中国的人道主义援助对象和规模不断扩大,同时,中国始终恪守反对人道主义干涉的原则,从不干涉被援助国内政,充分尊重当地人文环境和风俗习惯。中国积极参与联合国机构主导的国际人道主义活动,1979年加入联合国儿童基金会、世界粮食计划署,恢复了在联合国难民署执委会的活动，并多次向其捐款捐物。2004年中国建立人道主义紧急救灾援助应急机制，向朝鲜、孟加拉国等国提供粮食等人道主义物资援助；向东南亚国家提供防治禽流感技术援助；就几内亚比绍蝗灾和霍乱，墨西哥甲型H1N1流感，非洲埃博拉、黄热病、鼠疫等传染病疫情，尼泊尔、日本、伊朗、海地、智利、厄瓜多尔、墨西哥地震，马达加斯加、美国卡特里娜、加勒比有关国家飓风，菲律宾超强台风海燕，印度洋海啸、印度尼西亚巽他海啸，马来西亚、缅甸、巴基斯坦洪灾，老挝水电站溃坝，智利山火等提供物资、现汇或人员等人道主义援助。在2011年利比亚撤侨行动中，中国协助亚洲、欧洲12个国家撤离约2100名外国公民。在2015年也门撤侨行动中，中国协助亚洲、非洲、欧洲、美洲15个国家撤离279名外国公民。

努力维护世界和平与安全。作为和平共处五项原则的积极倡导者和坚定实践者，中国不仅自身积极奉行和平外交思想、注重与各国和平共处，而且积极倡导共同、综合、合作、可持续的安全观，致力于推动南南合作和南北对话，努力缩小南北差距。中国在巴勒斯坦问题、伊朗核问题、朝鲜半岛问题、叙利亚问题等重大国际、地区热点问题上积极建言献策、身体力行，呼吁各方冷静克制，以政治外交等手段和平解决争端。中国积极参与国际执法安全合作，在联合国、国际刑警组织、上海合作组织等国际和地区组织框架下加强合作，打击一切恐怖主义、分裂主义、极端主义犯罪和毒品犯罪。中国自1990年起参加联合国维和行动，是联合国安理会常任理事国中派出维和人员最多的国家，也是联合国维和行动第二大出资国。截至2018年5月，中国已累计向苏丹、黎巴嫩、柬埔寨、利比亚等国家和地区派出维和军事人员3.7万余人次，先后派出维和警察2700余人次，参加了约30项联合国维和行动。

结束语

新中国的70年，是为中国人民谋幸福的70年，也是为世界人民谋发展的70年。新中国人权事业发展取得的巨大成就，有目共睹，永载史册。这是中国道路的成功，是中国人民的胜利。在庆祝中华人民共和国成立70周年之际，中国人民愿与世界各国人民一道分享成功与胜利的喜悦。

当前,在以习近平同志为核心的党中央坚强领导下,中国人民正在为实现"两个一百年"奋斗目标和中华民族伟大复兴的中国梦而努力。在未来的岁月里,随着全面建成小康社会的实现,随着国家基本实现现代化,随着建成社会主义现代化强国,中国人民必将享有更加广泛、更加充分的权利,中国人民必将在更高水平上实现全面发展。

在新的历史时代,中国将秉持文明多样和文明交流互鉴精神,与国际社会一道,推动各国共同发展、共同繁荣,促进世界人权事业发展,共同构建人类命运共同体。